中国建筑业统计年鉴

CHINA STATISTICAL YEARBOOK ON CONSTRUCTION

国家统计局固定资产投资统计司 编

Compiled by the Department of Investment and Construction Statistics, National Bureau of Statistics

2014

中国统计出版社
China Statistics Press

图书在版编目（CIP）数据

中国建筑业统计年鉴 . 2014 / 国家统计局固定资产投资统计司编 . -- 北京 : 中国统计出版社 , 2015.3
ISBN 978-7-5037-7402-7

Ⅰ . ①中 … Ⅱ . ①国 … Ⅲ . ①建筑业－统计资料－中国－ 2014 －年鉴 Ⅳ . ① F426.9-66

中国版本图书馆 CIP 数据核字（2015）第 041250 号

中国建筑业统计年鉴 -2014

作　　者 / 国家统计局固定资产投资统计司
责任编辑 / 许立舫
封面设计 / 李雪燕
出版发行 / 中国统计出版社
地　　址 / 北京市丰台区西三环南路甲 6 号 邮政编码 /100073
电　　话 / 邮购（010）63376909 书店（010）68783171
网　　址 /http://csp.stats.gov.cn
印　　刷 / 河北天普润印刷厂
经　　销 / 新华书店
开　　本 /880×1230 毫米 1/16
字　　数 /680 千字
印　　张 /22
版　　别 /2015 年 3 月第 1 版
版　　次 /2015 年 3 月第 1 次印刷
定　　价 /160.00 元

如有印装差错，由本社发行部调换。

《中国建筑业统计年鉴—2014》编辑委员会

Editorial Board

说　明

《中国建筑业统计年鉴—2014》是一部全面反映中国建筑业发展情况的权威资料。本书收集了全国和各省、自治区、直辖市2013年度有关建筑业发展方面的统计数据。

《中国建筑业统计年鉴—2014》资料直接由2013年全国建筑业统计报表基层数据库加工形成。为保证本年鉴数据与历史数据的可比性，2014年建筑业统计年鉴的范围是具有资质等级的所有独立核算的建筑业企业。具体包括：总承包建筑业企业、专业承包建筑业企业和劳务分包建筑业企业。

本年鉴资料分为五个部分：一、综合；二、按经济类型分组的建筑业企业；三、中央和地方建筑业企业；四、按资质等级分组的建筑业企业；五、各行业建筑业企业。每部分资料的编排，根据制度和实际工作要求，既有按经济类型的分组，又有按行业的分组。在各分组中又分别设置了反映建筑业总产值、各种用途的房屋建筑竣工面积、技术装备、实收资本、资产和负债、利润和税金等方面情况的表式。

使用本年鉴资料时请注意以下几点：

1. 本年鉴资料的统计数据除第四部分以外，均不包括劳务分包建筑业企业数据。

2. 本年鉴资料各项相加不等于总计均由于四舍五入的缘故。

3. 本年鉴资料由国家统计局固定资产投资统计司编制并负责解释。

4. 本年鉴各表中的"空格"表示该项统计指标数据不是本表最小单位数、数据不详或无该项数据。

咨询电话：010-68782615，010-68782617，010-68782611

邮箱：tzjzc@gj.stats.cn

由于编辑时间比较仓促，本书难免存在一些不妥之处，欢迎广大读者批评指正。

目录

一、综合

二、按经济类型分组的建筑业企业

三、中央和地方建筑业企业

四、按资质等级分组的建筑业企业

五、各行业建筑业企业

一、综　合

1-1 历年建筑业企业概况

年份	总计	国有企业	集体企业	港澳台商投资企业	外商投资企业	其他
企业单位数(个)						
1985	11150	3385	7765			
1990	13327	4275	9052			
1995	24133	7531	15348	329	312	613
2000	47518	9030	24756	635	319	12778
2001	45893	8264	19096	622	274	17637
2002	47820	7536	13177	632	279	26196
2003	48688	6638	10425	535	287	30803
2004	59018	6513	8959	511	386	42649
2005	58750	6007	8090	516	388	43749
2006	60166	5555	7051	479	370	46711
2007	62074	5319	6614	482	365	49294
2008	71095	5315	5843	474	363	59100
2009	70817	5009	5352	444	351	59661
2010	71863	4810	5026	416	331	61280
2011	72280	4642	4847	393	303	62095
2012	75280	4602	4640	385	295	65358
2013	78919	3847	3728	390	272	70682
从业人员(万人)						
1985	911.5	576.7	334.8			
1990	1010.7	621.0	389.7			
1995	1497.9	824.3	631.9	5.0	5.4	31.3
2000	1994.3	635.6	887.5	8.2	4.4	458.6
2001	2110.7	590.7	739.9	7.7	4.3	768.1
2002	2245.2	543.8	579.2	7.4	4.5	1110.4
2003	2414.3	524.3	505.6	7.0	6.0	1371.3
2004	2500.3	467.4	386.4	6.8	8.1	1631.6
2005	2699.9	480.0	361.6	8.6	10.8	1838.9
2006	2878.2	467.6	332.0	8.9	8.1	2061.6
2007	3133.7	470.1	317.0	9.8	11.4	2325.4
2008	3315.0	472.1	266.8	10.5	9.2	2556.4
2009	3672.6	518.9	246.8	10.9	10.2	2885.7
2010	4160.4	576.9	246.5	12.2	9.8	3315.1
2011	3852.5	444.9	220.4	11.3	9.9	3166.0
2012	4267.2	457.8	216.2	13.0	10.3	3570.0
2013	4528.4	387.7	187.1	16.5	10.1	3927.0
建筑业总产值(亿元)						
1985	675.10	474.51	200.59			
1990	1345.01	935.19	409.82			
1995	5793.75	3670.25	1899.47	33.60	33.19	157.24
2000	12497.60	5053.79	4035.84	99.18	67.49	3241.30
2001	15361.56	5362.81	3775.89	102.55	73.06	6047.25
2002	18527.18	5582.86	3338.50	113.87	91.38	9400.57
2003	23083.87	6060.23	3270.73	123.71	129.39	13499.81
2004	29021.45	7325.61	2756.12	137.03	202.46	18600.23
2005	34552.10	8432.03	2815.20	172.54	249.03	22883.30
2006	41557.16	9218.56	2904.48	240.52	274.87	28918.73
2007	51043.71	10630.90	3153.65	281.95	396.32	36580.90
2008	62036.81	12231.66	3216.43	321.07	387.14	45880.52
2009	76807.74	15190.05	3281.75	334.59	415.17	57586.19
2010	96031.13	18148.59	3655.27	443.96	439.68	73343.64
2011	116463.32	20436.81	4306.49	612.68	658.17	90449.18
2012	137217.86	22930.19	4919.00	649.74	476.99	108241.94
2013	160366.06	20739.02	4524.68	621.96	607.72	133872.68

注：1. 本表1985年至1992年数据为全民和集体所有制建筑业企业数据，1993年至1995年数据为各种经济成分的建制镇以上建筑业企业数据，1996年至2001年数据为资质等级(旧资质)四级及四级以上建筑业企业数据，2002年及以后数据为所有具有资质等级的施工总承包、专业承包建筑业企业(不含劳务分包建筑业企业)数据。不同口径数据不可比，以下各表同。

2.从业人员数1993年至1997年为年平均人数，1998年以后为期末从业人员数。

1-2 各地区历年建筑业总产值

单位：万元

地区	2007	2008	2009	2010	2011	2012	2013
全国总计	**510437142**	**620368061**	**768077416**	**960311338**	**1170596503**	**1372178580**	**1603660633**
北京	25767692	30661699	40597023	51960173	60462182	65882953	74643608
天津	12219419	14537854	19114753	24244933	29864545	32585701	36944362
河北	16146909	20448127	25250461	32314632	39726620	48650907	52449010
山西	10607041	13554415	18261040	21434591	23249108	26681679	30343656
内蒙古	6811038	7800495	9647255	11255772	13946780	14409969	15711619
辽宁	21000402	25051692	33846476	46903131	62175226	75473898	86291908
吉林	7383391	9946512	11428418	13487785	16266485	19904251	22114408
黑龙江	8758778	10367525	13423856	17696969	20291604	23739606	24719359
上海	25241801	32457716	38305439	43001906	45862774	48434396	52059216
江苏	70105724	86015120	102651097	124059167	151228450	184235512	219936099
浙江	69717052	81560602	95887214	120078857	149074191	173327449	202000242
安徽	15169772	18546416	22395727	28649619	35972621	42304412	49655149
福建	15441660	18527395	22041266	29359436	36926157	44245439	54617501
江西	7861404	10329422	13232428	16900217	20954692	27895708	34699763
山东	32890450	38219345	45791538	54965861	64829000	72813321	84676747
河南	21517230	28240535	35964867	44006082	52793558	60090765	70032014
湖北	21108043	26050816	34218927	43452006	55864461	70434219	84652690
湖南	18288148	21154431	25074020	31617292	39150173	44079197	52838426
广东	29995140	32702756	38092967	47154569	57740058	65144293	78639046
广西	6127370	7532102	9343756	12223126	15530712	18670580	22898810
海南	821834	1111837	1439442	1994842	2554722	2831087	2863073
重庆	11287118	14963195	19152495	25343574	33288252	39756696	47312167
四川	21099840	25929480	33374469	41630743	52566461	62403298	72099080
贵州	3487908	3936721	5239069	6229565	8247195	10392175	13791526
云南	7566795	9069053	11962204	15109582	18684014	23836606	29066031
西藏	602941	729087	949320	1220732	1244723	864044	769961
陕西	11730972	16511806	23091424	30636106	32166296	35293886	40003635
甘肃	4369039	4812744	5798859	7519879	9258410	13646284	17208628
青海	1254431	1429970	2043419	2796060	3194161	3257576	4137110
宁夏	1549487	1915448	2592247	3426943	4279174	4669527	5689201
新疆	4508314	6253747	7865941	9637189	13203699	16223145	20796588

1-3 各地区历年建筑业增加值

单位：万元

地 区	2007	2008	2009	2010	2011	2012	2013
全国总计	**99443523**	**124889453**	**156198171**	**189835420**	**220709789**	**265833118**	**330715095**
北 京	3338391	3737458	4681944	5787051	7684808	8455591	8882603
天 津	1717835	2124318	2578760	3022160	3810030	4434651	6103410
河 北	2852563	4228769	4448083	5248930	6557397	7330468	7828774
山 西	1776833	2117930	2603555	3391079	3572106	3928679	4296490
内蒙古	1825748	1967289	2836211	3260788	3760028	3487830	4209568
辽 宁	5258371	5937975	7686803	9897495	11213212	13798131	16450578
吉 林	1311528	2138655	2369263	2632453	3216260	3837962	3728284
黑龙江	1245296	2475749	3779597	5070564	3260269	3631982	3342731
上 海	3596431	4497900	5490998	5831049	6772969	7155228	7091417
江 苏	14916160	17218560	23226742	26980524	34214250	43365335	53721598
浙 江	13577522	15211075	18296301	23041235	28144275	36475974	41908146
安 徽	3381737	4201294	5401505	6839623	8101048	9008371	11804336
福 建	3990185	4999209	6843049	8742502	10413396	13812188	17298340
江 西	1521384	2301203	2624373	2928344	3489463	5121627	6600618
山 东	6820080	9040732	10398656	12318902	13029984	15263559	20555089
河 南	4478541	6497922	8316141	10039228	10338387	11170082	14416686
湖 北	3787283	4850441	6007806	7679793	9753665	12344343	16723655
湖 南	3562607	4411407	4929387	5850949	6524823	7694186	12475763
广 东	6063680	6975411	8217055	9534681	11096309	14496424	18191008
广 西	1163287	1624181	1915039	2274656	2601685	3028638	4110712
海 南	112450	232416	214458	216058	293769	419433	532658
重 庆	2339444	3108658	5047547	6345491	6903107	7437832	10844204
四 川	4138417	5508921	6315258	8162436	9436351	11030457	13196437
贵 州	685982	728452	933283	1212945	1543010	1863504	2544521
云 南	1413970	1640438	1964924	2436986	2723818	3715905	5758699
西 藏	121040	146752	238767	276857	249086	199643	180677
陕 西	2029378	3880798	4905743	6065105	6084540	5589472	8385847
甘 肃	901083	1077617	1281414	1565648	1800243	2649077	3184643
青 海	278968	332610	445584	538075	587061	713605	805281
宁 夏	340006	438380	650092	715620	942241	986566	982544
新 疆	897324	1236931	1549833	1928195	2592201	3386374	4559780

1-4 各地区历年建筑业企业利税总额

单位：万元

地 区	2007	2008	2009	2010	2011	2012	2013
全国总计	**32753973**	**44668222**	**53724409**	**67603869**	**80326121**	**91650257**	**113011138**
北 京	1894535	1708015	3141972	3732603	4213539	4519673	5844844
天 津	773199	940439	1144292	1441201	1732510	1946890	2590580
河 北	967798	1439150	1589887	2118790	2543420	2924228	3242959
山 西	547712	668027	847101	1187107	1203412	1508774	1820183
内蒙古	646896	892945	1099952	1307471	1577208	1391319	1692996
辽 宁	1562609	1789113	2320038	3411522	4406630	5041639	5990333
吉 林	328347	783982	807812	951062	1486739	1414761	1648728
黑龙江	343990	1520636	1332707	1781420	1321917	1338823	1320366
上 海	1650359	2275505	2683512	2981970	3235023	3188506	3609429
江 苏	4500081	6240701	7135595	8753942	10507771	12832832	15627231
浙 江	4021244	4644242	5674568	7111196	8446268	9491741	10991236
安 徽	921499	1325599	1632055	2099798	2388143	2747434	3395413
福 建	941528	1224010	1563460	1908536	2585482	3073914	3781422
江 西	466450	851715	907325	1160294	1284587	1887482	2483173
山 东	2221146	3043218	3626570	4539876	4982185	5489015	6954610
河 南	1317768	1923243	2477967	3234415	3813920	4377000	5643611
湖 北	1475615	1882179	2457391	3358791	4340945	5325901	7094715
湖 南	1220569	2027763	1802272	2288754	2670291	3072326	3926595
广 东	2565563	2892377	3283550	3923954	4681641	5153304	6489116
广 西	330526	433786	521097	697699	763425	922608	1164273
海 南	36649	96800	108956	100771	152954	191257	224759
重 庆	760353	1523773	1684830	2087534	2684015	2931725	3912970
四 川	1208255	1614206	2012606	2753426	3509512	4180712	4908532
贵 州	163222	209978	252224	340152	450259	524406	808721
云 南	509000	586614	756243	1055913	1209705	1586479	2122145
西 藏	71434	71176	160296	149218	96188	71782	74995
陕 西	637659	1174751	1602454	1671907	2231137	2106642	2774949
甘 肃	301931	362609	389746	553898	629559	959885	1167134
青 海	69768	95960	131149	154766	195250	232512	274375
宁 夏	78005	97603	155169	210388	258211	291077	314680
新 疆	220265	328108	421612	535498	724273	925611	1116070

1-5 各地区历年建筑业企业劳动生产率

按建筑业增加值计算　　　　单位：元/人

地　区	2007	2008	2009	2010	2011	2012	2013
全国总计	**28853**	**32444**	**37640**	**40319**	**43951**	**57427**	**65794**
北　京	24672	26101	28825	28382	41691	95018	107462
天　津	37939	43178	43476	46160	58343	75162	74731
河　北	23824	29262	34103	38342	43060	52919	63505
山　西	26975	30268	30388	35172	33776	41544	40773
内蒙古	26658	30865	37886	43838	51098	63707	78435
辽　宁	34477	41730	36589	36647	32233	54886	68417
吉　林	23758	28023	33886	33297	48304	59774	66887
黑龙江	19782	22427	41143	52547	35408	36194	32796
上　海	32703	40248	44770	46744	53051	62817	60020
江　苏	34125	35783	42976	45044	56411	61866	68655
浙　江	33888	36103	37885	41067	50651	57790	62243
安　徽	28180	32317	37683	42372	51802	56179	67150
福　建	38025	41527	43883	46991	38061	69046	70353
江　西	24270	28655	33036	32508	41990	51576	58780
山　东	23682	26062	33990	35733	42401	49478	67455
河　南	25692	33595	37632	41900	43899	53486	57148
湖　北	29989	34517	41145	47494	45627	71933	96315
湖　南	26945	28770	33463	35838	40143	48902	63207
广　东	34166	38041	46819	49938	50621	79374	89082
广　西	26397	30572	38143	39528	42998	45601	57864
海　南	15772	19386	21739	18981	42776	65607	74453
重　庆	24999	30167	41902	43878	36359	49010	67564
四　川	21098	23860	27020	29121	25524	45412	48665
贵　州	24928	27405	29266	38196	44379	57246	65912
云　南	22108	26901	27758	31046	30486	40714	58138
西　藏	25674	27302	47493	47429	44931	60656	72029
陕　西	31620	32515	50752	53380	66948	56362	69536
甘　肃	20125	23165	26116	31193	35558	50478	54731
青　海	26692	32966	37275	42700	48452	55378	61133
宁　夏	21360	24873	31773	31019	39302	53050	46129
新　疆	25552	32328	34743	35979	44295	52133	58180

1-6 各地区历年建筑业企业利润总额

单位：万元

地　区	2007	2008	2009	2010	2011	2012	2013
全国总计	**15611225**	**22018389**	**27187552**	**34090741**	**41682014**	**47761416**	**60792546**
北　京	960256	563900	1751412	1986183	2167770	2434013	3497480
天　津	379212	475404	541986	660541	795439	959364	1431440
河　北	446521	718905	744754	1049307	1269976	1471745	1655376
山　西	194566	231736	305611	483810	492236	693319	897318
内蒙古	353363	535344	744024	826671	1053728	862190	1094841
辽　宁	836847	883503	1188891	1739642	2243114	2560777	3146240
吉　林	102742	412464	387217	460595	890268	744665	910687
黑龙江	98029	457660	558203	564931	589187	617830	669765
上　海	794137	1173802	1374680	1597878	1666874	1626865	1932910
江　苏	2368712	3576635	4005428	4966263	5958651	7273779	8993262
浙　江	1887292	2145188	2744547	3482170	4115722	4596818	5304842
安　徽	378253	633363	744093	982470	1271248	1508867	1877388
福　建	375532	519579	656737	873488	1264702	1512126	1853834
江　西	188502	390995	421176	561901	623721	948041	1282397
山　东	1190084	1805303	2065115	2663968	2917723	3186855	4167033
河　南	574939	935863	1187183	1615139	2000910	2329006	3120944
湖　北	698837	934029	1265479	1808377	2314637	2785518	3796429
湖　南	545656	1121171	845523	1047943	1247697	1496487	1905149
广　东	1388555	1456891	1731648	2049391	2516868	2834588	3636718
广　西	126343	152533	197764	257595	262368	342674	444218
海　南	14616	56759	55232	47796	64449	104329	128077
重　庆	386178	891940	978968	1201834	1553431	1627276	2297778
四　川	466176	716297	950778	1256013	1771901	2101350	2504299
贵　州	41893	64525	66331	105635	143920	164725	324210
云　南	266333	279106	386664	505251	618811	849340	1198003
西　藏	52895	45873	120700	91531	57535	39714	48405
陕　西	224647	492568	738954	583007	1043804	1002895	1397940
甘　肃	152143	157718	153089	259960	293320	484956	588756
青　海	24468	36330	54420	62520	83480	112724	146330
宁　夏	25225	31935	63217	89235	112525	131135	121468
新　疆	68277	121073	157728	209698	276000	357447	419012

1-7 按经济类型划分的建筑业企业主要经济指标

指 标		合计	内资企业	#国有	#集体
企业个数	(个)	78919	78257	3847	3728
从业人员	(万人)	4528.36	4501.75	387.66	187.06
自有固定资产原价	(亿元)	16894.72	16739.42	2895.96	507.17
自有固定资产净价	(亿元)	10245.99	10148.27	1572.84	324.70
自有施工机械设备总台数	(万台)	1146.73	1142.06	107.65	62.10
自有施工机械设备净值	(亿元)	6094.17	6076.08	871.32	144.54
自有施工机械设备总功率	(万千瓦)	25423.98	25311.07	3164.04	849.09
建筑业总产值	(亿元)	160366.06	159136.38	20739.02	4524.68
建筑业增加值		33071.51			
本年固定资产折旧	(亿元)	1174.98	1165.77	200.91	23.89
应付职工薪酬	(亿元)	20168.82	20015.76	2181.71	629.50
主营业务税金及附加	(亿元)	4988.66	4953.67	611.82	158.05
管理费用中的税金	(亿元)	233.20	231.22	22.12	12.12
房屋建筑施工面积	(万平方米)	1132002.86	1127167.43	107280.61	36030.30
房屋建筑竣工面积	(万平方米)	401520.93	399922.77	25392.82	17500.18
利润总额	(亿元)	6079.25	6017.68	528.58	189.33
税金总额	(亿元)	5221.86	5184.89	633.94	170.18
劳动生产率					
按总产值计算	(元/人)	319039	318496	415023	238979
按增加值计算	(元/人)	65794			
技术装备率	(元/人)	13458	13497	22476	7727
动力装备率	(千瓦/人)	5.6	5.6	8.2	4.5
房屋建筑面积竣工率	(%)	35.5	35.5	23.7	48.6
产值利润率	(%)	3.8	3.8	2.5	4.2
产值利税率	(%)	7.0	7.0	5.6	7.9

1-7 续表

指标		港澳台商投资企业	#港澳台商独资企业	外商投资企业	#外商独资企业
企业个数	(个)	390	82	272	82
从业人员	(万人)	16.46	1.29	10.14	3.52
自有固定资产原价	(亿元)	93.74	27.62	61.56	16.52
自有固定资产净价	(亿元)	62.04	20.87	35.67	10.17
自有施工机械设备总台数	(万台)	2.61	0.32	2.07	0.71
自有施工机械设备净值	(亿元)	11.98	0.84	6.11	1.07
自有施工机械设备总功率	(万千瓦)	57.75	5.03	55.16	19.64
建筑业总产值	(亿元)	621.96	70.95	607.72	251.44
建筑业增加值	(亿元)				
本年固定资产折旧	(亿元)	5.15	1.29	4.06	0.96
应付职工薪酬	(亿元)	92.47	8.45	60.59	22.80
主营业务税金及附加	(亿元)	18.49	2.18	16.50	7.22
管理费用中的税金	(亿元)	1.39	0.13	0.59	0.16
房屋建筑施工面积	(万平方米)	3052.97	224.03	1782.46	702.27
房屋建筑竣工面积	(万平方米)	888.77	27.86	709.39	350.32
利润总额	(亿元)	20.94	4.00	40.63	26.99
税金总额	(亿元)	19.88	2.31	17.09	7.38
劳动生产率					
按总产值计算	(元/人)	356399	513380	482674	662152
按增加值计算	(元/人)				
技术装备率	(元/人)	7280	6546	6024	3053
动力装备率	(千瓦/人)	3.5	3.9	5.4	5.6
房屋建筑面积竣工率	(%)	29.1	12.4	39.8	49.9
产值利润率	(%)	3.4	5.6	6.7	10.7
产值利税率	(%)	6.6	8.9	9.5	13.7

1-8 建筑业企业主要经济指标

指标	计量单位	2013年	2012年	2013年比2012年增减(%)
建筑业企业个数	个	78919	75280	4.8
直接从事生产经营活动的平均人数	万人	5026.5	4629.1	8.6
签订的合同额	亿元	289423.3	247339.5	17.0
#本年新签合同额	亿元	174957.4	146784.9	19.2
建筑业总产值	亿元	160366.1	137217.9	16.9
建筑工程产值	亿元	142149.4	121719.9	16.8
安装工程产值	亿元	13382.7	11316.6	18.3
其他产值	亿元	4834.0	4181.3	15.6
竣工产值	亿元	93676.2	79588.5	17.7
建筑业增加值	亿元	33071.5	26583.3	24.4
本年固定资产折旧	亿元	1175.0	1065.5	10.3
应付职工薪酬	亿元	20168.8	15604.0	29.3
主营业务税金及附加	亿元	4988.7	4190.5	19.0
管理费用中的税金	亿元	233.2	198.4	17.5
房屋建筑施工面积	万平方米	1132002.9	986427.5	14.8
房屋建筑竣工面积	万平方米	401520.9	358736.2	11.9
年末自有施工机械设备净值	亿元	6094.2	5707.1	6.8
年末自有施工机械设备总功率	万千瓦	25424.0	24275.3	4.7
实收资本	亿元	24083.8	21800.2	10.5
资产合计	亿元	130094.4	111692.2	16.5
#流动资产	亿元	101738.6	86959.3	17.0
#固定资产	亿元	13047.0	11785.2	10.7
负债合计	亿元	87958.9	75529.7	16.5
#流动负债	亿元	79675.9	68539.1	16.2
利润总额	亿元	6079.3	4776.1	27.3
税金总额	亿元	5221.9	4388.9	19.0
按建筑业总产值计算的劳动生产率	元/人	319039	296424	
按建筑业增加值计算的劳动生产率	元/人	65794	57427	
技术装备率	元/人	13458	13374	
动力装备率	千瓦/人	5.6	5.7	
人均利税	元/人	22483	19799	
房屋建筑面积竣工率	%	35.5	36.4	
资产负债率	%	67.6	67.6	
产值利润率	%	3.8	3.5	
产值利税率	%	7.0	6.7	

1-9 各地区建筑业企业签订合同情况

单位：万元

地区	合同总额	上年结转合同额	本年新签合同额
全国总计	**2894232581**	**1144658873**	**1749573708**
北京	186007425	88851469	97155957
天津	71513223	30904761	40608462
河北	83874124	32693187	51180937
山西	57745210	26042343	31702867
内蒙古	23274679	10891687	12382992
辽宁	124774551	41453573	83320979
吉林	33730819	12683320	21047499
黑龙江	33029827	10883894	22145932
上海	125776222	58774835	67001387
江苏	333429777	121549200	211880577
浙江	346691444	138717599	207973845
安徽	82783617	29874247	52909370
福建	100642729	37211452	63431277
江西	63076996	20538890	42538106
山东	133442075	45988395	87453680
河南	122935204	46105292	76829912
湖北	157219441	57001375	100218066
湖南	114383292	48645067	65738225
广东	179062123	78512068	100550055
广西	46940022	19395259	27544762
海南	5657693	2563180	3094513
重庆	86602968	33564636	53038332
四川	138081225	58122489	79958736
贵州	32282329	13883465	18398864
云南	49653193	19211285	30441907
西藏	1109733	299470	810264
陕西	81022358	33866361	47155997
甘肃	27740957	8970227	18770730
青海	7872362	3098498	4773863
宁夏	9673179	3193617	6479562
新疆	34203786	11167732	23036054

1-10 各地区建筑业企业承包工程完成情况

单位：万元

地区	直接从建设单位承揽工程完成的产值	自行完成施工产值	分包出去工程的产值	从建设单位以外承揽工程完成的产值
全国总计	**1587629041**	**1546326846**	**41302195**	**57333787**
北京	75818428	65492463	10325966	9151146
天津	37144576	35165046	1979529	1779316
河北	51405862	51152778	253084	1296232
山西	30284544	30203105	81439	140551
内蒙古	15532051	15503094	28957	208525
辽宁	85730363	85289028	441336	1002881
吉林	22151664	21937892	213772	176516
黑龙江	24871601	24670677	200925	48683
上海	54564051	47029988	7534064	5029228
江苏	207922780	207126508	796272	12809591
浙江	199001227	196799450	2201776	5200792
安徽	49059590	48533013	526578	1122136
福建	53705319	53360304	345015	1257198
江西	34285941	33586187	699754	1113576
山东	84451636	83432934	1018701	1243813
河南	69291676	68885658	406017	1146355
湖北	83411721	82638185	773536	2014505
湖南	51570221	51381293	188928	1457134
广东	82470350	75492876	6977474	3146170
广西	22456946	22370810	86137	528000
海南	2885476	2841586	43890	21487
重庆	46968228	45770774	1197454	1541392
四川	70542821	69484319	1058502	2614762
贵州	13725042	13677600	47442	113926
云南	28691096	28563011	128085	503020
西藏	778857	758590	20267	11371
陕西	41339067	38394881	2944186	1608753
甘肃	17037737	16887517	150220	321111
青海	3906016	3835143	70872	301966
宁夏	5688086	5527683	160404	161518
新疆	20936069	20534454	401615	262134

1-11 各地区建筑业总产值和竣工产值

单位：万元

地 区	建筑业总产值	#装饰装修产值	#在外省完成的产值	按构成分组			竣工产值
				建筑工程产值	安装工程产值	其他产值	
全国总计	**1603660633**	**96097866**	**507100132**	**1421493613**	**133826662**	**48340358**	**936761704**
北 京	74643608	10961566	46647290	71255456	2744410	643743	35796913
天 津	36944362	1000779	11587703	31035927	4451624	1456812	16525100
河 北	52449010	2492993	16801624	44309205	4973018	3166788	27507900
山 西	30343656	892535	8645616	25893066	3289930	1160661	13936707
内蒙古	15711619	264264	846370	13926908	896153	888558	9082588
辽 宁	86291908	8829878	9187548	71873915	10631504	3786490	53825902
吉 林	22114408	991511	2011248	19142522	2050700	921186	14570963
黑龙江	24719359	704956	2179856	20063128	3942343	713888	12603228
上 海	52059216	5842878	24952634	44109653	6760401	1189162	27307562
江 苏	219936099	11641679	89010920	205145135	12904251	1886712	166422966
浙 江	202000242	12273666	100756436	183587720	13756720	4655802	124602413
安 徽	49655149	1808381	10644388	42491968	4171061	2992120	26602038
福 建	54617501	2261263	20014255	50862477	3391296	363729	33433186
江 西	34699763	2183565	11743998	30061822	2431724	2206218	21553897
山 东	84676747	4655004	14322619	71776856	10427061	2472830	46362052
河 南	70032014	3113063	17488195	61006359	6836754	2188900	39642466
湖 北	84652690	3546270	31401270	74508212	7570255	2574224	43794636
湖 南	52838426	2023343	16914687	45681711	3424933	3731783	34852390
广 东	78639046	12430340	20548379	68419131	8042209	2177707	40446048
广 西	22898810	812426	4049534	19705316	2026199	1167295	13274543
海 南	2863073	222744	173356	2443137	175253	244684	2013622
重 庆	47312167	1680807	10190708	42834259	2878035	1599873	25372732
四 川	72099080	2264967	15823893	63967657	5705395	2426029	39256865
贵 州	13791526	313365	2341039	12107779	993991	689756	5933169
云 南	29066031	542593	1657157	26174871	2119047	772112	15953617
西 藏	769961	24913	89	642418	41943	85601	415095
陕 西	40003635	1352449	12263020	35770750	3302461	930424	17160655
甘 肃	17208628	505476	2557169	15130662	1539768	538198	9109365
青 海	4137110	53352	1013975	3486651	394911	255549	1696975
宁 夏	5689201	111128	406254	5383736	261510	43956	4377330
新 疆	20796588	295715	918903	18695207	1691808	409574	13328783

1-12 各地区建筑业企业房屋建筑面积

地 区	房屋建筑施工面积(万平方米)	#本年新开工	#实行投标承包面积	#本年新开工	房屋建筑竣工面积(万平方米)	房屋建筑面积竣工率(%)
全国总计	**1132002.9**	**516799.3**	**902120.0**	**422672.5**	**401520.9**	**35.5**
北 京	49259.1	16716.5	44082.6	16025.5	8949.9	18.2
天 津	13000.8	4995.8	11697.7	4427.7	3635.5	28.0
河 北	36460.0	17243.6	30954.1	14773.0	12808.2	35.1
山 西	13107.2	4708.2	11190.1	3677.0	3722.1	28.4
内蒙古	8839.6	4546.2	7357.3	3868.5	3630.6	41.1
辽 宁	42289.0	24407.6	31007.4	18119.6	19786.4	46.8
吉 林	12518.8	7855.4	8544.4	5947.4	6344.1	50.7
黑龙江	8174.8	4742.8	6023.6	3697.7	4390.1	53.7
上 海	30057.8	10670.8	26928.3	9442.3	7073.8	23.5
江 苏	196773.9	86373.2	175276.3	77525.0	68993.1	35.1
浙 江	185017.5	79306.4	152479.6	66661.0	61549.4	33.3
安 徽	36274.1	17427.7	27641.8	14138.4	14851.1	40.9
福 建	48254.0	19483.3	36136.6	14357.6	13861.0	28.7
江 西	23144.4	13444.0	16753.5	10222.5	11881.2	51.3
山 东	64589.9	32387.4	51901.5	27185.5	23737.3	36.8
河 南	43408.6	23326.8	35289.1	20025.7	18179.1	41.9
湖 北	48938.0	26721.3	35117.4	21763.0	22773.7	46.5
湖 南	43528.2	19457.3	34667.2	15990.3	15891.0	36.5
广 东	52397.2	21604.6	30375.7	13495.9	14439.1	27.6
广 西	18316.1	7434.3	15292.8	6313.7	5787.6	31.6
海 南	2195.4	775.1	1837.3	669.2	914.7	41.7
重 庆	29884.6	13539.9	18869.8	9069.2	12240.3	41.0
四 川	47377.7	21835.0	30983.8	15050.4	18211.9	38.4
贵 州	12267.5	5236.5	9062.6	3841.4	2472.5	20.2
云 南	15702.8	8313.1	10772.9	5613.6	6718.0	42.8
西 藏	201.6	168.2	151.5	139.7	123.4	61.2
陕 西	20780.3	8323.8	17406.5	7090.0	6404.1	30.8
甘 肃	10319.4	5573.2	7826.3	4420.5	3976.7	38.5
青 海	1158.3	470.0	813.2	344.6	466.5	40.3
宁 夏	4676.5	2160.5	4361.1	1989.0	1939.5	41.5
新 疆	13090.0	7550.7	11318.0	6787.8	5769.1	44.1

1-13 各地区按主要用途分的建筑业企业房屋建筑竣工面积

单位：万平方米

地 区	总计	住宅房屋	商业及服务用房屋	商厦房屋(批发和零售用房)	宾馆用房屋(住宿用房)	餐饮用房屋(餐饮用房)
全国总计	**401520.9**	**267736.0**	**25924.6**	**11465.0**	**3652.8**	**1190.9**
北 京	8949.9	5272.8	1433.6	1093.7	139.0	14.8
天 津	3635.5	2196.2	231.7	123.6	19.8	2.8
河 北	12808.2	9183.8	572.7	263.0	74.7	19.9
山 西	3722.1	2689.8	177.2	43.2	42.1	8.7
内蒙古	3630.6	2707.5	214.6	54.6	34.4	6.4
辽 宁	19786.4	14639.5	832.2	331.4	76.6	77.7
吉 林	6344.1	4750.0	233.0	92.7	33.2	3.8
黑龙江	4390.1	3563.9	209.7	43.2	15.3	12.1
上 海	7073.8	3528.0	943.3	505.5	92.0	4.7
江 苏	68993.1	48997.4	3145.4	1443.9	685.3	245.2
浙 江	61549.4	33208.6	5085.6	2530.6	765.4	231.0
安 徽	14851.1	9683.2	740.9	325.2	66.4	21.8
福 建	13861.0	9301.9	704.2	236.8	81.4	29.0
江 西	11881.2	7728.0	844.1	278.2	127.8	47.0
山 东	23737.3	16622.8	1344.7	553.8	99.6	53.8
河 南	18179.1	12664.0	1011.9	281.9	187.7	88.7
湖 北	22773.7	15182.8	1561.9	760.0	270.1	39.6
湖 南	15891.0	11231.5	1019.2	537.1	137.5	18.2
广 东	14439.1	8595.1	1121.5	458.7	104.6	47.8
广 西	5787.6	3758.6	253.9	69.2	68.5	8.3
海 南	914.7	547.6	108.3	44.0	20.1	6.8
重 庆	12240.3	9170.9	725.4	192.0	42.7	47.2
四 川	18211.9	13537.9	1271.0	398.6	208.1	57.6
贵 州	2472.5	1489.2	233.8	101.7	18.7	3.2
云 南	6718.0	4474.4	637.9	197.4	88.6	20.1
西 藏	123.4	74.3	7.7	5.6	0.7	0.1
陕 西	6404.1	4545.8	418.2	143.3	74.3	28.9
甘 肃	3976.7	2903.9	213.1	78.3	18.3	9.8
青 海	466.5	307.0	23.5	3.4	3.4	0.5
宁 夏	1939.5	1111.9	187.1	102.5	3.9	6.9
新 疆	5769.1	4067.7	417.1	172.0	52.4	28.5

1-13 续表 1

单位：万平方米

地区	商务会展用房屋	其他商业及服务用房屋(居民服务业用房)	办公用房屋	科研、教育和医疗用房屋	科学研究用房屋	教育用房屋
全国总计	**1441.7**	**8174.2**	**23327.5**	**16532.3**	**1695.6**	**11045.4**
北京	46.1	140.0	782.6	448.6	161.7	187.4
天津	5.2	80.3	193.2	109.0	9.7	66.5
河北	18.2	196.9	761.2	594.6	65.7	440.7
山西	14.4	68.9	279.1	244.6	11.6	202.1
内蒙古	11.2	108.1	198.6	158.2	4.9	131.5
辽宁	9.4	337.0	744.4	425.6	21.7	292.5
吉林	18.3	85.1	254.6	150.0	8.6	111.2
黑龙江	5.2	133.8	147.0	126.7	4.1	70.7
上海	70.3	270.7	421.3	265.4	42.9	154.2
江苏	330.8	440.1	3433.9	1980.5	236.4	1304.9
浙江	344.3	1214.2	4418.7	1828.9	261.4	1145.2
安徽	19.5	308.0	1084.9	701.5	20.6	539.2
福建	45.8	311.3	755.7	538.1	72.0	384.9
江西	28.8	362.3	854.3	592.5	63.8	427.7
山东	71.9	565.5	1133.2	929.6	66.3	601.0
河南	63.2	390.4	1305.3	1075.8	112.5	727.8
湖北	61.2	431.1	1447.2	1061.4	128.8	547.0
湖南	43.1	283.4	887.7	786.4	55.0	522.3
广东	63.4	447.0	815.8	605.1	77.9	397.1
广西	9.2	98.8	425.5	557.7	34.9	374.9
海南	11.0	26.5	61.8	89.2	7.4	59.5
重庆	36.0	407.4	422.2	353.8	33.5	222.1
四川	70.6	536.1	704.7	695.8	55.1	476.1
贵州	4.3	105.9	179.3	325.7	19.8	244.0
云南	13.3	318.5	376.7	575.4	32.8	401.0
西藏	0.1	1.1	23.2	9.4	1.4	7.3
陕西	8.9	162.8	378.0	395.7	31.8	266.4
甘肃	3.2	103.6	187.8	304.1	30.9	222.7
青海	2.0	14.1	51.3	46.7	0.1	38.3
宁夏	4.2	69.6	194.3	206.5	2.4	197.4
新疆	8.4	155.8	403.9	350.0	20.0	281.8

1-13 续表 2

单位：万平方米

地　　区	医疗用房屋(卫生医疗用房)	文化、体育和娱乐用房屋	厂房及建筑物	#厂房	仓　库	其他未列明的房屋建筑物
全国总计	**3791.3**	**3570.5**	**53475.9**	**36485.2**	**2642.9**	**8311.2**
北　京	99.4	91.8	687.3	571.1	34.6	198.6
天　津	32.8	39.5	689.3	489.8	49.3	127.3
河　北	88.2	86.8	1143.9	741.9	40.9	424.2
山　西	31.0	27.2	225.1	143.8	17.7	61.4
内蒙古	21.7	14.4	153.4	119.5	6.7	177.2
辽　宁	111.4	78.6	2448.9	1337.9	147.7	469.3
吉　林	30.2	40.8	665.0	316.7	22.2	228.5
黑龙江	51.9	23.2	230.4	131.6	16.5	72.7
上　海	68.2	64.2	1633.7	1228.5	86.2	131.7
江　苏	439.3	476.2	9722.1	7827.8	379.4	858.3
浙　江	422.3	715.2	14827.2	10777.5	545.8	919.4
安　徽	141.7	117.0	2020.8	1256.6	77.2	425.6
福　建	81.2	133.0	2234.9	1309.0	89.2	104.1
江　西	101.0	183.7	1353.0	742.5	69.7	255.9
山　东	262.2	198.8	2936.1	1856.4	220.6	351.5
河　南	235.5	151.1	1544.7	818.4	127.1	299.2
湖　北	385.6	283.6	2611.6	1413.9	155.5	469.8
湖　南	209.2	134.3	1344.9	877.6	67.9	419.1
广　东	130.0	85.2	2607.8	1717.9	128.0	480.7
广　西	147.9	111.0	446.3	293.7	35.7	198.9
海　南	22.4	19.0	23.1	15.8	11.7	54.0
重　庆	98.2	99.1	1002.7	637.0	54.5	411.8
四　川	164.5	143.1	1408.1	895.2	107.8	343.4
贵　州	61.9	23.3	121.3	82.1	6.5	93.4
云　南	141.6	72.8	365.3	213.8	26.5	188.9
西　藏	0.7	2.3	1.9	0.1	1.2	3.5
陕　西	97.5	46.7	425.8	221.2	37.6	156.2
甘　肃	50.5	38.3	219.6	137.5	18.0	91.8
青　海	8.3	5.9	19.7	6.3	2.2	10.2
宁　夏	6.8	15.5	97.0	93.3	11.0	116.2
新　疆	48.2	49.0	264.8	210.8	48.2	168.3

1-14 各地区按主要用途分的建筑业企业房屋建筑竣工价值

单位：万元

地区	总计	住宅房屋	商业及服务用房屋	商厦房屋(批发和零售用房)	宾馆用房屋(住宿用房)	餐饮用房屋(餐饮用房)
全国总计	**584675729**	**383131787**	**42742586**	**18558020**	**6213272**	**1888239**
北京	20686424	10419034	3426208	2310254	496212	26445
天津	6951608	3975578	437450	250818	39906	7121
河北	17828850	11970059	913110	470173	98885	24768
山西	5338842	3573083	277687	45765	69565	16367
内蒙古	5345032	3738071	352577	86188	58433	13128
辽宁	28362354	20516438	1138045	466386	92713	106937
吉林	8643443	6447858	340178	134496	28736	4974
黑龙江	6727044	5303915	332233	67008	20331	17539
上海	14276286	6255048	2085657	790391	246827	24684
江苏	110909298	77776824	5523967	2479500	1240652	442621
浙江	90522777	52197383	8324381	4083692	1284675	405405
安徽	17503999	11663944	944638	443516	114231	25253
福建	20542941	14305013	1139884	354562	164003	40954
江西	13477959	8603422	1042654	303395	209406	55702
山东	30607426	20595501	1940835	760243	143299	78257
河南	21148653	14534996	1201164	348182	197263	93477
湖北	30671343	19683462	2953362	1404718	413341	46170
湖南	20960029	14407148	1522261	783423	231554	24399
广东	22201181	13630295	2072765	727712	157740	55564
广西	7661133	4847268	340979	81311	87619	11544
海南	1376385	847930	153141	62257	27311	8058
重庆	17110123	12656681	1063718	278824	51379	69658
四川	24859355	18243525	1929054	575576	300492	130742
贵州	3509023	1979806	426328	225887	40513	3682
云南	9510577	6129596	995732	291634	126922	34297
西藏	260954	151484	17562	13366	1748	249
陕西	9847981	6716430	607219	214836	139382	48893
甘肃	6511530	4403344	385162	144744	37915	19651
青海	743310	477746	37517	6403	5544	1252
宁夏	2489690	1471074	235016	146770	4931	12714
新疆	8090182	5609833	582103	205991	81743	37736

1-14 续表 1

单位：万元

地区	商务会展用房屋	其他商业及服务用房屋(居民服务业用房)	办公用房屋	科研、教育和医疗用房屋	科学研究用房屋	教育用房屋
全国总计	**2625297**	**13457757**	**38472605**	**27149576**	**3259246**	**16941185**
北京	168806	424490	2363783	1396616	512303	585626
天津	10727	128878	493832	265897	20888	151357
河北	22985	296300	1047686	1016134	149252	720553
山西	22757	123232	487451	415949	19133	342588
内蒙古	17900	176929	415249	286768	8933	222562
辽宁	17208	454801	1260593	758407	49859	462281
吉林	24947	147024	395508	244181	12462	158014
黑龙江	11031	216324	265240	236018	12018	120108
上海	262910	760846	1393786	771700	131338	387585
江苏	518061	843132	6280935	3910834	571684	2335448
浙江	587472	1963137	7312599	3064700	417712	1822484
安徽	29185	332454	1391270	822573	24334	632137
福建	74995	505371	1150737	865304	140777	588995
江西	27408	446743	1051246	742638	88950	509166
山东	124182	834855	1753889	1509350	142943	881411
河南	76323	485920	1643316	1366021	144044	883830
湖北	167879	921255	2034564	1444360	133057	754670
湖南	59808	423077	1359122	1084979	73874	683791
广东	139450	992299	1376054	1036936	153106	618833
广西	9283	151222	564937	754400	38704	497053
海南	11967	43548	85090	137874	7079	95597
重庆	47280	616578	569156	544176	47484	327602
四川	119256	802988	1095974	1059006	85554	694199
贵州	5519	150727	222763	472303	51525	320321
云南	20457	522422	541543	904529	55842	613366
西藏	209	1990	52679	20499	3053	15396
陕西	16569	187539	613153	584316	55830	385069
甘肃	5761	177090	342465	547230	76144	387327
青海	4278	20040	83756	76145	199	63365
宁夏	9709	60893	251894	276302	3803	260580
新疆	10978	245654	572339	533434	27367	419870

1-14 续表 2

单位：万元

地　区	医疗用房屋（卫生医疗用房）	文化、体育和娱乐用房屋	厂房及建筑物	#厂房	仓　库	其他未列明的房屋建筑物
全国总计	**6949145**	**6907074**	**69319318**	**48474817**	**3371187**	**13581597**
北　京	298688	455825	1752184	1496011	77159	795616
天　津	93651	167548	1122793	800212	72446	416065
河　北	146328	133436	1845591	1315786	56356	846477
山　西	54229	70831	394065	270961	28016	91761
内蒙古	55274	36844	238026	179177	10921	266576
辽　宁	246268	172049	3673446	2067678	164436	678940
吉　林	73705	58753	887175	408112	27367	242426
黑龙江	103892	39276	420124	247051	23028	107211
上　海	252778	189496	3172245	2545284	154945	253409
江　苏	1003701	1126344	13958350	11218513	580870	1751175
浙　江	824504	1225973	16383520	12023228	582800	1431422
安　徽	166103	145054	2043445	1216223	67998	425076
福　建	135532	247294	2545665	1533942	137922	151122
江　西	144523	221731	1495141	842873	65826	255301
山　东	484996	501837	3401481	2168006	268820	635713
河　南	338147	198092	1735052	902891	130056	339956
湖　北	556633	506972	3123922	1723850	157358	767343
湖　南	327314	224777	1660998	1120806	113125	587620
广　东	264997	135656	3074597	2108968	163549	711330
广　西	218643	144013	656751	466290	47029	305757
海　南	35199	29017	33380	19804	12789	77165
重　庆	169091	166987	1364518	965934	86231	658656
四　川	279253	209967	1791430	1175392	106809	423590
贵　州	100457	30610	232554	178579	18097	126563
云　南	235322	117801	533553	320433	36775	251047
西　藏	2049	2563	3299	383	2907	9962
陕　西	143417	168172	690136	402010	52465	416090
甘　肃	83759	76957	518868	298017	40733	196772
青　海	12581	6127	40183	12925	4415	17421
宁　夏	11919	23003	124462	119088	14096	93843
新　疆	86197	74071	402366	326393	65844	250193

1-15 各地区建筑业企业施工机械设备情况

地　区	年末自有施工机械设备总台数(台)	年末自有施工机械设备总功率(千瓦)	年末自有施工机械设备净值(万元)	技术装备率(元/人)	动力装备率(千瓦/人)
全国总计	**11467280**	**254239766**	**60941736**	**13458**	**5.6**
北　京	125587	4443555	1078079	22212	9.2
天　津	113717	4374283	1733117	50564	12.8
河　北	869748	11295403	1816988	15617	9.7
山　西	212413	6096929	1232416	19541	9.7
内蒙古	104700	2491940	533331	13548	6.3
辽　宁	420041	17656981	2588908	13346	9.1
吉　林	77049	2536046	569727	12194	5.4
黑龙江	134516	2835022	770020	17830	6.6
上　海	159685	4020695	1283673	16217	5.1
江　苏	1827588	48148108	7183739	9420	6.3
浙　江	1036941	20371118	4555320	6679	3.0
安　徽	490273	11150605	1769322	10022	6.3
福　建	296621	7211511	1567536	6925	3.2
江　西	181778	4431270	960296	7410	3.4
山　东	758029	17060267	3337944	11777	6.0
河　南	801121	16347277	2870671	12134	6.9
湖　北	1278930	14201857	3318755	17594	7.5
湖　南	549559	12063395	1789521	12994	8.8
广　东	554194	11248002	3075933	15085	5.5
广　西	162242	2799822	503076	6600	3.7
海　南	8365	180315	31181	3996	2.3
重　庆	186601	4612380	1004801	5906	2.7
四　川	313693	7946148	3362519	13587	3.2
贵　州	66165	1790014	262767	6273	4.3
云　南	157422	5117038	11231107	134362	6.1
西　藏	4084	123368	41979	16600	4.9
陕　西	265809	5647704	1171736	13125	6.3
甘　肃	158287	3414681	534367	8862	5.7
青　海	26124	763264	179973	16514	7.0
宁　夏	30411	731480	145659	13224	6.6
新　疆	95587	3129288	437275	12447	8.9

1-16 各地区建筑业企业建筑材料消耗情况

地　区	钢材 (吨)	木材 (立方米)	水泥 (吨)	玻璃		铝材 (吨)
				重量箱	平方米	
全国总计	**743341895**	**301596495**	**2399543986**	**618170166**	**991150520**	**51617632**
北　京	19935179	4250523	35314466	11537902	2993203	149412
天　津	23369527	1680054	29408859	13579477	2318153	255531
河　北	33696645	10060986	204344410	4249195	36058547	2904516
山　西	9913731	2247413	32076360	1213270	10049429	268237
内蒙古	4525859	2078032	13002579	1448205	16662414	410744
辽　宁	30960480	21560915	176210434	85172182	8669466	2549450
吉　林	33014321	4811799	66564551	1934711	26455124	995926
黑龙江	5302750	2772673	17191862	2162280	15450326	933559
上　海	15795561	5006646	21583948	10730126	1788891	377607
江　苏	79550112	34809547	245611224	177321086	21063861	4397407
浙　江	98226036	37014488	350470130	38974610	185593667	4265060
安　徽	23145619	7973864	57638889	36499626	5185213	937202
福　建	33152813	17083213	114387444	15530692	62264871	1738323
江　西	12166505	8199057	48840809	2459125	24913941	1024749
山　东	31647512	12093074	102258554	7903467	66521930	2040794
河　南	23019337	6784690	89166485	5068200	47830744	1039420
湖　北	53295744	21394573	144798605	87067138	119990789	13474906
湖　南	19591993	9648968	72627467	9959821	51486006	920212
广　东	22383031	22154450	83633403	80246937	7926527	2783885
广　西	14134193	16394405	31386517	2382464	16564130	1115509
海　南	1645127	673629	4584699	459191	3231419	515060
重　庆	18497995	8420147	57687373	2988719	25720657	1577997
四　川	43230401	21221561	232469824	6433613	54123559	3389956
贵　州	8524653	3389801	27249484	1538881	91312195	1605802
云　南	51210314	6384330	45414512	921900	9228039	245685
西　藏	164741	131235	571656	90918	820469	16030
陕　西	16507839	5806865	46069996	3236961	18350273	558921
甘　肃	6701918	2131775	20060825	2687118	20597459	547995
青　海	911123	214260	3328762	154022	2520230	78859
宁　夏	2370417	892440	7314079	737942	3734575	335692
新　疆	6750419	4311082	18275780	3480387	31724413	163186

1-17 各地区建筑业企业主要生产效益指标

地 区	建筑业企业个数（个）	直接从事生产经营活动的平均人数（人）	按总产值计算的劳动生产率（元/人）	人均竣工产值（元/人）	人均施工面积（平方米/人）	人均竣工面积（平方米/人）
全国总计	**78919**	**50265393**	**319039**	**186363**	**225.2**	**79.9**
北 京	3109	826584	903037	433070	595.9	108.3
天 津	1573	816713	452354	202337	159.2	44.5
河 北	2384	1232778	425454	223138	295.8	103.9
山 西	2181	1053758	287957	132257	124.4	35.3
内蒙古	873	536693	292749	169232	164.7	67.6
辽 宁	5897	2404470	358881	223858	175.9	82.3
吉 林	1858	557401	396741	261409	224.6	113.8
黑龙江	2008	1019239	242528	123653	80.2	43.1
上 海	2814	1181518	440613	231123	254.4	59.9
江 苏	9095	7824887	281073	212684	251.5	88.2
浙 江	5839	6733001	300015	185062	274.8	91.4
安 徽	2646	1757893	282470	151329	206.3	84.5
福 建	2623	2458801	222131	135974	196.3	56.4
江 西	1624	1122940	309008	191942	206.1	105.8
山 东	5708	3047222	277882	152145	212.0	77.9
河 南	4734	2522681	277609	157144	172.1	72.1
湖 北	3211	1736352	487532	252222	281.8	131.2
湖 南	1983	1973785	267701	176576	220.5	80.5
广 东	4331	2042046	385099	198066	256.6	70.7
广 西	1065	710407	322334	186858	257.8	81.5
海 南	144	71543	400189	281456	306.9	127.9
重 庆	2405	1605037	294773	158082	186.2	76.3
四 川	3334	2711685	265883	144769	174.7	67.2
贵 州	606	386049	357248	153690	317.8	64.0
云 南	2224	990515	293444	161064	158.5	67.8
西 藏	168	25084	306953	165482	80.4	49.2
陕 西	1390	1205972	331713	142297	172.3	53.1
甘 肃	1224	581871	295746	156553	177.3	68.3
青 海	379	131726	314069	128826	87.9	35.4
宁 夏	513	213000	267099	205508	219.6	91.1
新 疆	976	783742	265350	170066	167.0	73.6

1-18 各地区建筑业企业营业额

单位：万元

地区	企业营业额	在境外完成的营业额	企业总产值	#建筑业总产值
全国总计	**2080681665**	**34799886**	**2045881779**	**1603660633**
北京	92739121	9397831	83341290	74643608
天津	39848379	983086	38865293	36944362
河北	55421900	462265	54959635	52449010
山西	31544122	209907	31334215	30343656
内蒙古	16073717	180594	15893123	15711619
辽宁	94552854	501839	94051015	86291908
吉林	22826603	257101	22569502	22114408
黑龙江	26287203	569650	25717553	24719359
上海	61952172	990369	60961804	52059216
江苏	588248948	4454614	583794334	219936099
浙江	207027647	665561	206362087	202000242
安徽	53085022	1659054	51425968	49655149
福建	55366193	285502	55080690	54617501
江西	36133231	440351	35692880	34699763
山东	94261521	2407749	91853772	84676747
河南	75402516	1202099	74200417	70032014
湖北	93245971	3281126	89964845	84652690
湖南	54758819	1068968	53689851	52838426
广东	83745014	984756	82760258	78639046
广西	23999704	320465	23679239	22898810
海南	3051619	11588	3040031	2863073
重庆	49902479	275091	49627388	47312167
四川	79814784	1576963	78237821	72099080
贵州	13984646	76927	13907719	13791526
云南	30963690	956710	30006980	29066031
西藏	821525	1938	819587	769961
陕西	43107862	835617	42272245	40003635
甘肃	19520196	157357	19362838	17208628
青海	4453312	138945	4314367	4137110
宁夏	5807745	1736	5806009	5689201
新疆	22733155	444130	22289025	20796588

1-19 各地区建筑业企业资产构成

单位：万元

地区	资产合计	#流动资产合计	#存货	#非流动资产合计	#固定资产合计
全国总计	**1300944471**	**1017385789**	**231272275**	**283558682**	**130470398**
北京	136831634	94568304	18266458	42263330	4718935
天津	44865074	35347826	7123620	9517249	4509966
河北	37921097	30224632	6462839	7696465	5141774
山西	34202261	26150562	4635860	8051699	2739061
内蒙古	17886901	13965826	2331776	3921075	2258721
辽宁	55032788	44271972	8440551	10760816	6324608
吉林	19293029	15718985	2135350	3574043	2341698
黑龙江	18033052	14701724	2698433	3331329	2293774
上海	72752012	59168869	12366341	13583143	4049007
江苏	134237735	110441649	26736990	23796086	13719800
浙江	98324153	79176417	21791866	19147735	9943257
安徽	36541088	28714425	5873116	7826663	4248226
福建	31273033	25220416	5897650	6052618	3737783
江西	19312471	14650631	3395610	4661840	2826777
山东	81774689	65620443	15832213	16154246	9820568
河南	49472704	38351020	8968448	11121684	7136977
湖北	63518819	48046685	14021297	15472133	10046720
湖南	29805043	22144208	4891832	7660835	3969191
广东	88215591	70556216	15729279	17659375	6932437
广西	13839071	10817512	2443335	3021559	1600846
海南	2064568	1581267	236767	483301	161110
重庆	40256771	31966318	8513519	8290452	3754180
四川	60963372	47118304	13725009	13845068	4811849
贵州	14518652	12038919	4100616	2479734	884692
云南	25924958	19165967	3202248	6758990	3432216
西藏	981351	568398	59796	412954	267296
陕西	33837635	27297896	5637157	6539738	3561584
甘肃	13619280	9639951	2054247	3979329	2252360
青海	4170533	3019252	559053	1151281	770087
宁夏	5278587	4372103	915795	906484	565405
新疆	16196519	12759092	2225204	3437427	1649495

1-20 各地区建筑业企业固定资产情况

单位：万元

地区	固定资产合计	固定资产原价	固定资产折旧	#本年折旧	在建工程
全国总计	**130470398**	**168947192**	**66487311**	**11749787**	**14531896**
北京	4718935	7391714	3356234	614464	584346
天津	4509966	6446286	2613967	491129	280012
河北	5141774	6450145	2324265	391960	521795
山西	2739061	4081729	1769007	303414	240881
内蒙古	2258721	3197226	1130717	275738	109673
辽宁	6324608	8789941	3601668	534096	606605
吉林	2341698	2744706	1024280	206110	243919
黑龙江	2293774	3101164	1246491	148020	197535
上海	4049007	6349111	3052672	369352	410153
江苏	13719800	17759848	6951708	1154161	1678953
浙江	9943257	13520175	5081248	849239	1055853
安徽	4248226	5208942	1838095	355960	508894
福建	3737783	4803146	1557816	288571	310107
江西	2826777	3227021	1041333	204526	349160
山东	9820568	12341498	4728455	844629	797332
河南	7136977	9400043	3479228	666320	715021
湖北	10046720	10544004	4184660	871250	792449
湖南	3969191	5194117	2042500	330964	406211
广东	6932437	9448683	3994222	777296	985431
广西	1600846	1894023	738972	104887	213796
海南	161110	125087	54237	7366	69718
重庆	3754180	3988090	1458507	260398	707301
四川	4811849	6398411	2780801	481091	834576
贵州	884692	1024920	423946	84281	196917
云南	3432216	4108735	1575956	275261	606131
西藏	267296	255742	84426	10487	37580
陕西	3561584	4807461	2016939	439317	463333
甘肃	2252360	2549432	754028	120740	279622
青海	770087	758796	351804	52945	46987
宁夏	565405	734467	289442	46167	90569
新疆	1649495	2302532	939687	189646	191039

1-21 各地区建筑业企业负债及所有者权益

单位：万元

地区	负债合计	#流动负债	#应付账款	所有者权益	#实收资本
全国总计	**879588627**	**796758627**	**253659234**	**421249678**	**240837729**
北京	97896371	85259485	32158604	38932255	19253389
天津	34474201	31409574	13324836	10370342	6261910
河北	25228585	23130064	8711881	12692512	7504500
山西	25650153	23205622	9591247	8552108	5418288
内蒙古	11749404	10780107	2902400	6137497	2718312
辽宁	36788294	32288009	10573294	18223368	9730418
吉林	11306420	9959320	3416449	7986609	5680988
黑龙江	12573102	11774016	4309602	5459950	4066183
上海	54316757	50886049	14939646	18434252	10495414
江苏	82617999	78181442	22967899	51619801	23918299
浙江	60400441	56660375	11885641	37923712	19767508
安徽	24884033	22151857	6519279	11627354	7519433
福建	18138089	16951543	3474347	13134477	9147629
江西	10941955	9977352	2267496	8370516	5210272
山东	56407795	52441487	16331868	25366895	14588470
河南	31120107	28333633	9812759	18352597	11543331
湖北	44838000	37512375	15143999	18680819	9808428
湖南	17977371	15799802	5490401	11827673	6462669
广东	60645216	53714549	16024203	27543209	15884076
广西	9369727	8308969	1587283	4469344	3054412
海南	1244449	1176385	236199	820120	545355
重庆	28728131	25567398	7544082	11528639	6822820
四川	42602787	39138732	9926440	18359939	13344369
贵州	9973515	9056777	2502753	4545138	1892064
云南	17105179	15170737	3794615	8816973	5526670
西藏	451321	394919	127333	530031	374092
陕西	24398570	22279439	9075467	9439065	6972515
甘肃	9036518	8224248	2860138	4582986	2849141
青海	2759664	2437871	909797	1410869	972418
宁夏	3766862	3612901	1241104	1511725	974675
新疆	12197613	10973590	4008174	3998905	2529684

1-22 各地区建筑业企业实收资本

单位：万元

地区	合计	国家资本	集体资本	法人资本	个人资本	港澳台资本	外商资本
全国总计	**240837729**	**37602118**	**11835070**	**80372581**	**109531004**	**827958**	**668997**
北京	19253389	7933352	351561	6874537	3924569	89851	79519
天津	6261910	1042302	250480	3293659	1651776	11028	12665
河北	7504500	1116758	507320	2404189	3473150	2655	428
山西	5418288	1266575	239507	1966357	1938436	6539	875
内蒙古	2718312	203877	144336	713127	1656590	200	182
辽宁	9730418	1680370	566259	3057340	4140341	233966	52142
吉林	5680988	366743	194826	3312147	1792460	14737	75
黑龙江	4066183	682386	377039	1260071	1732515	1233	12940
上海	10495414	1701366	488672	4303518	3759275	138391	104192
江苏	23918299	1691784	779382	6984297	14254067	72815	135954
浙江	19767508	668134	489917	5061770	13485225	38689	23774
安徽	7519433	1027855	284115	1778316	4419909	6046	3193
福建	9147629	599716	268190	2259145	5982682	32150	5746
江西	5210272	1007903	387542	1301822	2498852	3002	11151
山东	14588470	1939024	1332988	5337836	5946440	19059	13123
河南	11543331	1415639	737979	3695186	5679031	12104	3392
湖北	9808428	1748915	475514	3299650	4256751	25298	2299
湖南	6462669	1041549	545816	2083523	2778432	7261	6088
广东	15884076	1587326	787022	7259498	6030525	84340	135366
广西	3054412	645049	227303	964342	1210261	6361	1096
海南	545355	106199	71638	205852	161520	147	
重庆	6822820	1021967	240830	1933659	3562306	8832	55227
四川	13344369	2385144	526976	3272486	7152994	5745	1024
贵州	1892064	856054	135785	500503	399722		
云南	5526670	1247263	311287	1607954	2352792	4576	2798
西藏	374092	27350	30069	193839	122834		
陕西	6972515	1151211	590606	3059572	2165286	614	5226
甘肃	2849141	584549	251626	905838	1104407	2259	463
青海	972418	173995	70286	433030	295108		
宁夏	974675	137867	46507	248496	541805		
新疆	2529684	543897	123693	801026	1060948	60	59

1-23 各地区建筑业企业收入情况

单位：万元

地区	主营业务收入	#主营业务成本	#主营业务税金及附加	其他业务收入	#其他业务成本	#其他业务利润
全国总计	**1510980511**	**1327719556**	**49886626**	**13680464**	**25242044**	**2099305**
北京	93259494	84988399	2298244	671466	1033281	208253
天津	40195573	35307731	1095579	262468	967165	47553
河北	47099571	41185174	1536008	859846	1156078	41437
山西	29865170	26663894	885267	637015	643140	63810
内蒙古	15647788	12898081	572326	87659	383683	32319
辽宁	77630871	65923854	2633433	346676	2432924	46738
吉林	20588307	17187457	691943	210014	1115714	14503
黑龙江	18277311	15866272	596881	115282	386061	10676
上海	63982318	58055955	1637970	568194	752940	194833
江苏	182177035	159483638	6388057	1876015	1654998	163318
浙江	163514599	147417396	5538195	1110973	1312699	180725
安徽	43734210	37569806	1459318	491377	1468150	45212
福建	50148761	44513755	1851342	218402	450569	42034
江西	32882818	29011586	1155256	218057	378424	37130
山东	80234040	69324107	2619996	1001610	1387049	131503
河南	68279260	58640857	2372885	435411	1260329	99398
湖北	83839885	72718292	3157393	948832	1249845	110503
湖南	49190760	42928015	1921278	233801	635237	32111
广东	89129940	78447178	2734878	577450	717107	162549
广西	20474754	18397299	695177	188925	365729	31768
海南	2755098	2460489	92834	41878	43865	1196
重庆	45718478	39603125	1542893	279412	1341379	53862
四川	65513034	56757875	2190480	914633	1873656	152040
贵州	12792383	11437831	474450	96695	206015	19191
云南	25553677	22009607	885707	440959	615664	67392
西藏	691716	563031	24958	7102	8659	1605
陕西	40102764	35662407	1311597	155654	359258	26317
甘肃	16259778	14136310	543083	239051	463754	26225
青海	4444678	3951464	123507	39270	66479	7627
宁夏	5826440	5307963	184668	75322	59662	21442
新疆	21170003	19300709	671026	331018	452532	26039

1-24 各地区建筑业企业费用情况

单位：万元

地 区	管理费用	#税金	销售费用	财务费用	#利息收入	#利息支出
全国总计	**47508936**	**2331966**	**6009406**	**10345789**	**2892477**	**10846917**
北 京	3248168	49119	320419	576932	813713	1344398
天 津	1366014	63561	91698	312681	173465	347522
河 北	1377982	51575	131556	261623	41448	217942
山 西	1247633	37598	91758	168301	72976	180195
内蒙古	564623	25829	23922	177409	3577	142485
辽 宁	3028182	210661	257519	417699	68247	340470
吉 林	691083	46098	65459	121132	6505	76257
黑龙江	722986	53720	73751	79052	15050	62468
上 海	2353313	38550	168877	310318	191910	415247
江 苏	5332295	245912	699285	1440912	202871	1419337
浙 江	3287225	148200	448043	1209998	193852	1212655
安 徽	1354241	58707	215745	257556	87053	269553
福 建	1349867	76246	183508	183432	45816	169355
江 西	837812	45520	154099	143183	18885	118186
山 东	2659457	167582	334583	582385	110394	558971
河 南	2444925	149781	382722	523390	118317	415339
湖 北	2889548	140894	506666	591781	117855	613356
湖 南	1578741	100167	266285	262967	81399	243009
广 东	2994503	117519	393550	734835	64659	737149
广 西	612781	24878	51074	153778	9681	118189
海 南	61972	3848	5659	3696	597	2187
重 庆	1392496	72299	213811	409160	62215	352055
四 川	2168897	213753	419617	555608	229268	632771
贵 州	324945	10060	14624	99537	11446	89082
云 南	834488	38435	187597	255118	28571	226803
西 藏	40478	1632	11037	3291	1711	1925
陕 西	1258728	65412	142947	203998	91730	258791
甘 肃	583309	35295	85832	131604	15018	111440
青 海	164029	4538	19609	21674	-2179	19563
宁 夏	166997	8544	8449	49734	774	38277
新 疆	571221	26032	39705	103003	15652	111943

1-25 各地区建筑业企业利润及税金情况

单位：万元

地区	利润总额	#应交所得税	税金总额	主营业务税金及附加	管理费用中的税金
全国总计	**60792546**	**13115981**	**52218592**	**49886626**	**2331966**
北京	3497480	520406	2347364	2298244	49119
天津	1431440	314417	1159140	1095579	63561
河北	1655376	385211	1587583	1536008	51575
山西	897318	149825	922864	885267	37598
内蒙古	1094841	254572	598155	572326	25829
辽宁	3146240	793900	2844094	2633433	210661
吉林	910687	235768	738041	691943	46098
黑龙江	669765	147088	650601	596881	53720
上海	1932910	353871	1676520	1637970	38550
江苏	8993262	1940250	6633970	6388057	245912
浙江	5304842	1252240	5686394	5538195	148200
安徽	1877388	371763	1518025	1459318	58707
福建	1853834	606550	1927588	1851342	76246
江西	1282397	313702	1200776	1155256	45520
山东	4167033	824246	2787578	2619996	167582
河南	3120944	694811	2522666	2372885	149781
湖北	3796429	775648	3298287	3157393	140894
湖南	1905149	368295	2021445	1921278	100167
广东	3636718	860488	2852397	2734878	117519
广西	444218	136747	720056	695177	24878
海南	128077	54705	96682	92834	3848
重庆	2297778	456447	1615192	1542893	72299
四川	2504299	466442	2404233	2190480	213753
贵州	324210	73400	484510	474450	10060
云南	1198003	227383	924142	885707	38435
西藏	48405	6903	26590	24958	1632
陕西	1397940	225266	1377009	1311597	65412
甘肃	588756	113539	578378	543083	35295
青海	146330	20214	128045	123507	4538
宁夏	121468	51148	193212	184668	8544
新疆	419012	120740	697058	671026	26032

1-26 各地区建筑业企业应收工程款及企业亏损情况

地区	应收工程款(万元)	企业个数(个)	#亏损企业个数	亏损企业的比重(%)
全国总计	**263172081**	**78919**	**9503**	**12.0**
北京	16605092	3109	627	20.2
天津	10431432	1573	243	15.4
河北	9989376	2384	275	11.5
山西	8906763	2181	414	19.0
内蒙古	4769679	873	111	12.7
辽宁	12884273	5897	747	12.7
吉林	5540103	1858	278	15.0
黑龙江	4127862	2008	445	22.2
上海	12570483	2814	532	18.9
江苏	35682356	9095	437	4.8
浙江	17113479	5839	581	10.0
安徽	8198083	2646	235	8.9
福建	4862006	2623	299	11.4
江西	3534797	1624	117	7.2
山东	21054890	5708	501	8.8
河南	8437995	4734	356	7.5
湖北	11844862	3211	272	8.5
湖南	5985345	1983	158	8.0
广东	14905322	4331	672	15.5
广西	2137758	1065	216	20.3
海南	306285	144	27	18.8
重庆	8836067	2405	278	11.6
四川	9766267	3334	410	12.3
贵州	2320270	606	113	18.6
云南	5422549	2224	331	14.9
西藏	219603	168	20	11.9
陕西	7171016	1390	173	12.4
甘肃	3399620	1224	193	15.8
青海	793324	379	116	30.6
宁夏	1547403	513	98	19.1
新疆	3807721	976	228	23.4

1-27 各地区建筑业企业主要经济效益指标

地　区	产值利润率(%)	产值利税率(%)	资本利润率(%)	资本利税率(%)	人均利润(元/人)	人均利税(元/人)	资产负债率(%)
全国总计	**3.8**	**7.0**	**25.2**	**46.9**	**12094**	**22483**	**67.6**
北　京	4.7	7.8	18.2	30.4	42312	70711	71.5
天　津	3.9	7.0	22.9	41.4	17527	31720	76.8
河　北	3.2	6.2	22.1	43.2	13428	26306	66.5
山　西	3.0	6.0	16.6	33.6	8515	17273	75.0
内蒙古	7.0	10.8	40.3	62.3	20400	31545	65.7
辽　宁	3.6	6.9	32.3	61.6	13085	24913	66.8
吉　林	4.1	7.5	16.0	29.0	16338	29579	58.6
黑龙江	2.7	5.3	16.5	32.5	6571	12954	69.7
上　海	3.7	6.9	18.4	34.4	16360	30549	74.7
江　苏	4.1	7.1	37.6	65.3	11493	19971	61.5
浙　江	2.6	5.4	26.8	55.6	7879	16324	61.4
安　徽	3.8	6.8	25.0	45.2	10680	19315	68.1
福　建	3.4	6.9	20.3	41.3	7540	15379	58.0
江　西	3.7	7.2	24.6	47.7	11420	22113	56.7
山　东	4.9	8.2	28.6	47.7	13675	22823	69.0
河　南	4.5	8.1	27.0	48.9	12372	22371	62.9
湖　北	4.5	8.4	38.7	72.3	21864	40860	70.6
湖　南	3.6	7.4	29.5	60.8	9652	19894	60.3
广　东	4.6	8.3	22.9	40.9	17809	31778	68.7
广　西	1.9	5.1	14.5	38.1	6253	16389	67.7
海　南	4.5	7.9	23.5	41.2	17902	31416	60.3
重　庆	4.9	8.3	33.7	57.4	14316	24379	71.4
四　川	3.5	6.8	18.8	36.8	9235	18101	69.9
贵　州	2.4	5.9	17.1	42.7	8398	20949	68.7
云　南	4.1	7.3	21.7	38.4	12095	21425	66.0
西　藏	6.3	9.7	12.9	20.0	19297	29897	46.0
陕　西	3.5	6.9	20.0	39.8	11592	23010	72.1
甘　肃	3.4	6.8	20.7	41.0	10118	20058	66.4
青　海	3.5	6.6	15.0	28.2	11109	20829	66.2
宁　夏	2.1	5.5	12.5	32.3	5703	14774	71.4
新　疆	2.0	5.4	16.6	44.1	5346	14240	75.3

二、按经济类型分组的建筑业企业

2-1 各地区国有建筑业企业签订合同情况

单位：万元

地 区	合同总额	上年结转合同额	本年新签合同额
全国总计	**454396729**	**201347900**	**253048828**
北 京	30138209	12706244	17431965
天 津	11160916	5364262	5796654
河 北	13384466	5791435	7593031
山 西	9670551	3985430	5685121
内蒙古	2733559	1716623	1016936
辽 宁	14362701	5640539	8722163
吉 林	4363732	2648335	1715397
黑龙江	7802498	2929967	4872531
上 海	21254905	9973130	11281775
江 苏	13845143	5843799	8001344
浙 江	7546295	3669128	3877167
安 徽	18876880	7705575	11171305
福 建	7741702	3306710	4434992
江 西	7012441	3244647	3767794
山 东	21137309	8756361	12380948
河 南	10632591	3511803	7120788
湖 北	29182280	13130417	16051863
湖 南	26309950	12674092	13635858
广 东	62483404	29447811	33035594
广 西	25592422	11628680	13963742
海 南	1000515	290353	710162
重 庆	12806816	6730676	6076140
四 川	32242901	14712138	17530763
贵 州	19678146	8002848	11675298
云 南	8505660	3150412	5355248
西 藏	183564	47301	136263
陕 西	16062656	7687833	8374823
甘 肃	5976284	2128703	3847581
青 海	4443422	1981126	2462296
宁 夏	2496127	919684	1576443
新 疆	5768685	2021840	3746845

2-2 各地区国有建筑业企业承包工程完成情况

单位：万元

地 区	直接从建设单位承揽工程完成的产值	自行完成施工产值	分包出去工程的产值	从建设单位以外承揽工程完成的产值
全国总计	**207596826**	**200372856**	**7223969**	**7017307**
北 京	12398396	11713146	685250	1075025
天 津	4907237	4843549	63687	385084
河 北	7551626	7474475	77151	532420
山 西	6171981	6139432	32549	28393
内蒙古	1087870	1087870		29249
辽 宁	8594067	8547848	46219	83285
吉 林	1479678	1445124	34554	23026
黑龙江	5791034	5607988	183046	8894
上 海	7919151	7323418	595733	265861
江 苏	7403122	7181614	221508	381837
浙 江	3477217	3190405	286811	44302
安 徽	9360828	9104357	256471	181939
福 建	4031791	3970316	61475	8754
江 西	3674998	3645523	29475	41580
山 东	11345919	11144214	201705	161993
河 南	6010932	5816317	194615	309262
湖 北	13892340	13709524	182815	295758
湖 南	10348417	10318391	30026	375810
广 东	22688922	19286601	3402321	478089
广 西	10272529	10262735	9794	238693
海 南	586817	586368	450	2183
重 庆	5595110	5425885	169225	422160
四 川	13319016	13256073	62943	724217
贵 州	7528840	7519585	9255	60205
云 南	4088668	4088455	213	3518
西 藏	127263	118421	8842	
陕 西	7788605	7706195	82411	406191
甘 肃	3024654	3000560	24094	22902
青 海	2068993	2008896	60097	282052
宁 夏	1462983	1345683	117301	116322
新 疆	3597823	3503891	93932	28303

2-3 各地区国有建筑业总产值和竣工产值

单位：万元

地区	建筑业总产值	#装饰装修产值	#在外省完成的产值	按构成分组			竣工产值
				建筑工程产值	安装工程产值	其他产值	
全国总计	**207390163**	**6081925**	**76364260**	**180266638**	**21077937**	**6045588**	**96054102**
北京	12788171	1610708	7990140	12128595	563512	96064	6787589
天津	5228633	8774	2929208	4712075	387760	128798	1878501
河北	8006895	642132	3132972	6875840	851093	279962	3664796
山西	6167825	133412	696841	5365846	635859	166119	2528855
内蒙古	1117120	8987	476561	1047018	41542	28559	424840
辽宁	8631134	161394	2206948	6596067	1591973	443094	4900347
吉林	1468149	11282	501464	931649	370463	166037	603855
黑龙江	5616882	16079	723549	3672111	1837284	107487	2464194
上海	7589279	350707	5310240	6609387	754461	225431	3068256
江苏	7563451	42156	3078725	6828048	670698	64705	4244256
浙江	3234707	26460	1092545	2764116	371415	99176	1748060
安徽	9286296	99967	3931402	8503678	579254	203363	3771666
福建	3979070	64486	680541	3593732	362260	23078	2508666
江西	3687103	48686	1561552	3237366	335257	114480	1948770
山东	11306206	214127	4366859	9575022	1309612	421573	5011102
河南	6125579	159022	2572649	4504766	1575999	44815	2326920
湖北	14005283	66022	8274912	12454192	1081615	469476	3471667
湖南	10694201	194518	5405707	8875109	1168750	650342	6154118
广东	19764690	1229298	5776119	17820680	1455359	488651	9617450
广西	10501428	169883	2666717	9147208	1076340	277880	5293094
海南	588551	35042		520298	15370	52883	385992
重庆	5848044	59504	2786478	5270944	300131	276969	2276404
四川	13980290	131462	3772512	12758661	980815	240814	7335487
贵州	7579790	186001	1266585	6514843	672840	392107	2898140
云南	4091973	4737	328373	3674582	361225	56166	1704254
西藏	118421	723		111195	777	6450	30257
陕西	8112386	307894	2676189	7190928	694511	226948	3553702
甘肃	3023462	74340	595838	2575924	372771	74767	1497086
青海	2290948	627	971612	1912668	197392	180888	518439
宁夏	1462005	857	223218	1390098	55448	16459	1446803
新疆	3532194	22641	367806	3103992	406153	22050	1990537

2-4 各地区国有建筑业企业房屋建筑面积

地　区	房屋建筑施工面积(万平方米)	#本年新开工	#实行投标承包面积	#本年新开工	房屋建筑竣工面积(万平方米)	房屋建筑面积竣工率(%)
全国总计	**107280.6**	**38983.7**	**91590.0**	**33366.9**	**25392.8**	**23.7**
北　京	8164.6	2334.4	7998.6	2332.7	1760.1	21.6
天　津	881.8	349.0	862.1	343.2	233.5	26.5
河　北	3332.7	1132.6	3250.6	1096.1	810.7	24.3
山　西	3070.7	955.5	2933.7	916.0	962.6	31.3
内蒙古	493.9	281.2	493.6	281.2	91.1	18.5
辽　宁	2262.8	985.7	1761.5	787.2	712.5	31.5
吉　林	422.1	315.6	270.5	193.5	317.8	75.3
黑龙江	1339.7	745.0	1115.4	609.0	485.2	36.2
上　海	1104.3	495.2	944.1	458.6	330.3	29.9
江　苏	2711.9	1289.7	2682.4	1265.3	542.4	20.0
浙　江	557.3	123.9	546.6	121.2	134.7	24.2
安　徽	5587.7	1645.4	5278.8	1600.7	1217.0	21.8
福　建	3491.5	1023.8	2731.8	692.0	1044.7	29.9
江　西	1962.1	1076.8	1416.4	895.3	700.7	35.7
山　东	3919.6	1580.4	3697.4	1435.1	963.4	24.6
河　南	1080.0	515.9	992.3	494.7	355.1	32.9
湖　北	2325.0	647.4	1189.1	578.2	461.6	19.9
湖　南	6542.1	2375.1	5752.3	2185.3	1692.3	25.9
广　东	18100.7	6735.7	14410.4	5607.2	3230.2	17.8
广　西	8640.6	2416.5	8319.0	2327.0	1578.1	18.3
海　南	217.7	70.5	189.0	70.2	135.1	62.1
重　庆	1379.9	589.3	889.6	457.0	402.0	29.1
四　川	11070.7	4340.7	8331.7	3123.4	2913.8	26.3
贵　州	6379.0	2186.0	4209.5	1362.6	920.8	14.4
云　南	2852.0	1247.8	2608.7	834.0	538.2	18.9
西　藏	15.7	7.3	5.9	5.3	8.2	52.1
陕　西	4282.3	1435.8	4020.8	1401.6	1044.2	24.4
甘　肃	1640.7	835.8	1288.1	661.1	406.3	24.8
青　海	280.2	58.2	278.1	58.2	40.0	14.3
宁　夏	1535.6	309.2	1530.0	309.2	727.7	47.4
新　疆	1636.0	878.3	1591.9	864.8	632.6	38.7

2-5 各地区按主要用途分的国有建筑业企业房屋建筑竣工面积

单位：万元

地　区	总计	住宅房屋	商业及服务用房屋	商厦房屋(批发和零售用房)	宾馆用房屋(住宿用房)	餐饮用房屋(餐饮用房)
全国总计	**25392.8**	**16902.0**	**1615.3**	**715.3**	**277.1**	**92.9**
北　京	1760.1	1142.5	178.9	120.6	46.2	4.4
天　津	233.5	144.6	3.7			
河　北	810.7	479.6	61.9	16.4	29.3	5.4
山　西	962.6	662.6	57.7	18.0	6.6	4.5
内蒙古	91.1	18.6	6.9		4.0	
辽　宁	712.5	519.0	13.8	4.8		
吉　林	317.8	135.9	8.4		7.6	
黑龙江	485.2	361.2	5.0	0.7	1.5	0.3
上　海	330.3	231.5	29.0	13.3		
江　苏	542.4	312.1	10.9	0.8	1.0	5.6
浙　江	134.7	60.2	53.6	16.5		1.2
安　徽	1217.0	843.1	27.8	9.3		8.0
福　建	1044.7	804.5	75.2		19.8	2.1
江　西	700.7	545.3	51.5	43.9	2.8	0.3
山　东	963.4	528.3	81.4	20.8	3.2	1.2
河　南	355.1	207.8	3.3	0.5	0.5	0.8
湖　北	461.6	200.9	21.2	3.8	3.5	4.6
湖　南	1692.3	1166.8	112.4	81.3	15.8	3.3
广　东	3230.2	1847.0	334.3	198.8	33.6	14.3
广　西	1578.1	1104.4	59.7	23.3	23.2	0.8
海　南	135.1	112.7	11.1	2.4		
重　庆	402.0	309.7	16.9	2.5	3.0	
四　川	2913.8	2316.0	151.1	31.1	35.8	12.9
贵　州	920.8	595.3	76.0	56.9	12.5	0.4
云　南	538.2	376.1	27.0	2.9	11.0	
西　藏	8.2	3.6	0.8			
陕　西	1044.2	761.8	45.3		7.5	14.9
甘　肃	406.3	292.9	16.9	11.9	2.3	
青　海	40.0	28.8				
宁　夏	727.7	301.3	37.5	28.0		4.9
新　疆	632.6	487.9	36.2	6.8	6.3	3.0

2-5 续表 1

单位：万元

地区	商务会展用房屋	其他商业及服务用房屋(居民服务业用房)	办公用房屋	科研、教育和医疗用房屋	科学研究用房屋	教育用房屋
全国总计	**140.5**	**389.5**	**1715.5**	**1329.0**	**138.5**	**868.6**
北京	1.8	5.8	202.9	65.9	11.2	39.1
天津		3.7	9.7	9.7		4.1
河北		10.8	32.1	41.6	3.9	35.6
山西	12.9	15.7	56.9	90.3	5.9	74.9
内蒙古		2.9	12.4	10.6		10.6
辽宁		9.0	11.5	22.7		13.2
吉林		0.8		4.6		4.6
黑龙江	0.2	2.4	13.4	19.3	0.8	9.6
上海		15.8	15.4	3.2		3.2
江苏		3.5	59.4	22.0	0.4	18.1
浙江	35.8	0.1	8.2	2.2		
安徽		10.5	113.8	53.7		41.1
福建	2.0	51.2	48.1	39.7	18.2	15.6
江西	0.1	4.4	21.1	18.3	1.1	16.6
山东	1.8	54.5	165.4	49.0	5.3	18.1
河南	0.3	1.2	14.9	17.9	2.0	12.9
湖北	0.6	8.7	19.0	13.5	0.7	10.1
湖南	4.3	7.7	98.2	91.6	4.3	38.4
广东	42.8	44.7	216.1	148.8	35.0	84.9
广西	0.1	12.3	102.0	102.7	5.3	72.4
海南		8.6	3.6	7.6		7.3
重庆	1.0	10.5	13.2	18.8		12.2
四川	35.7	35.7	123.6	93.5	10.8	60.7
贵州	0.4	5.7	70.1	89.7	0.6	53.9
云南	0.5	12.7	26.3	43.7	0.2	23.6
西藏		0.8	2.2	1.1		1.1
陕西		23.0	74.1	53.0	17.8	22.9
甘肃		2.6	17.0	33.9	9.3	16.6
青海			1.4	3.4		3.1
宁夏		4.6	138.7	129.2		129.1
新疆	0.3	19.8	24.7	27.7	5.8	14.9

2-5 续表 2

单位：万元

地 区	医疗用房屋(卫生医疗用房)	文化、体育和娱乐用房屋	厂房及建筑物	#厂房	仓 库	其他未列明的房屋建筑物
全国总计	**321.9**	**186.5**	**2683.9**	**1924.9**	**177.5**	**783.0**
北 京	15.6	28.0	115.4	99.4	3.8	22.7
天 津	5.6	3.5	48.3	40.6	4.7	9.3
河 北	2.1	0.5	126.1	117.0	3.9	65.1
山 西	9.4	5.5	77.5	56.1	1.7	10.5
内蒙古			42.5	42.5		0.1
辽 宁	9.5	2.0	128.8	50.2	0.7	14.0
吉 林			63.5	63.2		105.3
黑龙江	8.9	2.1	60.0	51.0	1.5	22.7
上 海		0.8	35.8	35.4	2.2	12.5
江 苏	3.5	6.3	114.3	109.0	1.0	16.4
浙 江	2.2		10.2	8.7	0.1	0.1
安 徽	12.6	7.2	148.8	121.1	0.3	22.2
福 建	5.9	10.2	60.6	35.7	2.4	4.1
江 西	0.7	5.5	32.6	19.5	4.3	22.2
山 东	25.6	4.6	93.0	53.3	13.5	28.1
河 南	3.0	0.5	104.1	16.1	1.1	5.5
湖 北	2.7	1.9	199.2	101.2	3.6	2.4
湖 南	48.9	18.7	133.3	110.6	21.7	49.5
广 东	29.0	19.6	462.2	325.4	54.8	147.4
广 西	25.0	11.1	127.6	121.0	7.5	63.1
海 南	0.3					
重 庆	6.6	4.8	26.9	9.2	3.7	8.0
四 川	22.0	22.1	171.5	133.9	13.4	22.6
贵 州	35.3	9.2	46.0	30.0	4.2	30.4
云 南	19.9	0.3	56.4	33.6	0.2	8.1
西 藏			0.4			
陕 西	12.3	8.6	80.5	46.4	1.8	19.0
甘 肃	8.0	5.9	28.9	13.9	0.8	10.1
青 海	0.3	0.1	5.9	1.1	0.4	
宁 夏	0.1	2.9	60.8	60.8	8.3	49.0
新 疆	6.9	4.8	22.8	19.3	16.0	12.6

2-6 各地区按主要用途分的国有建筑业企业房屋建筑竣工价值

单位：万元

地 区	总计	住宅房屋	商业及服务用房屋	商厦房屋(批发和零售用房)	宾馆用房屋(住宿用房)	餐饮用房屋(餐饮用房)
全国总计	**41501408**	**25445227**	**2980104**	**1161046**	**503894**	**193438**
北 京	4043047	2376191	334059	176918	90236	6515
天 津	633819	325150	7309			
河 北	1409348	688997	77761	17603	36000	7702
山 西	1488258	893147	95596	24337	19678	8371
内蒙古	170911	30665	17362		11562	
辽 宁	1066204	735682	22007	10000		
吉 林	184406	136730	9948		8513	
黑龙江	775463	507497	7052	959	1948	457
上 海	794136	497525	113133	34974		
江 苏	933098	360757	15230	1629	1285	7500
浙 江	274568	105216	137947	29150		1736
安 徽	1715175	1143286	37346	13328		9483
福 建	1499310	1082328	150362		53895	2301
江 西	856881	671318	55699	45240	2317	288
山 东	1634432	768184	146791	26538	7737	2056
河 南	546610	284421	4116	400	400	774
湖 北	644204	252482	28489	6425	6461	4884
湖 南	2462668	1552810	149400	101427	23080	3924
广 东	5890473	3314103	666512	360201	66353	30061
广 西	2437352	1566336	94763	27569	38248	1154
海 南	235936	196569	17879	4859		
重 庆	583492	433730	35677	5423	10980	
四 川	4471340	3367661	281522	38823	50835	62872
贵 州	1389218	789970	191714	161660	23645	630
云 南	951604	576895	57366	5762	23672	
西 藏	22732	10140	1417			
陕 西	1675663	1170638	77840		13531	29756
甘 肃	802770	486831	46061	26028	4341	
青 海	76982	45637				
宁 夏	884388	370174	48004	33110		9823
新 疆	946923	704158	51745	8684	9177	3152

2-6 续表 1

单位：万元

地区	商务会展用房屋	其他商业及服务用房屋(居民服务业用房)	办公用房屋	科研、教育和医疗用房屋	科学研究用房屋	教育用房屋
全国总计	**334672**	**787054**	**3485159**	**2675135**	**310809**	**1660370**
北京	8025	52365	642788	205636	29027	133570
天津		7309	22903	18768		15506
河北		16457	55745	141195	5861	129979
山西	20671	22539	110333	174552	11779	142668
内蒙古		5800	29136	27517		27517
辽宁		12007	21614	40940		22926
吉林		1435		9360		9360
黑龙江	269	3419	49617	38595	1090	14486
上海		78159	51844	8821		8821
江苏		4816	130207	50098	121	40589
浙江	106793	268	15744	5378	8	14
安徽	27	14508	251126	53831		38765
福建	10480	83686	56821	105429	61942	32775
江西	100	7754	28119	19407	1190	17728
山东	4371	106089	355174	89344	9926	32702
河南	240	2302	22145	33102	3935	22011
湖北	594	10124	23539	16124	758	11887
湖南	6844	14126	188134	167519	5900	70001
广东	112567	97329	480189	366282	77372	211596
广西	790	27003	166683	195784	8773	124865
海南		13021	7795	13693		13283
重庆	1662	17612	18282	40746		27521
四川	59152	69841	227977	198214	18430	112631
贵州	607	5172	94683	154577	806	87370
云南	1038	26893	46806	108684	148	45324
西藏		1417	7704	2451		2451
陕西		34553	133761	89731	29873	40425
甘肃		15693	36246	95964	35565	41977
青海			2437	5665		5156
宁夏		5070	169238	156807		156615
新疆	443	30289	38370	40921	8304	19853

2-6 续表 2

单位：万元

地 区	医疗用房屋(卫生医疗用房)	文化、体育和娱乐用房屋	厂房及建筑物	#厂房	仓 库	其他未列明的房屋建筑物
全国总计	**703956**	**461681**	**4746782**	**3500943**	**295087**	**1412234**
北 京	43040	131369	231973	199240	10281	110750
天 津	3262	12100	173823	148149	13138	60628
河 北	5355	460	272105	251154	2140	170944
山 西	20105	11765	185312	141045	2236	15316
内蒙古			61552	61552		4679
辽 宁	18014	3372	209318	102016	470	32803
吉 林			23674	21696		4694
黑龙江	23019	7241	117475	102602	2211	45777
上 海		2119	78738	77849	6517	35441
江 苏	9388	10919	309530	293437	1079	55280
浙 江	5356		10012	8285	51	219
安 徽	15066	10829	159136	128888	732	58889
福 建	10712	16601	72876	43581	7596	7298
江 西	489	7276	46644	32306	1556	26862
山 东	46717	6598	199362	112970	34033	34946
河 南	7157	350	196476	50176	1167	4833
湖 北	3479	2389	313830	170878	4486	2865
湖 南	91617	43478	242760	192889	46861	71705
广 东	77315	42568	696201	516624	73452	251166
广 西	62147	23646	214109	205336	12776	163256
海 南	410					
重 庆	13224	3712	27315	10943	4704	19327
四 川	67153	37343	294257	239650	14301	50065
贵 州	66401	15783	88100	64080	15515	38876
云 南	63211	366	147892	83817	135	13460
西 藏			1020			
陕 西	19433	33004	147814	84188	2014	20861
甘 肃	18421	25490	73497	36757	2358	36323
青 海	509	251	22173	2676	819	
宁 夏	193	5305	78320	78320	10421	46118
新 疆	12764	7350	51488	39842	24039	28853

2-7 各地区国有建筑业企业施工机械设备情况

地区	年末自有施工机械设备总台数(台)	年末自有施工机械设备总功率(千瓦)	年末自有施工机械设备净值(万元)	技术装备率(元/人)	动力装备率(千瓦/人)
全国总计	**1076534**	**31640418**	**8713159**	**22476.38**	**8.2**
北京	16600	635867	164886	27403	10.6
天津	19678	733921	281681	83283	21.7
河北	40654	975466	178337	24055	13.2
山西	36446	887850	130833	13336	9.1
内蒙古	7181	308089	53829	32973	18.9
辽宁	57203	2056510	335336	22115	13.6
吉林	9201	236206	54814	19227	8.3
黑龙江	45859	954500	201044	20123	9.6
上海	17572	907348	505611	97396	17.5
江苏	88623	2309873	375931	23892	14.7
浙江	23801	511899	129333	20740	8.2
安徽	56508	926327	287736	13399	4.3
福建	11558	237017	49449	4508	2.2
江西	18587	491555	67833	5515	4.0
山东	55634	1938882	430685	17410	7.8
河南	55745	1852103	249849	18611	13.8
湖北	100202	3337976	917776	46136	16.8
湖南	75921	2242078	409801	20984	11.5
广东	92652	2133821	921412	25171	5.8
广西	36462	1047185	150279	5062	3.5
海南	1554	21801	7209	5852	1.8
重庆	21859	707391	179353	13279	5.2
四川	53646	1699787	1995621	52669	4.5
贵州	35431	929874	110746	5204	4.4
云南	13020	256667	65523	10632	4.2
西藏	154	5766	2242	6352	1.6
陕西	35932	1041008	192264	12759	6.9
甘肃	12195	562736	75941	9926	7.4
青海	12909	512263	81186	21420	13.5
宁夏	4455	112796	24905	11794	5.3
新疆	19292	1065856	81719	12446	16.2

2-8 各地区国有建筑业企业主要生产效益指标

地　区	建筑业企业个数（个）	直接从事生产经营活动的平均人数（人）	按总产值计算的劳动生产率（元/人）	人均竣工产值（元/人）	人均施工面积（平方米/人）	人均竣工面积（平方米/人）
全国总计	**3847**	**4997082**	**415023**	**192220**	**214.7**	**50.8**
北　京	130	106660	1198966	636376	765.5	165.0
天　津	84	117549	444805	159806	75.0	19.9
河　北	126	83271	961547	440105	400.2	97.4
山　西	147	190086	324475	133037	161.5	50.6
内蒙古	14	14570	766726	291585	339.0	62.6
辽　宁	222	191074	451717	256463	118.4	37.3
吉　林	71	30292	484666	199345	139.3	104.9
黑龙江	154	202373	277551	121765	66.2	24.0
上　海	84	155683	487483	197084	70.9	21.2
江　苏	219	333428	226839	127292	81.3	16.3
浙　江	89	73122	442371	239061	76.2	18.4
安　徽	114	200672	462760	187952	278.4	60.6
福　建	65	140586	283035	178444	248.4	74.3
江　西	110	99172	371789	196504	197.8	70.7
山　东	327	261980	431568	191278	149.6	36.8
河　南	145	148916	411345	156257	72.5	23.8
湖　北	232	177850	787477	195202	130.7	26.0
湖　南	196	325257	328792	189208	201.1	52.0
广　东	331	421745	468641	228039	429.2	76.6
广　西	119	277822	377991	190521	311.0	56.8
海　南	13	11576	508423	333442	188.0	116.7
重　庆	101	126398	462669	180098	109.2	31.8
四　川	182	469859	297542	156121	235.6	62.0
贵　州	84	182506	415317	158797	349.5	50.5
云　南	88	120499	339586	141433	236.7	44.7
西　藏	15	1859	637012	162757	84.7	44.1
陕　西	121	231370	350624	153594	185.1	45.1
甘　肃	88	63710	474566	234985	257.5	63.8
青　海	44	46466	493038	111574	60.3	8.6
宁　夏	58	53783	271834	269007	285.5	135.3
新　疆	74	136948	257922	145350	119.5	46.2

2-9 各地区国有建筑业企业营业额

单位：万元

地 区	企业营业额	在境外完成的营业额	企业总产值	#建筑业总产值
全国总计	**233099077**	**10545078**	**222553999**	**207390163**
北 京	15526847	1533638	13993210	12788171
天 津	6142866	600904	5541961	5228633
河 北	8569935	44568	8525367	8006895
山 西	6324502	82622	6241880	6167825
内蒙古	1213671		1213671	1117120
辽 宁	9966227	153969	9812258	8631134
吉 林	1639918	109870	1530047	1468149
黑龙江	6471883	138606	6333277	5616882
上 海	8974650	492513	8482138	7589279
江 苏	8527948	321782	8206166	7563451
浙 江	4055122	86730	3968392	3234707
安 徽	9666476	213054	9453422	9286296
福 建	4135813	102929	4032884	3979070
江 西	3797150	35607	3761543	3687103
山 东	14273925	1388424	12885501	11306206
河 南	7722888	606614	7116274	6125579
湖 北	19275692	2060686	17215007	14005283
湖 南	11438625	587501	10851124	10694201
广 东	21027461	835571	20191890	19764690
广 西	11069715	170667	10899048	10501428
海 南	588751		588751	588551
重 庆	6095728	1613	6094116	5848044
四 川	15094038	371084	14722954	13980290
贵 州	7628511	15466	7613045	7579790
云 南	4379596	83536	4296060	4091973
西 藏	118421		118421	118421
陕 西	8436485	239087	8197399	8112386
甘 肃	3304554	115987	3188567	3023462
青 海	2521050	134872	2386178	2290948
宁 夏	1483701	1736	1481965	1462005
新 疆	3626932	15444	3611487	3532194

2-10 各地区国有建筑业企业资产构成

地　区	资产合计	#流动资产合计	#存货	#非流动资产合计	#固定资产合计
全国总计	**213518521**	**161382701**	**38968099**	**52135820**	**21796011**
北　京	22320490	16646809	3290215	5673681	1195301
天　津	6463419	5392538	1112801	1070881	467322
河　北	6126689	5051009	1096767	1075681	597697
山　西	7622216	5055610	925092	2566606	411037
内蒙古	1249080	973965	377020	275115	169928
辽　宁	8064444	6517052	1730443	1547392	941819
吉　林	1241827	903215	250340	338612	301138
黑龙江	4672794	3983452	694251	689342	490492
上　海	11559302	8261823	2057484	3297479	1114215
江　苏	8386739	6839500	1207381	1547239	705993
浙　江	3463031	2760369	874556	702662	385948
安　徽	7073291	5961725	1614829	1111566	611140
福　建	3193402	2291746	498445	901656	401679
江　西	3155159	2465551	649408	689609	375502
山　东	12792841	10368523	2702613	2424318	1274826
河　南	6472547	5399913	1398841	1072634	675481
湖　北	19105177	13107003	4919316	5998174	4361422
湖　南	6800569	4718678	902579	2081891	856494
广　东	19438993	14728577	3675413	4710416	1702019
广　西	6203888	4920652	1295879	1283236	572783
海　南	373293	265841	4632	107452	52191
重　庆	6507551	4776406	1139580	1731145	806799
四　川	14139808	9145896	3200568	4993911	817726
贵　州	6794333	5322294	988113	1472040	396518
云　南	5341976	3641673	289626	1700303	240531
西　藏	135659	96613	2842	39046	29276
陕　西	6720566	5529528	1016775	1191038	597801
甘　肃	2158455	1531370	266801	627085	367533
青　海	2075874	1518058	353633	557816	480679
宁　夏	1149575	984718	186274	164857	78417
新　疆	2715534	2222595	245585	492939	316303

2-11 各地区国有建筑业企业固定资产情况

单位：万元

地 区	固定资产合计	固定资产原价	固定资产折旧	#本年折旧	在建工程
全国总计	**21796011**	**28959554**	**13231141**	**2009074**	**2245673**
北 京	1195301	1791101	796487	137923	216967
天 津	467322	822669	419817	48988	25207
河 北	597697	930020	441294	52536	61200
山 西	411037	608248	267866	34144	55044
内蒙古	169928	279289	124062	34169	3832
辽 宁	941819	1457088	623515	53348	38947
吉 林	301138	423554	140338	19835	9538
黑龙江	490492	881769	448336	42756	40858
上 海	1114215	1912365	915170	98588	114405
江 苏	705993	1516446	951199	93882	110404
浙 江	385948	596843	260049	31584	28488
安 徽	611140	991829	455367	89571	26700
福 建	401679	510336	125093	15547	14478
江 西	375502	496624	229357	32833	80099
山 东	1274826	1906765	855695	159795	84399
河 南	675481	1092276	514145	97007	53373
湖 北	4361422	3163843	1375373	260517	247739
湖 南	856494	1274637	590991	72856	86062
广 东	1702019	2482533	1060283	174803	198280
广 西	572783	790062	377480	43088	87743
海 南	52191	19461	9194	1119	40978
重 庆	806799	655241	274407	27128	167285
四 川	817726	1245223	611012	128923	140001
贵 州	396518	491038	226220	51442	95721
云 南	240531	319717	151971	15141	62815
西 藏	29276	33432	10716	231	5784
陕 西	597801	914346	415530	98921	61182
甘 肃	367533	450555	150079	27534	12376
青 海	480679	355928	194485	31106	21375
宁 夏	78417	139543	65417	7303	2480
新 疆	316303	406775	150195	26459	51912

2-12 各地区国有建筑业企业负债及所有者权益

单位：万元

地 区	负债合计	#流动负债	#应付账款	所有者权益	#实收资本
全国总计	**168467971**	**149120853**	**50851397**	**45050023**	**26851479**
北 京	18022656	15904060	4528610	4297834	2409139
天 津	5368751	4931560	2279797	1094668	763221
河 北	4953197	4601038	2082922	1173493	817652
山 西	6186642	4705027	1746953	1435574	671959
内蒙古	1027164	988447	266874	221917	137975
辽 宁	6345191	5815067	1989790	1719216	1006100
吉 林	960329	856715	401067	281499	355067
黑龙江	3964580	3835363	1671163	708214	696876
上 海	9131971	8284444	3278528	2427330	1256377
江 苏	5965134	5515365	1760409	2421605	1353139
浙 江	2557777	2232669	838462	905254	525918
安 徽	5883006	5019002	1336005	1189592	678714
福 建	2338315	2088262	453706	855087	480797
江 西	2349667	2009460	619301	805492	588093
山 东	10085165	9617891	3646479	2707676	1700771
河 南	4996221	4548578	1651466	1476327	838282
湖 北	15293497	11476704	3970915	3811680	1466937
湖 南	5004648	4376078	1426164	1795921	1053397
广 东	15050870	13101991	4880019	4388102	2733073
广 西	4864030	4272231	959882	1339858	882141
海 南	247669	236645	35938	125624	58747
重 庆	5277585	4742840	1243137	1229966	796605
四 川	11367745	10467584	3250314	2772063	1518822
贵 州	5590556	4994503	1303509	1203777	863652
云 南	4055652	3601519	953213	1286324	983806
西 藏	72886	50809	25901	62773	34224
陕 西	5065395	4854851	2036593	1655171	1146435
甘 肃	1686643	1567733	525792	472035	329615
青 海	1597985	1378587	574688	477889	244289
宁 夏	973701	956547	381760	175873	132320
新 疆	2183343	2089285	732042	532191	327338

2-13 各地区国有建筑业企业实收资本

单位：万元

地 区	合计	国家资本	集体资本	法人资本	个人资本	港澳台资本	外商资本
全国总计	**26851479**	**17707292**	**318192**	**8462869**	**362712**	**116**	**298**
北 京	2409139	1100954		1308184			
天 津	763221	540275		221800	1146		
河 北	817652	700600	1167	115385	500		
山 西	671959	479790	2341	184633	5195		
内蒙古	137975	57035		80902	37		
辽 宁	1006100	779540	10088	213663	2810		
吉 林	355067	274021	2212	78294	541		
黑龙江	696876	415841	5010	239283	36742		
上 海	1256377	587465	3960	663952	1000		
江 苏	1353139	943417	25488	244082	140153		
浙 江	525918	375453	500	149965			
安 徽	678714	518300	1907	157706	800		
福 建	480797	293212	1259	186327			
江 西	588093	481476	2357	100638	3623		
山 东	1700771	1257295	18481	411838	12975		182
河 南	838282	554825	3565	278212	1681		
湖 北	1466937	1001158	26419	438964	397		
湖 南	1053397	620755	52341	365324	14977		
广 东	2733073	1078282	63232	1591211	347		
广 西	882141	530094	10361	333175	8279	116	116
海 南	58747	58147		600			
重 庆	796605	629333	29674	125185	12413		
四 川	1518822	1274924	36482	207312	103		
贵 州	863652	766031	2631	94690	300		
云 南	983806	841500	1019	140725	562		
西 藏	34224	18846	2300	10578	2500		
陕 西	1146435	728858	1519	303882	112176		
甘 肃	329615	284562	8832	36196	26		
青 海	244289	128035	1572	114676	6		
宁 夏	132320	110693	767	20860			
新 疆	327338	276576	2710	44630	3422		

2-14 各地区国有建筑业企业收入情况

单位：万元

地　区	主营业务收　入	#主营业务成　本	#主营业务税金及附加	其他业务收　入	#其他业务成　本	#其他业务利　润
全国总计	**209655073**	**189114288**	**6118187**	**3143838**	**4000890**	**423230**
北　京	15616393	14390502	370478	160374	123948	35580
天　津	5406376	4931427	160889	33547	75803	2962
河　北	6639187	5901983	208199	152339	303715	16425
山　西	5633194	5143676	169757	100736	89026	20069
内蒙古	1203671	1050148	38466	3862	2999	140
辽　宁	7965059	6968902	240822	38835	187222	5544
吉　林	1418343	1275272	45161	73899	100914	-343
黑龙江	4404394	4031373	112389	37433	72525	4967
上　海	9323276	8378835	243262	77063	69845	12407
江　苏	7881347	6945413	230469	468925	443049	7147
浙　江	3453045	3087445	92124	17198	13829	5466
安　徽	8086005	7188244	254577	87786	189983	3298
福　建	3612250	3338870	110748	48135	38652	12089
江　西	3106040	2803678	92880	66457	87571	5406
山　东	12270614	10930121	340741	213347	239101	24319
河　南	7117195	6004095	203490	34509	370405	8624
湖　北	15295157	13396086	455203	624425	593351	69052
湖　南	9521134	8556508	329854	45499	41639	14894
广　东	22735049	20865309	574621	131964	121193	46307
广　西	9761882	9104942	288870	45570	30845	12495
海　南	575395	533120	20596	2384	1945	72
重　庆	5352837	4862334	141591	24005	36374	3753
四　川	13710058	12406634	424945	174141	261760	33204
贵　州	6955882	6309972	263520	61748	88814	13136
云　南	3803156	3501641	125772	161380	95807	30539
西　藏	114215	98416	3341	2312	2013	520
陕　西	8040266	7262700	255245	26007	48496	5583
甘　肃	2983598	2752630	98883	138385	164241	8890
青　海	2542811	2293064	64610	29400	22821	6573
宁　夏	1497210	1421900	46748	19028	13418	10530
新　疆	3630036	3379047	109938	43147	69587	3584

2-15 各地区国有建筑业企业费用情况

单位：万元

地 区	管理费用	#税金	销售费用	财务费用	#利息收入	#利息支出
全国总计	**6923007**	**221181**	**357639**	**1435875**	**501640**	**1783167**
北 京	502802	8149	11829	134105	27368	245742
天 津	198154	3195	6528	40107	4558	39624
河 北	239336	8102	2126	36040	1852	34082
山 西	228589	11893	6303	22916	9830	24223
内蒙古	38626	2404	889	20928	287	19470
辽 宁	377332	19086	5473	43199	1763	37221
吉 林	56074	2804	917	2793	521	2627
黑龙江	175919	15393	8150	9876	695	8100
上 海	386232	6285	10236	73800	56157	84506
江 苏	268529	8806	22522	26099	12701	63030
浙 江	157508	3255	2117	11817	10953	21723
安 徽	262700	6882	8841	64596	9980	69025
福 建	101414	3069	1678	18257	6562	22173
江 西	103604	2930	4067	17772	1350	14750
山 东	406169	13635	16420	71731	31871	79221
河 南	262796	9573	16922	36293	15291	30114
湖 北	691759	14686	87402	168628	54253	233516
湖 南	340886	13922	12905	72425	26016	77343
广 东	543105	16440	37800	152234	26002	148082
广 西	231485	8683	9162	91726	8777	87404
海 南	10156	141	442	754	189	490
重 庆	147971	3818	12028	28327	9142	25153
四 川	325864	8456	44991	101674	158778	233125
贵 州	148788	2128	1677	58632	4448	52195
云 南	120798	5476	4705	40180	7494	41990
西 藏	5716	52	86	-2	49	33
陕 西	236535	13988	12730	46066	12707	47185
甘 肃	119279	1874	3460	12490	2119	13471
青 海	101012	1566	1347	10494	-3083	10229
宁 夏	42204	1929	340	8994	133	2053
新 疆	91667	2562	3549	12927	2879	15267

2-16 各地区国有建筑业企业利润及税金情况

单位：万元

地　区	利润总额	#应交所得税	税金总额	主营业务税金及附加	管理费用中的税金
全国总计	**5285801**	**1160336**	**6339368**	**6118187**	**221181**
北　京	511104	88689	378627	370478	8149
天　津	81247	23080	164084	160889	3195
河　北	99937	30721	216301	208199	8102
山　西	85365	26558	181650	169757	11893
内蒙古	44554	12023	40870	38466	2404
辽　宁	162172	43317	259909	240822	19086
吉　林	18003	7765	47965	45161	2804
黑龙江	69804	14904	127781	112389	15393
上　海	287478	76914	249547	243262	6285
江　苏	400747	65478	239274	230469	8806
浙　江	113134	34598	95378	92124	3255
安　徽	147299	58936	261460	254577	6882
福　建	61879	20122	113817	110748	3069
江　西	47210	11371	95810	92880	2930
山　东	448102	96839	354376	340741	13635
河　南	205138	53666	213063	203490	9573
湖　北	547623	103106	469890	455203	14686
湖　南	225131	42365	343776	329854	13922
广　东	612680	128335	591061	574621	16440
广　西	74704	25856	297553	288870	8683
海　南	10644	6522	20737	20596	141
重　庆	169548	23441	145409	141591	3818
四　川	332734	42945	433401	424945	8456
贵　州	146249	31356	265647	263520	2128
云　南	77920	19376	131248	125772	5476
西　藏	10093	1569	3393	3341	52
陕　西	206049	32198	269232	255245	13988
甘　肃	-12336	6605	100757	98883	1874
青　海	86195	10139	66176	64610	1566
宁　夏	-9336	8595	48677	46748	1929
新　疆	24731	12948	112501	109938	2562

2-17 各地区国有建筑业企业应收工程款及企业亏损情况

地 区	应收工程款(万元)	企业个数(个)	#亏损企业个数	亏损企业的比重(%)
全国总计	**39559786**	**3847**	**538**	**14.0**
北 京	2701805	130	22	16.9
天 津	1390182	84	12	14.3
河 北	1728569	126	21	16.7
山 西	2042032	147	23	15.6
内蒙古	254541	14	2	14.3
辽 宁	1846752	222	29	13.1
吉 林	269444	71	21	29.6
黑龙江	1056963	154	29	18.8
上 海	2219808	84	13	15.5
江 苏	1750633	219	8	3.7
浙 江	502972	89	8	9.0
安 徽	1600041	114	13	11.4
福 建	348734	65	8	12.3
江 西	587214	110	18	16.4
山 东	2935551	327	60	18.3
河 南	1360934	145	15	10.3
湖 北	2289451	232	9	3.9
湖 南	1170151	196	19	9.7
广 东	3005132	331	44	13.3
广 西	917127	119	24	20.2
海 南	22307	13	4	30.8
重 庆	1302656	101	12	11.9
四 川	2478632	182	22	12.1
贵 州	1021298	84	20	23.8
云 南	1052143	88	13	14.8
西 藏	47306	15	1	6.7
陕 西	1667673	121	13	10.7
甘 肃	608344	88	17	19.3
青 海	355068	44	7	15.9
宁 夏	393641	58	11	19.0
新 疆	632684	74	20	27.0

2-18 各地区国有建筑业企业主要经济效益指标

地　区	产值利润率(%)	产值利税率(%)	资本利润率(%)	资本利税率(%)	人均利润(元/人)	人均利税(元/人)	资产负债率(%)
全国总计	**2.5**	**5.6**	**19.7**	**43.3**	**10578**	**23264**	**78.9**
北　京	4.0	7.0	21.2	36.9	47919	83417	80.7
天　津	1.6	4.7	10.6	32.1	6912	20870	83.1
河　北	1.2	3.9	12.2	38.7	12001	37977	80.8
山　西	1.4	4.3	12.7	39.7	4491	14047	81.2
内蒙古	4.0	7.6	32.3	61.9	30579	58630	82.2
辽　宁	1.9	4.9	16.1	42.0	8487	22090	78.7
吉　林	1.2	4.5	5.1	18.6	5943	21777	77.3
黑龙江	1.2	3.5	10.0	28.4	3449	9763	84.8
上　海	3.8	7.1	22.9	42.7	18466	34495	79.0
江　苏	5.3	8.5	29.6	47.3	12019	19195	71.1
浙　江	3.5	6.4	21.5	39.6	15472	28516	73.9
安　徽	1.6	4.4	21.7	60.2	7340	20370	83.2
福　建	1.6	4.4	12.9	36.5	4401	12497	73.2
江　西	1.3	3.9	8.0	24.3	4760	14421	74.5
山　东	4.0	7.1	26.3	47.2	17104	30631	78.8
河　南	3.3	6.8	24.5	49.9	13775	28083	77.2
湖　北	3.9	7.3	37.3	69.4	30791	57212	80.0
湖　南	2.1	5.3	21.4	54.0	6922	17491	73.6
广　东	3.1	6.1	22.4	44.0	14527	28542	77.4
广　西	0.7	3.5	8.5	42.2	2689	13399	78.4
海　南	1.8	5.3	18.1	53.4	9195	27109	66.3
重　庆	2.9	5.4	21.3	39.5	13414	24918	81.1
四　川	2.4	5.5	21.9	50.4	7082	16306	80.4
贵　州	1.9	5.4	16.9	47.7	8013	22569	82.3
云　南	1.9	5.1	7.9	21.3	6466	17358	75.9
西　藏	8.5	11.4	29.5	39.4	54292	72543	53.7
陕　西	2.5	5.9	18.0	41.5	8906	20542	75.4
甘　肃	-0.4	2.9	-3.7	26.8	-1936	13879	78.1
青　海	3.8	6.7	35.3	62.4	18550	32792	77.0
宁　夏	-0.6	2.7	-7.1	29.7	-1736	7315	84.7
新　疆	0.7	3.9	7.6	41.9	1806	10021	80.4

2-19 各地区集体建筑业企业签订合同情况

单位：万元

地区	合同总额	上年结转合同额	本年新签合同额
全国总计	**62537225**	**18284115**	**44253110**
北京	2233749	1008807	1224943
天津	3163613	831697	2331916
河北	1428144	356464	1071680
山西	516608	101434	415174
内蒙古	104940	3443	101497
辽宁	4280175	549488	3730687
吉林	228096	5515	222582
黑龙江	1786589	279365	1507224
上海	419808	157795	262013
江苏	3159519	819983	2339536
浙江	3270468	1411098	1859371
安徽	1077616	255684	821932
福建	2320343	609901	1710442
江西	4121810	1245945	2875865
山东	5347963	1614833	3733130
河南	2310438	582921	1727518
湖北	876582	165486	711096
湖南	2808684	949413	1859271
广东	5847218	2441940	3405278
广西	2128850	791412	1337438
海南	434890	85606	349284
重庆	1352276	389322	962953
四川	5231584	1357894	3873689
贵州	580166	182609	397557
云南	1790638	390825	1399813
西藏	49463	2435	47028
陕西	3401053	1157304	2243749
甘肃	1678529	378127	1300403
青海	104815	32364	72451
宁夏	216250	80622	135628
新疆	266350	44387	221963

2-20 各地区集体建筑业企业承包工程完成情况

单位：万元

地 区	直接从建设单位承揽工程完成的产值	自行完成施工产值	分包出去工程的产值	从建设单位以外承揽工程完成的产值
全国总计	**44887587**	**44578716**	**308871**	**668050**
北 京	1709006	1681841	27165	28654
天 津	2558725	2539625	19101	10281
河 北	1168846	1162608	6237	2119
山 西	470932	470652	280	6618
内蒙古	93903	93903		
辽 宁	3872891	3869462	3429	14034
吉 林	208363	208363		68
黑龙江	1897202	1897160	43	2720
上 海	292815	292614	201	9252
江 苏	2514797	2510347	4450	159947
浙 江	1733709	1732868	841	41535
安 徽	880134	865768	14367	18816
福 建	1011036	989238	21798	
江 西	2629353	2601083	28270	40166
山 东	4081350	4060782	20568	36708
河 南	1817712	1814731	2980	29610
湖 北	728298	718583	9716	21479
湖 南	1947416	1944771	2645	23564
广 东	3523394	3471980	51414	60390
广 西	1503738	1502818	920	24069
海 南	371735	370070	1665	2745
重 庆	951653	942383	9270	12104
四 川	2923012	2874190	48822	48387
贵 州	375675	372827	2847	4738
云 南	1537408	1521073	16335	706
西 藏	40920	40920		
陕 西	2303218	2292593	10625	47095
甘 肃	1318737	1315307	3430	12227
青 海	86902	86902		
宁 夏	123937	123937		
新 疆	210770	209317	1453	10020

2-21 各地区集体建筑业总产值和竣工产值

单位：万元

地 区	建筑业总产值	#装饰装修产值	#在外省完成的产值	按构成分组			竣工产值
				建筑工程产值	安装工程产值	其他产值	
全国总计	**45246765**	**1966983**	**3697346**	**39518790**	**4366129**	**1361847**	**31285786**
北 京	1710495	163791	100973	1665620	33708	11168	878246
天 津	2549905	142352	35712	2163586	343233	43086	1101400
河 北	1164728	86957	135242	921037	216869	26823	649114
山 西	477270	42017	2605	347459	112111	17700	281891
内蒙古	93903			82408	1682	9813	80390
辽 宁	3883496	289895	33722	2911158	743030	229309	2839926
吉 林	208431	16387	677	128533	69340	10558	170015
黑龙江	1899880	127643	120460	1684499	185104	30277	1079341
上 海	301865	73567	16807	230898	69142	1826	234157
江 苏	2670293	136030	705510	2473109	178923	18262	2208200
浙 江	1774402	18765	806391	1662254	87776	24373	1474381
安 徽	884584	4049	250192	411052	278779	194753	704561
福 建	989238	19676	304537	969567	19333	338	704691
江 西	2641249	49182	331859	2463001	118093	60154	1825834
山 东	4097490	112637	35926	3725885	320677	50928	2838645
河 南	1844342	65662	46255	1638243	138184	67915	1303437
湖 北	740061	9034	6000	650478	84561	5022	555134
湖 南	1968335	97482	154365	1762233	136590	69512	1524233
广 东	3532370	226755	69349	3214738	235309	82324	2601003
广 西	1526888	69089	15376	1443827	36005	47056	1111771
海 南	372815	24228		322602	22008	28205	265322
重 庆	954487	23952	41682	838353	104503	11631	590203
四 川	2922577	58458	458432	2402253	358012	162311	2144916
贵 州	377565	2356		354141	10439	12985	308026
云 南	1521779	9745	234	1438729	40435	42615	1150260
西 藏	40920	300		37291	2598	1031	38366
陕 西	2339687	55753	4468	2037335	244268	58084	1380298
甘 肃	1327534	36829	20572	1188510	114944	24080	946305
青 海	86902	1574		59237	7957	19708	62220
宁 夏	123937	2819		116272	7665		82025
新 疆	219337			174485	44852		151475

2-22 各地区集体建筑业企业房屋建筑面积

地 区	房屋建筑施工面积（万平方米）	#本年新开工	#实行投标承包面积	#本年新开工	房屋建筑竣工面积（万平方米）	房屋建筑面积竣工率（%）
全国总计	**36030.3**	**19851.4**	**26356.1**	**15399.8**	**17500.2**	**48.6**
北 京	1032.8	323.4	741.0	236.8	237.8	23.0
天 津	951.6	362.1	677.7	338.3	388.9	40.9
河 北	844.7	480.3	716.6	385.2	390.6	46.2
山 西	270.4	178.1	164.2	111.3	120.2	44.5
内蒙古	82.9	80.6	81.1	80.6	50.9	61.3
辽 宁	1786.6	1434.3	1423.8	1193.4	1211.2	67.8
吉 林	83.3	72.9	67.5	52.9	80.2	96.4
黑龙江	542.7	439.6	437.8	351.0	351.5	64.8
上 海	109.9	82.8	95.5	82.1	75.1	68.3
江 苏	1974.0	1019.3	1599.7	799.7	912.9	46.2
浙 江	2477.9	940.5	1816.8	623.5	833.2	33.6
安 徽	459.4	289.9	374.9	260.2	296.6	64.6
福 建	1227.2	427.9	763.2	242.5	360.1	29.3
江 西	2414.8	1507.7	1905.1	1148.8	1392.6	57.7
山 东	4226.3	2497.5	3266.6	2030.0	2015.9	47.7
河 南	1680.6	1044.5	1465.7	950.9	1015.1	60.4
湖 北	632.3	431.7	403.1	249.8	437.1	69.1
湖 南	2268.6	1302.8	1696.4	1143.9	1169.2	51.5
广 东	4286.4	1930.9	2256.7	1142.3	1569.4	36.6
广 西	1490.1	788.6	1023.6	578.1	786.3	52.8
海 南	263.3	173.0	185.6	139.9	161.4	61.3
重 庆	561.8	283.6	334.9	205.3	260.6	46.4
四 川	2122.7	1231.6	1547.4	912.5	1155.7	54.4
贵 州	364.5	214.2	238.5	163.7	196.1	53.8
云 南	869.1	575.5	530.1	413.8	578.4	66.6
西 藏	14.5	14.0	10.1	10.1	10.9	75.1
陕 西	1871.3	1006.3	1571.3	928.9	806.6	43.1
甘 肃	904.3	594.6	773.9	514.8	522.0	57.7
青 海	47.0	32.8	29.5	22.4	32.9	69.9
宁 夏	126.3	58.8	120.3	56.5	47.0	37.2
新 疆	43.0	31.4	37.5	30.5	33.9	78.7

2-23 各地区按主要用途分的集体建筑业企业房屋建筑竣工面积

单位：万平方米

地区	总计	住宅房屋	商业及服务用房屋			
				商厦房屋(批发和零售用房)	宾馆用房屋(住宿用房)	餐饮用房屋(餐饮用房)
全国总计	**17500.2**	**12287.8**	**1112.7**	**351.0**	**146.8**	**91.0**
北京	237.8	123.4	61.3	9.0		4.3
天津	388.9	324.9	9.8		0.8	
河北	390.6	287.8	23.1	6.5	6.8	2.7
山西	120.2	99.0	1.2		0.2	0.1
内蒙古	50.9	31.3	1.1			
辽宁	1211.2	904.9	46.0	20.7	2.5	12.4
吉林	80.2	76.3				
黑龙江	351.5	295.6	25.9	15.5	0.2	1.3
上海	75.1	35.1	11.9	9.9		
江苏	912.9	674.9	30.8	12.8	11.9	1.4
浙江	833.2	566.2	61.7	15.4	2.8	2.7
安徽	296.6	182.8	4.7	2.5	1.0	0.3
福建	360.1	274.1	19.6		3.7	4.7
江西	1392.6	941.2	150.8	31.1	9.2	3.8
山东	2015.9	1592.9	76.0	37.5	2.7	2.4
河南	1015.1	732.5	128.1	25.4	44.4	26.7
湖北	437.1	321.2	33.4	27.5	3.1	2.2
湖南	1169.2	765.6	48.5	17.5	7.1	0.5
广东	1569.4	889.8	104.5	31.8	23.6	7.1
广西	786.3	475.0	33.7	17.0	1.0	0.9
海南	161.4	88.2	19.0	3.7	5.6	1.0
重庆	260.6	221.5	13.1	1.9	2.4	0.4
四川	1155.7	863.7	78.2	33.4	3.6	1.6
贵州	196.1	100.8	10.9	1.7	1.2	1.2
云南	578.4	366.9	48.2	4.6	4.6	1.7
西藏	10.9	10.3				
陕西	806.6	576.4	39.5	12.6	6.8	8.9
甘肃	522.0	387.3	19.0	6.9	1.1	2.9
青海	32.9	19.0	0.9			
宁夏	47.0	30.0	10.3	4.5	0.6	
新疆	33.9	29.3	1.4	1.4		

2-23 续表 1

单位：万平方米

地　区	商务会展用房屋	其他商业及服务用房屋(居民服务业用房)	办公用房屋	科研、教育和医疗用房屋	科学研究用房屋	教育用房屋
全国总计	**52.2**	**471.7**	**842.4**	**1004.9**	**74.9**	**761.9**
北　京		48.0	5.3	13.6	3.1	9.8
天　津	2.5	6.6	24.5	8.0		8.0
河　北	0.8	6.4	10.6	18.4	1.4	16.3
山　西	0.1	0.8	5.7	3.1		3.0
内蒙古		1.1	1.6			
辽　宁		10.5	25.6	31.1	1.7	27.8
吉　林			1.1	1.3	1.0	0.4
黑龙江	0.2	8.8	10.0	9.4	0.4	8.4
上　海		2.0	2.3	0.3		0.3
江　苏	1.3	3.5	33.8	9.0		4.7
浙　江		40.9	27.3	12.8	1.1	11.3
安　徽		0.8	40.1	29.4		23.8
福　建		11.2	9.2	9.7		8.3
江　西	6.0	100.7	67.8	60.3	6.8	40.2
山　东	5.6	27.8	57.2	73.9	6.1	52.2
河　南	12.4	19.1	65.1	34.5	0.7	27.4
湖　北		0.7	17.8	22.5	0.8	20.4
湖　南	1.3	22.1	97.3	107.6	7.3	83.8
广　东	7.9	34.1	89.2	87.9	17.8	61.2
广　西	2.4	12.5	48.9	128.7	10.9	95.7
海　南	5.6	3.0	2.8	28.1	0.9	19.4
重　庆	0.3	8.1	2.3	4.4		3.4
四　川	2.8	36.8	44.0	78.2	0.8	64.4
贵　州	2.5	4.3	12.3	46.4	1.6	35.5
云　南		37.3	30.6	75.1	1.5	58.1
西　藏			0.1	0.3		0.3
陕　西	0.7	10.5	64.6	60.2	2.6	43.6
甘　肃		8.0	42.0	40.0	7.3	25.0
青　海		0.9	1.1	3.2	0.1	3.0
宁　夏		5.1		6.4		6.4
新　疆			1.9	1.1	1.1	

2-23 续表 2

单位：万平方米

地　区	医疗用房屋(卫生医疗用房)	文化、体育和娱乐用房屋	厂房及建筑物	#厂房	仓　库	其他未列明的房屋建筑物
全国总计	**168.1**	**94.9**	**1590.0**	**1023.0**	**111.8**	**455.7**
北　京	0.7	1.0	32.2	32.2	0.1	0.8
天　津		0.5	20.8	5.9		0.4
河　北	0.6	2.5	42.2	30.7	3.7	2.4
山　西	0.1	2.0	4.9	2.6	2.4	2.0
内蒙古						16.8
辽　宁	1.7	2.7	165.4	90.9	1.1	34.3
吉　林			1.1	0.4	0.1	0.2
黑龙江	0.7		8.1	7.0	0.8	1.6
上　海		0.1	19.4		5.2	0.8
江　苏	4.2	0.5	157.5	137.0	6.4	
浙　江	0.4	13.1	106.6	92.2	2.5	43.1
安　徽	5.6	0.2	33.1	24.6		6.4
福　建	1.4	0.6	43.6	42.6	2.8	0.5
江　西	13.3	5.8	122.2	62.4	9.0	35.5
山　东	15.6	6.4	177.8	80.0	11.8	19.8
河　南	6.4	1.9	34.8	22.0	9.7	8.4
湖　北	1.3	1.9	33.4	18.1	1.4	5.4
湖　南	16.5	8.5	93.0	44.3	5.3	43.4
广　东	8.9	6.9	263.5	185.9	27.6	100.0
广　西	22.1	14.2	42.7	24.8	5.5	37.6
海　南	7.8	2.5	6.8	1.3	0.6	13.4
重　庆	1.1	0.8	13.4	4.4	0.1	5.0
四　川	13.0	6.3	62.7	40.1	4.8	17.8
贵　州	9.2	1.0	16.5	12.9	1.0	7.2
云　南	15.5	4.3	32.9	17.3	1.3	19.1
西　藏			0.1			0.1
陕　西	14.1	2.1	36.8	31.3	6.5	20.5
甘　肃	7.7	5.7	17.9	11.4	1.8	8.2
青　海	0.2	3.2	0.2	0.2	0.1	5.0
宁　夏			0.4	0.4		
新　疆		0.2				

2-24 各地区按主要用途分的集体建筑业企业房屋建筑竣工价值

单位：万元

地区	总计	住宅房屋	商业及服务用房屋	商厦房屋(批发和零售用房)	宾馆用房屋(住宿用房)	餐饮用房屋(餐饮用房)
全国总计	**22061714**	**15631429**	**1440198**	**464585**	**186771**	**105498**
北京	423461	210378	94407	21444		3848
天津	649861	530347	25887		1500	
河北	497214	347446	41408	12427	7980	4157
山西	130525	103188	1492	40	213	102
内蒙古	77072	50569	1122			
辽宁	1546064	1129709	68597	32858	3781	17147
吉林	96915	92638	60			
黑龙江	494955	407178	41764	20579	429	2239
上海	105508	46179	13229	9429		
江苏	1399550	1098933	46436	15430	22751	1630
浙江	1261390	896096	93559	27238	3078	2707
安徽	308841	187877	4165	1925	1092	240
福建	539482	422686	29723		7825	5050
江西	1515718	1095855	128270	26127	8167	3485
山东	2270436	1807089	84244	41820	2577	2454
河南	994496	706437	135352	27621	44918	26971
湖北	430876	305906	43070	37872	2583	1935
湖南	1179480	768706	53657	20801	6463	1039
广东	1918898	1136341	133537	33628	33985	7791
广西	894507	541198	43911	24891	1100	980
海南	223293	119417	23705	6632	7914	717
重庆	370997	314809	18120	2150	2438	470
四川	1436884	1032749	116027	51573	5268	1991
贵州	221074	108598	14199	2276	1832	1670
云南	856768	565987	74749	6801	5395	2536
西藏	26568	25430	48			
陕西	1166082	836916	62518	21030	12218	11214
甘肃	867019	629623	31665	11756	2235	5125
青海	43249	28021	1644	65		
宁夏	57272	35929	11707	6245	1029	
新疆	57261	49194	1929	1929		

2-24 续表 1

单位：万元

地 区	商务会展用房屋	其他商业及服务用房屋(居民服务业用房)	办公用房屋	科研、教育和医疗用房屋	科学研究用房屋	教育用房屋
全国总计	**65764**	**617581**	**1073258**	**1322689**	**106098**	**1001624**
北 京		69115	12793	39192	6450	30997
天 津	4906	19481	36552	15192		15192
河 北	1182	15663	15519	28612	3246	24495
山 西	140	998	5972	3555	40	3425
内蒙古		1122	3531			
辽 宁		14811	44038	30962	1739	26383
吉 林		60	1860	1264	930	334
黑龙江	533	17984	16934	14463	750	11958
上 海		3800	2148	1066		1066
江 苏	1478	5147	47050	16519		5872
浙 江		60536	35814	18683	1558	16648
安 徽		908	46741	29203		22911
福 建		16847	11792	14685		12436
江 西	6626	83865	81540	61815	8918	39812
山 东	8267	29125	71043	93714	7959	59272
河 南	11760	24083	63700	36464	784	29185
湖 北		680	14117	24198	759	22718
湖 南	1874	23480	95915	115953	8760	87219
广 东	9856	48276	116091	134552	30064	91994
广 西	2847	14093	59920	144837	10523	108701
海 南	5469	2973	3221	41507	1654	28574
重 庆	280	12783	2078	5094		4274
四 川	4986	52210	58773	129637	1015	111478
贵 州	3561	4860	14446	51480	1749	40257
云 南		60017	45110	107925	1864	91089
西 藏		48	131	616		616
陕 西	2000	16057	85213	79315	5126	58310
甘 肃		12548	76027	65932	10194	42418
青 海		1579	1364	5304	158	4901
宁 夏		4433	86	9090		9090
新 疆			3742	1860	1860	

2-24 续表 2

单位：万元

地 区	医疗用房屋(卫生医疗用房)	文化、体育和娱乐用房屋	厂房及建筑物	#厂房	仓 库	其他未列明的房屋建筑物
全国总计	**214967**	**124142**	**1756410**	**1107652**	**147140**	**566449**
北 京	1745	2560	60282	60282	628	3221
天 津		2162	39003	9608		719
河 北	871	4035	49390	35484	7568	3236
山 西	90	2932	7193	3354	3469	2724
内蒙古						21850
辽 宁	2840	2031	231242	111309	710	38776
吉 林		32	653	102	123	285
黑龙江	1754		10627	9407	906	3084
上 海		152	20338		21715	681
江 苏	10647	408	176913	147984	13291	
浙 江	478	15471	104526	90898	2172	95069
安 徽	6292	209	34496	25727		6152
福 建	2249	4896	52186	50860	2664	850
江 西	13085	6227	111261	59258	4655	26096
山 东	26484	7508	173061	65555	9909	23867
河 南	6496	1637	34944	24269	8284	7679
湖 北	721	945	36246	16234	1356	5037
湖 南	19975	12058	88948	43448	4753	39489
广 东	12494	12014	250520	182789	35120	100724
广 西	25614	13209	40959	22723	5660	44812
海 南	11279	3799	11286	1361	766	19592
重 庆	820	370	19523	7344	140	10863
四 川	17145	6463	67357	43567	5556	20322
贵 州	9474	1709	21682	16999	1064	7897
云 南	14972	7142	25673	14453	1784	28397
西 藏		47	184			112
陕 西	15879	3822	55229	43699	11221	31849
甘 肃	13321	10339	31865	20114	3534	18034
青 海	245	1429	363	363	93	5031
宁 夏			460	460		
新 疆		536				

2-25 各地区集体建筑业企业施工机械设备情况

地　区	年末自有施工机械设备总台数(台)	年末自有施工机械设备总功率(千瓦)	年末自有施工机械设备净值(万元)	技术装备率(元/人)	动力装备率(千瓦/人)
全国总计	**620969**	**8490916**	**1445396**	**7727**	**4.5**
北　京	8328	142596	13310	5896	6.3
天　津	14753	269118	12499	5274	11.4
河　北	13219	136321	32188	10146	4.3
山　西	13364	133537	20601	8351	5.4
内蒙古	3779	42080	8218	22319	11.4
辽　宁	31432	484372	90881	7258	3.9
吉　林	1231	29245	6622	5756	2.5
黑龙江	6035	91246	35875	13326	3.4
上　海	2320	33186	3105	2902	3.1
江　苏	33024	684100	120026	11263	6.4
浙　江	18090	226665	53694	7203	3.0
安　徽	17255	185934	37338	7579	3.8
福　建	5408	106513	15129	2744	1.9
江　西	19400	319258	60339	5118	2.7
山　东	73556	1069630	196158	8617	4.7
河　南	31712	328900	64836	6315	3.2
湖　北	13164	198674	35223	9679	5.5
湖　南	37319	607946	89943	9291	6.3
广　东	88790	1038450	198131	10743	5.6
广　西	27986	336636	46126	6710	4.9
海　南	2324	34824	8779	6879	2.7
重　庆	3637	76603	21568	4594	1.6
四　川	20341	276991	52777	3523	1.8
贵　州	4919	114090	13751	6204	5.1
云　南	14053	349266	63190	10033	5.5
西　藏	525	3355	3109	11826	1.3
陕　西	80020	788428	79615	8408	8.3
甘　肃	32095	333779	50787	7606	5.0
青　海	1212	9552	2827	4693	1.6
宁　夏	758	15883	4297	20395	7.5
新　疆	920	23738	4455	15363	8.2

2-26 各地区集体建筑业企业主要生产效益指标

地　区	建筑业企业个数（个）	直接从事生产经营活动的平均人数（人）	按总产值计算的劳动生产率（元/人）	人均竣工产值（元/人）	人均施工面积（平方米/人）	人均竣工面积（平方米/人）
全国总计	**3728**	**1893338**	**238979**	**165241**	**190.3**	**92.4**
北　京	162	28226	606000	311148	365.9	84.2
天　津	58	42239	603685	260754	225.3	92.1
河　北	82	31382	371145	206843	269.2	124.5
山　西	98	24632	193760	114441	109.8	48.8
内蒙古	7	4235	221731	189822	195.8	120.1
辽　宁	281	151998	255497	186840	117.5	79.7
吉　林	44	9859	211412	172446	84.4	81.4
黑龙江	122	82178	231191	131342	66.0	42.8
上　海	46	12797	235888	182978	85.8	58.7
江　苏	168	109971	242818	200798	179.5	83.0
浙　江	82	73658	240897	200166	336.4	113.1
安　徽	92	46658	189589	151005	98.5	63.6
福　建	44	48993	201914	143835	250.5	73.5
江　西	184	96847	272724	188528	249.3	143.8
山　东	452	220598	185745	128680	191.6	91.4
河　南	159	90781	203164	143580	185.1	111.8
湖　北	98	32443	228111	171111	194.9	134.7
湖　南	189	97583	201709	156199	232.5	119.8
广　东	344	157292	224574	165361	272.5	99.8
广　西	181	67058	227697	165792	222.2	117.3
海　南	19	11166	333884	237616	235.8	144.6
重　庆	87	45232	211020	130484	124.2	57.6
四　川	203	142543	205031	150475	148.9	81.1
贵　州	78	20061	188208	153544	181.7	97.7
云　南	153	60507	251505	190104	143.6	95.6
西　藏	15	2733	149726	140380	53.2	40.0
陕　西	131	96761	241801	142650	193.4	83.4
甘　肃	93	65011	204201	145561	139.1	80.3
青　海	27	8948	97119	69535	52.6	36.7
宁　夏	11	5028	246494	163136	251.2	93.5
新　疆	18	5920	370502	255870	72.7	57.2

2-27 各地区集体建筑业企业营业额

地区	企业营业额	在境外完成的营业额	企业总产值	#建筑业总产值
全国总计	**47695105**	**191696**	**47503409**	**45246765**
北京	1760994	55	1760940	1710495
天津	2566871		2566871	2549905
河北	1204011	23344	1180667	1164728
山西	487323		487323	477270
内蒙古	93903		93903	93903
辽宁	3887248		3887248	3883496
吉林	226714		226714	208431
黑龙江	2023954		2023954	1899880
上海	313880		313880	301865
江苏	2746565	32319	2714246	2670293
浙江	1781299	105	1781194	1774402
安徽	889344	237	889107	884584
福建	1011325		1011325	989238
江西	2700714		2700714	2641249
山东	4346552	5474	4341078	4097490
河南	1876551		1876551	1844342
湖北	760229	9680	750549	740061
湖南	2150516	23282	2127234	1968335
广东	3657074	830	3656244	3532370
广西	1586105	9140	1576965	1526888
海南	387561		387561	372815
重庆	1084911	325	1084586	954487
四川	3060997	60896	3000101	2922577
贵州	391558	6885	384673	377565
云南	1535827	1867	1533960	1521779
西藏	66303		66303	40920
陕西	2408335	9780	2398555	2339687
甘肃	2244836	7478	2237358	1327534
青海	97727		97727	86902
宁夏	123937		123937	123937
新疆	221940		221940	219337

2-28 各地区集体建筑业企业资产构成

单位：万元

地　区	资产合计	#流动资产合计	#存货	#非流动资产合计	#固定资产合计
全国总计	**26066038**	**19861665**	**5101574**	**6204374**	**4259158**
北　京	2183594	1755321	694719	428273	148167
天　津	2027437	1815814	697273	211624	70600
河　北	478142	346755	65643	131387	103817
山　西	502849	387953	58460	114897	74047
内蒙古	36105	21994	3490	14111	12053
辽　宁	1588713	1264610	249928	324103	218486
吉　林	159406	116506	24894	42900	30685
黑龙江	902812	721989	221591	180823	143595
上　海	216961	206232	36442	10729	7927
江　苏	1697059	1361408	350306	335651	212959
浙　江	901529	773034	202676	128495	94675
安　徽	589579	405636	81063	183943	109382
福　建	471147	390936	92662	80211	48239
江　西	1299663	883688	221183	415975	297673
山　东	3246259	2442022	538344	804237	542120
河　南	628547	402253	122347	226294	189352
湖　北	378129	252672	45502	125457	102517
湖　南	862144	608661	138605	253484	190864
广　东	2215535	1682425	453528	533111	426258
广　西	767442	547302	123608	220141	155101
海　南	118780	76968	1025	41812	38664
重　庆	515214	395484	107558	119731	68078
四　川	998763	733214	203092	265549	203004
贵　州	250273	169871	39402	80401	55998
云　南	871456	624453	48995	247003	202094
西　藏	75552	44320	6233	31233	17091
陕　西	1145404	777179	125620	368225	272291
甘　肃	664059	471356	136789	192703	175294
青　海	72544	41549	4732	30995	13662
宁　夏	63498	42518	2975	20980	12753
新　疆	137443	97546	2892	39898	21713

2-29 各地区集体建筑业企业固定资产情况

单位：万元

地　区	固定资产合计	固定资产原价	固定资产折旧	#本年折旧	在建工程
全国总计	**4259158**	**5071657**	**1824638**	**238869**	**509811**
北　京	148167	243954	100742	10688	4511
天　津	70600	93572	25755	5803	757
河　北	103817	117590	38871	5050	17345
山　西	74047	99689	35952	4394	6804
内蒙古	12053	14552	2628	499	92
辽　宁	218486	349710	155820	18758	14756
吉　林	30685	46690	17405	1931	669
黑龙江	143595	183091	57338	7406	740
上　海	7927	22241	12962	1011	-1413
江　苏	212959	302805	122455	13938	14636
浙　江	94675	147623	56946	6391	2669
安　徽	109382	150417	57753	8255	7327
福　建	48239	54622	19355	2711	4985
江　西	297673	231825	67783	9579	59602
山　东	542120	652154	251849	36491	44557
河　南	189352	225695	73950	8575	22475
湖　北	102517	118118	36695	8537	9628
湖　南	190864	216937	71266	10029	15392
广　东	426258	456796	171518	17766	99675
广　西	155101	158864	41291	4894	26194
海　南	38664	15860	4732	694	15068
重　庆	68078	69816	29807	3356	17339
四　川	203004	252180	98009	11519	19027
贵　州	55998	50418	12210	2760	7427
云　南	202094	224140	79363	12349	38319
西　藏	17091	23454	8570	1301	336
陕　西	272291	290091	91621	14983	26994
甘　肃	175294	190325	53493	6285	33371
青　海	13662	18588	6839	1146	469
宁　夏	12753	15138	4648	390	60
新　疆	21713	34702	17012	1383	

2-30 各地区集体建筑业企业负债及所有者权益

单位：万元

地区	负债合计	#流动负债	#应付账款	所有者权益	#实收资本
全国总计	**16725485**	**14885151**	**3428081**	**9335887**	**5671952**
北京	1728204	1677217	326835	455390	275196
天津	1788038	1521640	343122	239215	135100
河北	265707	200524	55688	212435	120330
山西	379385	350694	107616	123465	111483
内蒙古	19875	17020	5241	16230	14968
辽宁	1051859	918985	254588	536850	346138
吉林	121937	120432	57032	37469	40439
黑龙江	698407	682442	123873	204405	141940
上海	135462	132237	34729	81499	55195
江苏	1045207	998419	261699	651851	250948
浙江	636439	616712	66258	265089	166479
安徽	365183	349510	92540	223241	98939
福建	310872	310040	68563	160275	107505
江西	778922	694099	86592	520741	331579
山东	2044027	1735597	416275	1202232	678765
河南	307513	219921	48211	321034	206601
湖北	196983	158331	54557	181146	116472
湖南	417929	348018	82878	444216	283695
广东	1345336	1206649	274324	869682	504835
广西	463602	400160	74508	303840	200143
海南	67641	47417	9418	51139	30725
重庆	334434	230065	60982	180780	107732
四川	543692	496999	123434	455070	268596
贵州	151231	134877	38286	99042	72890
云南	385285	325104	114401	483365	253648
西藏	39224	39224	25993	36328	23202
陕西	478984	401235	74563	666420	509248
甘肃	440940	392294	85615	223119	157654
青海	47204	28618	7590	25340	17656
宁夏	35559	35542	17753	27939	17527
新疆	100405	95132	34917	37038	26324

2-31 各地区集体建筑业企业实收资本

单位：万元

地区	合计	国家资本	集体资本	法人资本	个人资本	港澳台资本	外商资本
全国总计	**5671952**	**164112**	**4216167**	**828433**	**461813**	**1358**	**69**
北京	275196	929	168549	57107	48610		
天津	135100	1000	106305	24860	2936		
河北	120330	2974	96845	7289	13222		
山西	111483	942	94949	13344	2248		
内蒙古	14968		3156	5755	6057		
辽宁	346138	3779	237326	71184	33850		
吉林	40439	907	33989	3716	1826		
黑龙江	141940	4747	121120	11668	4404		
上海	55195		46803	2478	5914		
江苏	250948	7033	131640	70957	41319		
浙江	166479	629	142060	7374	16415		
安徽	98939	4293	74329	10342	9975		
福建	107505		65087	21448	20970		
江西	331579	25797	259016	28245	18521		
山东	678765	25508	482024	135710	35524		
河南	206601	9354	158913	23411	14244	678	
湖北	116472	7192	82179	11121	15981		
湖南	283695	10127	208015	55280	9674	600	
广东	504835	2419	407044	81040	14333		
广西	200143	2956	159214	16221	21753		
海南	30725		28464	1861	400		
重庆	107732	4674	81465	9451	12142		
四川	268596	2964	207508	33144	24832	80	69
贵州	72890	1181	57672	7751	6287		
云南	253648	22790	156659	36502	37697		
西藏	23202	500	12812	1030	8860		
陕西	509248	9057	464485	32477	3230		
甘肃	157654	10326	82137	38570	26622		
青海	17656	300	14123	3166	66		
宁夏	17527	1084	11482	1587	3373		
新疆	26324	653	20797	4344	530		

2-32 各地区集体建筑业企业收入情况

单位：万元

地区	主营业务收入	#主营业务成本	#主营业务税金及附加	其他业务收入	#其他业务成本	#其他业务利润
全国总计	**39533470**	**33129592**	**1580542**	**498054**	**1360570**	**65260**
北京	1776980	1573491	55473	14736	13124	5419
天津	2772090	2005671	111779	17306	504322	8974
河北	824296	698054	32421	2496	4218	-358
山西	455762	390558	16958	12275	12581	2241
内蒙古	93832	71520	5560			
辽宁	3162769	2753683	115547	45657	102296	2007
吉林	244347	198961	6739	875	15751	23
黑龙江	1145403	964774	56628	14891	19730	232
上海	320814	364658	12536	77591	1722	676
江苏	2119183	1794534	72841	33850	33222	2384
浙江	1340631	1234192	48174	4199	989	3010
安徽	840289	685267	28954	6063	8573	3778
福建	927250	842314	29708	4043	20720	2303
江西	2276581	1970934	101768	12645	74160	3425
山东	3634731	3018424	129374	26790	51552	3052
河南	1603620	1294349	80115	36167	56546	2148
湖北	678663	549014	30389	3050	4095	94
湖南	1769011	1464204	85358	7285	51109	1310
广东	3203424	2677207	136572	9170	71408	2352
广西	1316708	1144797	57553	28394	62833	1105
海南	295986	245975	11118	22200	29729	25
重庆	828139	681503	34045	23533	22564	15864
四川	2359926	1947154	97834	48362	78926	1601
贵州	395834	337099	21081	696	14529	671
云南	1326117	1067781	55446	9289	15546	650
西藏	39828	27959	1593	1267	166	104
陕西	2089499	1748844	76677	29791	27344	950
甘肃	1232227	979226	51242	1354	61189	147
青海	100926	80632	3908	1476	912	109
宁夏	132400	120983	4514	61		61
新疆	226205	195832	8638	2544	717	906

2-33 各地区集体建筑业企业费用情况

单位：万元

地区	管理费用	#税金	销售费用	财务费用	#利息收入	#利息支出
全国总计	**1635940**	**121222**	**295753**	**158924**	**20113**	**105369**
北京	110129	1281	3141	85	3485	4071
天津	69470	2580	3129	5990	793	2450
河北	33965	1253	14268	2181	10	542
山西	32730	691	5683	879	127	520
内蒙古	3629	583	489	945	1	520
辽宁	160193	11627	7688	2751	1524	2378
吉林	20322	3385	141	916	12	757
黑龙江	65787	4048	5087	-85	1591	438
上海	15709	339	137	-206	134	19
江苏	100533	6276	8100	18132	520	19609
浙江	32124	1716	1817	3387	2365	5339
安徽	56162	3118	9120	6105	1463	1419
福建	24635	817	101	602	698	921
江西	55727	3693	10238	6930	509	3657
山东	124056	12969	24973	25710	3202	17566
河南	74053	9194	11753	10230	165	4609
湖北	26653	3059	8325	4300	547	2178
湖南	67944	5591	28003	9011	180	4423
广东	128623	13346	23377	10420	588	5422
广西	42654	3134	7798	4212	193	2570
海南	6648	1211	3494	190	110	110
重庆	46283	4710	7536	1411	2	953
四川	114736	8992	36890	12795	711	9816
贵州	9686	2117	1996	856	140	468
云南	44705	2723	23404	7060	282	5713
西藏	2464	342	6727	132		316
陕西	84771	7751	19881	15783	434	5144
甘肃	62627	3983	5476	7218	232	2466
青海	5913	56	6965	105	35	23
宁夏	2463	97	537	275	-6	253
新疆	10546	542	9483	600	69	701

2-34 各地区集体建筑业企业利润及税金情况

单位：万元

地区	利润总额	#应交所得税	税金总额	主营业务税金及附加	管理费用中的税金
全国总计	**1893300**	**399468**	**1701764**	**1580542**	**121222**
北京	43055	11852	56754	55473	1281
天津	93482	27002	114359	111779	2580
河北	39700	10840	33674	32421	1253
山西	8509	3111	17649	16958	691
内蒙古	11694	1689	6142	5560	583
辽宁	69033	23637	127174	115547	11627
吉林	2753	2141	10123	6739	3385
黑龙江	46612	8670	60676	56628	4048
上海	5448	2223	12875	12536	339
江苏	126971	23658	79117	72841	6276
浙江	24931	8957	49890	48174	1716
安徽	57456	9058	32072	28954	3118
福建	16242	8060	30526	29708	817
江西	91217	24778	105462	101768	3693
山东	284011	47822	142343	129374	12969
河南	118998	15802	89309	80115	9194
湖北	61315	11182	33448	30389	3059
湖南	65922	11822	90948	85358	5591
广东	161281	42360	149918	136572	13346
广西	30260	9552	60687	57553	3134
海南	24344	6384	12328	11118	1211
重庆	60298	10829	38755	34045	4710
四川	98388	21402	106826	97834	8992
贵州	10501	2628	23197	21081	2117
云南	117232	15982	58169	55446	2723
西藏	1979	464	1935	1593	342
陕西	143238	20814	84428	76677	7751
甘肃	65123	14075	55225	51242	3983
青海	7163	906	3964	3908	56
宁夏	3683	915	4611	4514	97
新疆	2465	853	9180	8638	542

2-35 各地区集体建筑业企业应收工程款及企业亏损情况

地　区	应收工程款(万元)	企业个数(个)	#亏损企业个数	亏损企业的比重(%)
全国总计	**4838233**	**3728**	**419**	**11.2**
北　京	89931	162	36	22.2
天　津	368638	58	7	12.1
河　北	91889	82	9	11.0
山　西	96901	98	16	16.3
内蒙古	8255	7	1	
辽　宁	325154	281	55	19.6
吉　林	28328	44	10	22.7
黑龙江	125543	122	27	22.1
上　海	43281	46	5	10.9
江　苏	393476	168	3	1.8
浙　江	80503	82	5	6.1
安　徽	143564	92	12	13.0
福　建	47564	44	9	20.5
江　西	184127	184	12	6.5
山　东	694380	452	28	6.2
河　南	98440	159	7	4.4
湖　北	87970	98	5	5.1
湖　南	221288	189	15	7.9
广　东	343776	344	33	9.6
广　西	128937	181	31	17.1
海　南	51114	19		
重　庆	71075	87	11	12.6
四　川	239897	203	18	8.9
贵　州	40753	78	15	19.2
云　南	276381	153	13	8.5
西　藏	10215	15	3	20.0
陕　西	276447	131	14	10.7
甘　肃	222706	93	11	11.8
青　海	8624	27	5	18.5
宁　夏	14557	11		
新　疆	24519	18	3	16.7

2-36 各地区集体建筑业企业主要经济效益指标

地 区	产值利润率(%)	产值利税率(%)	资本利润率(%)	资本利税率(%)	人均利润(元/人)	人均利税(元/人)	资产负债率(%)
全国总计	**4.2**	**7.9**	**33.4**	**63.4**	**10000**	**18988**	**64.2**
北 京	2.5	5.8	15.6	36.3	15254	35361	79.1
天 津	3.7	8.2	69.2	153.8	22132	49206	88.2
河 北	3.4	6.3	33.0	61.0	12650	23381	55.6
山 西	1.8	5.5	7.6	23.5	3454	10619	75.4
内蒙古	12.5	19.0	78.1	119.2	27612	42116	55.0
辽 宁	1.8	5.1	19.9	56.7	4542	12909	66.2
吉 林	1.3	6.2	6.8	31.8	2792	13060	76.5
黑龙江	2.5	5.6	32.8	75.6	5672	13056	77.4
上 海	1.8	6.1	9.9	33.2	4257	14318	62.4
江 苏	4.8	7.7	50.6	82.1	11546	18740	61.6
浙 江	1.4	4.2	15.0	44.9	3385	10158	70.6
安 徽	6.5	10.1	58.1	90.5	12314	19188	61.9
福 建	1.6	4.7	15.1	43.5	3315	9546	66.0
江 西	3.5	7.4	27.5	59.3	9419	20308	59.9
山 东	6.9	10.4	41.8	62.8	12875	19327	63.0
河 南	6.5	11.3	57.6	100.8	13108	22946	48.9
湖 北	8.3	12.8	52.6	81.4	18899	29209	52.1
湖 南	3.3	8.0	23.2	55.3	6755	16076	48.5
广 东	4.6	8.8	31.9	61.6	10254	19785	60.7
广 西	2.0	6.0	15.1	45.4	4512	13562	60.4
海 南	6.5	9.8	79.2	119.4	21802	32843	56.9
重 庆	6.3	10.4	56.0	91.9	13331	21899	64.9
四 川	3.4	7.0	36.6	76.4	6902	14397	54.4
贵 州	2.8	8.9	14.4	46.2	5235	16798	60.4
云 南	7.7	11.5	46.2	69.2	19375	28989	44.2
西 藏	4.8	9.6	8.5	16.9	7242	14322	51.9
陕 西	6.1	9.7	28.1	44.7	14803	23529	41.8
甘 肃	4.9	9.1	41.3	76.3	10017	18512	66.4
青 海	8.2	12.8	40.6	63.0	8005	12435	65.1
宁 夏	3.0	6.7	21.0	47.3	7326	16496	56.0
新 疆	1.1	5.3	9.4	44.2	4164	19670	73.1

2-37 各地区私营建筑业企业签订合同情况

单位：万元

地区	合同总额	上年结转合同额	本年新签合同额
全国总计	**716772872**	**238766117**	**478006755**
北京	8806513	3011381	5795132
天津	6331997	1587524	4744473
河北	11063204	3278672	7784532
山西	10650718	2863896	7786822
内蒙古	8591675	4549255	4042420
辽宁	41699585	10799455	30900131
吉林	10750214	3586973	7163241
黑龙江	5217482	1321977	3895505
上海	24187604	9899881	14287722
江苏	118184617	38981080	79203537
浙江	175125132	64982827	110142305
安徽	24359658	7390801	16968857
福建	38627601	12937141	25690460
江西	13981108	2878402	11102706
山东	28634489	8065505	20568984
河南	20595592	6100639	14494953
湖北	24206693	6816853	17389840
湖南	16549299	6057799	10491500
广东	27678425	9823547	17854878
广西	7512104	2369040	5143064
海南	590634	236123	354511
重庆	24870948	8805728	16065220
四川	28185436	9541635	18643800
贵州	1569082	593886	975196
云南	14318532	4436751	9881782
西藏	411169	81179	329990
陕西	7861302	2777495	5083806
甘肃	3610354	944349	2666005
青海	1413235	416665	996569
宁夏	4422020	1448816	2973204
新疆	6766452	2180843	4585610

2-38 各地区私营建筑业企业承包工程完成情况

单位：万元

地区	直接从建设单位承揽工程完成的产值	自行完成施工产值	分包出去工程的产值	从建设单位以外承揽工程完成的产值
全国总计	**469704701**	**465228974**	**4475727**	**15760920**
北京	5004259	4739697	264562	1005517
天津	4708863	4539329	169533	263636
河北	8014373	7955374	58999	138144
山西	8389727	8365149	24578	76061
内蒙古	5906990	5899679	7311	91803
辽宁	32780328	32710261	70067	287988
吉林	8246927	8112550	134377	74512
黑龙江	5153277	5148308	4970	26342
上海	13983383	13351375	632008	1495268
江苏	78181226	78081832	99394	4683989
浙江	105984797	105298045	686752	2897032
安徽	17434900	17362162	72738	395622
福建	22783017	22689291	93725	437474
江西	9522192	9341359	180833	486741
山东	21491818	21376757	115061	203213
河南	14272828	14218788	54040	214011
湖北	16175564	15984129	191435	485170
湖南	9587000	9549120	37880	144853
广东	15056874	14269729	787145	722683
广西	4809562	4783792	25770	132021
海南	252430	231323	21108	3517
重庆	16622360	16479143	143217	302416
四川	18001671	17795029	206641	522590
贵州	841741	837364	4377	20878
云南	10448604	10397448	51156	180114
西藏	303918	302701	1217	967
陕西	5345974	5075268	270705	299367
甘肃	2632571	2607736	24835	62699
青海	781356	775277	6079	6245
宁夏	2633058	2626223	6835	38394
新疆	4353116	4324733	28383	61658

2-39 各地区私营建筑业总产值和竣工产值

单位：万元

地区	建筑业总产值	#装饰装修产值	#在外省完成的产值	按构成分组 建筑工程产值	安装工程产值	其他产值	竣工产值
全国总计	**480989894**	**37500093**	**108106107**	**426668354**	**38267719**	**16053820**	**315190338**
北京	5745214	2282165	1646706	5154195	528464	62556	3628857
天津	4802965	362131	277153	3372209	1011459	419297	2909746
河北	8093518	659308	437763	6915296	693508	484714	5373021
山西	8441210	484221	879947	6770359	1107121	563729	4105910
内蒙古	5991482	104120	15971	5506882	174215	310385	2916177
辽宁	32998249	4611654	1484726	27833394	3578063	1586792	21776190
吉林	8187062	460904	209339	7363447	485708	337908	5746931
黑龙江	5174649	317863	154274	4400259	597675	176715	2658513
上海	14846643	2246029	3478277	12148533	2208592	489517	7702341
江苏	82765821	5177408	23028212	77272178	4872190	621452	66809209
浙江	108195077	6247131	48251534	100065566	5502931	2626580	67381399
安徽	17757785	1086769	1177802	15095095	1421938	1240752	11102302
福建	23126765	1158869	8684704	21881408	1113524	131833	14216073
江西	9828100	744067	2971176	8354730	767543	705827	7221818
山东	21579970	1957397	1412778	17908426	2820261	851283	13657174
河南	14432799	1321136	2281989	12178363	1452195	802242	9177232
湖北	16469299	1601402	2454319	14149479	1696211	623609	11888931
湖南	9693973	411252	1287553	8438919	549634	705420	6643280
广东	14992412	3267616	2872808	11900029	2383137	709246	8045392
广西	4915813	357838	395030	3954867	464678	496268	3029880
海南	234839	15864	12669	178765	21061	35014	174581
重庆	16781560	610153	1929804	15383639	988957	408964	9730819
四川	18317619	902795	2394107	15930823	1668405	718391	12138557
贵州	858242	97129	22719	745521	88409	24312	575267
云南	10577562	394279	105529	9294422	893892	389248	6747335
西藏	303668	3030		257838	24571	21260	209161
陕西	5374635	212886	76986	4760375	468527	145733	2609417
甘肃	2670434	124686	84022	2331451	244902	94082	1719690
青海	781522	36890	27704	667853	88417	25252	551580
宁夏	2664616	84328	48676	2563075	78941	22601	1830200
新疆	4386391	158774	1833	3890961	272589	222841	2913358

2-40 各地区私营建筑业企业房屋建筑面积

地 区	房屋建筑施工面积(万平方米)	#本年新开工	#实行投标承包面积	#本年新开工	房屋建筑竣工面积(万平方米)	房屋建筑面积竣工率(%)
全国总计	**358462.7**	**179228.0**	**264181.1**	**136873.5**	**149783.4**	**41.8**
北 京	760.3	315.1	623.6	271.3	199.6	26.3
天 津	1306.2	629.7	811.1	382.0	770.9	59.0
河 北	6942.7	3884.1	4620.2	2826.8	3013.7	43.4
山 西	3924.8	1980.2	2690.7	1235.9	1612.3	41.1
内蒙古	2900.0	1450.2	2359.8	1132.1	1070.8	36.9
辽 宁	17640.6	11174.7	12162.4	7924.9	9383.5	53.2
吉 林	4970.2	3259.3	3623.7	2653.7	2584.3	52.0
黑龙江	1772.8	1100.3	1187.8	796.9	1010.5	57.0
上 海	8137.6	3177.1	6002.8	2308.6	2654.5	32.6
江 苏	73483.0	32423.2	60146.5	27837.9	28288.8	38.5
浙 江	93742.8	42918.0	73816.9	34033.3	33927.7	36.2
安 徽	14391.5	8163.3	9889.7	6002.1	7459.2	51.8
福 建	20045.9	8691.1	14516.7	6576.5	6205.4	31.0
江 西	6548.5	4253.1	4036.1	2736.8	4208.5	64.3
山 东	17197.5	9914.9	12350.2	7691.7	7801.3	45.4
河 南	10489.1	5487.3	8868.8	4651.4	4821.4	46.0
湖 北	11984.9	6992.2	8276.3	5254.2	7008.0	58.5
湖 南	8992.0	4779.5	7224.2	3807.6	3720.3	41.4
广 东	7750.6	3815.6	3677.6	1986.7	2858.1	36.9
广 西	3377.9	1946.2	2468.3	1615.9	1693.3	50.1
海 南	184.1	95.6	118.1	71.3	80.8	43.9
重 庆	10965.0	5577.0	5055.2	3224.9	4948.3	45.1
四 川	13023.5	7087.2	6993.8	4237.5	6400.3	49.1
贵 州	1004.7	457.6	670.5	307.4	326.9	32.5
云 南	6195.8	3483.2	3526.7	2103.5	3123.4	50.4
西 藏	99.2	86.7	75.4	70.9	57.6	58.1
陕 西	3363.1	1604.2	2346.5	1318.2	1280.2	38.1
甘 肃	1482.8	950.7	1116.1	748.0	746.8	50.4
青 海	429.6	240.6	259.3	152.4	241.8	56.3
宁 夏	2243.3	1320.3	2008.3	1219.9	842.1	37.5
新 疆	3112.5	1969.8	2657.8	1693.3	1443.4	46.4

2-41 各地区按主要用途分的私营建筑业企业房屋建筑竣工面积

单位：万平方米

地区	总计	住宅房屋	商业及服务用房屋	商厦房屋(批发和零售用房)	宾馆用房屋(住宿用房)	餐饮用房屋(餐饮用房)
全国总计	**149783.4**	**96256.4**	**8919.7**	**3667.7**	**1121.5**	**442.9**
北 京	199.6	127.5	12.4	3.9		0.8
天 津	770.9	471.7	57.2	49.4	0.2	0.5
河 北	3013.7	2115.4	161.9	66.4	7.9	1.0
山 西	1612.3	1228.3	59.4	7.5	14.2	3.7
内蒙古	1070.8	809.2	86.3	27.1	11.8	1.2
辽 宁	9383.5	6867.6	440.4	143.5	57.3	54.7
吉 林	2584.3	2000.2	91.5	30.3	8.4	1.7
黑龙江	1010.5	805.4	50.3	6.5	3.3	3.5
上 海	2654.5	1547.9	121.1	35.2	3.1	0.5
江 苏	28288.8	18871.0	1346.8	649.7	196.4	107.8
浙 江	33927.7	16940.1	2544.1	1250.5	379.5	120.8
安 徽	7459.2	4840.9	379.1	196.3	20.4	10.6
福 建	6205.4	4070.8	304.3	119.3	29.6	6.5
江 西	4208.5	2599.3	330.5	100.9	56.7	30.1
山 东	7801.3	5516.4	292.7	111.5	29.7	13.9
河 南	4821.4	3349.0	210.2	57.3	23.1	7.2
湖 北	7008.0	4972.2	341.1	177.6	33.1	5.1
湖 南	3720.3	2622.4	248.1	102.9	40.7	5.1
广 东	2858.1	1459.1	302.1	50.0	20.0	3.8
广 西	1693.3	1088.6	93.9	11.6	26.4	3.3
海 南	80.8	49.1	10.8	3.5	6.0	0.7
重 庆	4948.3	3625.3	337.4	79.0	14.6	7.0
四 川	6400.3	4782.6	403.3	121.9	65.2	28.7
贵 州	326.9	139.9	30.2	17.2	0.6	1.0
云 南	3123.4	2100.5	324.5	99.1	39.7	13.1
西 藏	57.6	27.0	5.4	5.4		
陕 西	1280.2	935.9	84.8	34.7	9.5	2.0
甘 肃	746.8	519.6	33.0	8.8	2.7	1.1
青 海	241.8	179.5	7.9	1.5	2.7	0.4
宁 夏	842.1	586.5	112.6	57.1	2.1	1.6
新 疆	1443.4	1007.6	96.2	42.3	16.4	5.6

2-41 续表 1

单位：万平方米

地　区	商务会展用房屋	其他商业及服务用房屋(居民服务业用房)	办公用房　屋	科研、教育和医疗用房屋	科学研究用房屋	教育用房　屋
全国总计	**457.0**	**3230.5**	**8635.0**	**5315.4**	**360.4**	**3977.0**
北　京		7.7	9.5	9.4	0.2	6.5
天　津	2.2	4.8	17.6	10.0	0.8	7.5
河　北	1.4	85.2	223.8	139.1	2.3	107.9
山　西	0.7	33.4	120.7	75.5	2.2	63.8
内蒙古	0.9	45.3	71.3	36.5		24.0
辽　宁	2.4	182.5	433.8	138.2	8.6	115.8
吉　林	2.2	49.0	136.3	30.7	3.4	19.2
黑龙江	0.7	36.3	36.9	29.1	0.6	9.0
上　海	10.7	71.6	76.6	66.2	12.1	39.0
江　苏	212.4	180.5	1410.8	833.3	79.9	606.5
浙　江	110.8	682.5	2295.7	886.1	62.1	660.1
安　徽	6.8	145.0	593.3	316.2	7.4	274.3
福　建	17.5	131.3	348.7	268.7	25.8	189.4
江　西	3.4	139.3	386.9	225.9	15.1	188.9
山　东	17.9	119.7	281.4	233.8	13.2	177.0
河　南	4.6	118.0	419.8	326.7	43.1	208.1
湖　北	3.4	122.0	406.5	230.0	24.5	156.2
湖　南	23.8	75.7	200.7	226.3	17.8	162.3
广　东	6.0	222.4	111.3	65.5	3.7	53.2
广　西	6.7	45.9	153.5	160.5	4.5	103.7
海　南	0.4	0.1	0.6	1.9	0.3	1.3
重　庆	3.9	232.9	184.5	136.6	6.7	99.8
四　川	9.1	178.4	225.8	234.9	4.6	170.5
贵　州	0.8	10.6	33.9	65.1	0.9	57.9
云　南	4.1	168.6	151.6	246.4	16.4	187.3
西　藏			13.5	5.0	1.1	3.4
陕　西	0.1	38.5	77.9	85.2	1.5	75.0
甘　肃	1.3	19.1	38.3	101.2	0.1	86.0
青　海	0.4	3.0	24.7	17.8		15.8
宁　夏	2.5	49.3	42.7	40.9	0.7	37.2
新　疆		32.0	106.4	72.9	0.7	70.3

2-41 续表 2

单位：万平方米

地 区	医疗用房屋(卫生医疗用房)	文化、体育和娱乐用房屋	厂房及建筑物	#厂房	仓 库	其他未列明的房屋建筑物
全国总计	**978.0**	**1133.7**	**25571.3**	**17227.4**	**1064.9**	**2887.2**
北 京	2.6		37.9	33.1	0.6	2.4
天 津	1.7	0.5	170.4	65.1	12.8	30.6
河 北	28.9	7.8	257.2	119.9	7.7	100.9
山 西	9.5	7.1	89.6	55.8	9.1	22.7
内蒙古	12.5	2.0	10.7	6.3	0.2	54.6
辽 宁	13.7	28.5	1153.7	636.4	69.2	252.1
吉 林	8.1	19.8	224.4	104.3	3.8	77.5
黑龙江	19.5	17.2	45.3	19.1	4.0	22.4
上 海	15.0	10.6	702.3	444.9	69.6	60.3
江 苏	146.9	219.0	5050.7	4135.0	184.3	373.0
浙 江	163.9	272.5	10161.2	7155.3	276.2	551.7
安 徽	34.4	72.5	1032.9	548.0	45.8	178.5
福 建	53.6	53.9	1079.0	716.4	42.5	37.6
江 西	21.9	89.7	424.9	179.3	39.7	111.7
山 东	43.5	45.0	1303.1	827.2	63.0	65.8
河 南	75.5	27.4	356.3	162.7	30.1	102.1
湖 北	49.3	73.0	811.8	479.6	66.3	107.1
湖 南	46.2	19.6	326.1	196.3	7.0	70.1
广 东	8.5	20.3	804.2	467.6	17.2	78.4
广 西	52.3	20.5	128.2	61.5	12.0	36.0
海 南	0.2	0.8				17.7
重 庆	30.2	38.3	423.2	224.8	20.2	182.8
四 川	59.9	35.0	554.0	306.7	54.5	110.3
贵 州	6.3	2.5	38.1	28.7	0.7	16.6
云 南	42.7	29.6	163.8	97.4	15.4	91.4
西 藏	0.5	2.0	0.7		0.6	3.3
陕 西	8.8	6.3	60.9	44.3	3.8	25.2
甘 肃	15.0	1.6	37.9	19.1	0.4	14.7
青 海	2.0	1.6	5.2	3.1	1.3	3.9
宁 夏	2.9	2.1	27.7	26.9	2.7	26.9
新 疆	1.9	6.9	90.0	62.4	4.1	59.2

2-42 各地区按主要用途分的私营建筑业企业房屋建筑竣工价值

单位：万元

地　区	总计	住宅房屋	商业及服务用房屋	商厦房屋(批发和零售用房)	宾馆用房屋(住宿用房)	餐饮用房屋(餐饮用房)
全国总计	**202644109**	**132569796**	**13500213**	**5622870**	**1670724**	**715065**
北　京	373094	240947	23355	7867	63	2169
天　津	1196646	724649	82357	65330	370	842
河　北	3902559	2753494	237218	88786	8330	1163
山　西	2065006	1550692	91492	7165	23847	7046
内蒙古	1596332	1109452	149182	33479	15784	2900
辽　宁	12860487	9391263	547934	209051	65249	67212
吉　林	3609510	2591658	165200	63090	11303	2267
黑龙江	1511821	1175141	80181	10022	4863	5068
上　海	4039018	2319894	199989	48734	3927	970
江　苏	41880425	27985484	2312601	1120286	355089	191450
浙　江	47122892	26142236	3987480	1945820	598171	229809
安　徽	8200052	5526832	442037	236225	24738	12389
福　建	8928038	6122134	494433	190388	49608	10802
江　西	4776778	2843579	422265	113216	87300	37437
山　东	9290969	6597026	416285	166441	45379	19142
河　南	5762534	4008833	268627	83687	26361	10436
湖　北	9077747	6382588	476574	289793	34742	4431
湖　南	4506027	3197115	310908	131858	40899	7925
广　东	4047378	2174663	618462	79277	20576	4014
广　西	2098284	1359984	107337	11724	31871	4470
海　南	133982	72368	23964	6557	15080	1339
重　庆	6568926	4873562	464240	112050	18824	9773
四　川	7892428	5961091	526559	176935	84369	42638
贵　州	468256	183671	39870	29299	592	640
云　南	4135868	2670330	538357	163601	51397	24764
西　藏	106952	42450	12973	12942	31	
陕　西	1924138	1391990	121268	57000	12900	3216
甘　肃	1152927	794509	52037	14022	7154	1339
青　海	395188	280215	14974	3567	4452	1032
宁　夏	1107764	772500	141987	92519	1849	2269
新　疆	1912084	1329446	130068	52141	25608	6112

2-42 续表 1

单位：万元

地 区	商务会展用房屋	其他商业及服务用房屋(居民服务业用房)	办公用房 屋	科研、教育和医疗用房屋	科学研究用房屋	教育用房 屋
全国总计	**685152**	**4806401**	**12556645**	**7922641**	**581339**	**5755168**
北 京		13256	18230	24255	586	14708
天 津	5046	10768	24261	22834	1455	18207
河 北	1892	137048	265343	184898	2597	139992
山 西	1165	52268	159339	108566	2961	93331
内蒙古	1300	95719	159730	85055		50164
辽 宁	2391	204032	685828	208231	13706	168707
吉 林	4255	84285	219358	54165	6034	34445
黑龙江	2401	57827	55085	56867	1436	12626
上 海	15019	131339	145973	165271	40713	85750
江 苏	311693	334084	2324228	1532023	159302	1068451
浙 江	171305	1042375	3471416	1344348	92116	1013239
安 徽	7433	161252	641810	325882	8033	280012
福 建	32572	211063	510139	405952	36274	287972
江 西	4679	179633	494861	299265	27410	236611
山 东	27242	158081	361277	337499	14831	245061
河 南	5149	142993	539973	408462	55629	247197
湖 北	3644	143965	620523	350992	36935	234419
湖 南	36151	94075	259782	273394	26397	195562
广 东	8590	506005	164580	96645	8629	71648
广 西	5644	53628	174134	208933	4689	128550
海 南	750	237	884	3449	530	2492
重 庆	7593	316001	241432	190313	9677	133586
四 川	10930	211686	289995	302044	4904	207367
贵 州	892	8447	42921	80728	1159	69897
云 南	5291	293304	223821	352454	18331	272249
西 藏			28270	10646	2300	6700
陕 西	161	47991	117148	117788	2377	104322
甘 肃	2905	26618	64138	165220	260	139435
青 海	792	5131	42682	32385	6	29142
宁 夏	8252	37098	59606	63791	1561	56895
新 疆	14	46193	149877	110287	503	106432

2-42 续表 2

单位：万元

地 区	医疗用房屋(卫生医疗用房)	文化、体育和娱乐用房屋	厂房及建筑物	#厂房	仓 库	其他未列明的房屋建筑物
全国总计	**1586135**	**1942517**	**29126071**	**19477532**	**1183735**	**3842492**
北 京	8962	56	61597	54300	954	3700
天 津	3173	520	270549	97071	23104	48372
河 北	42309	7589	331259	166492	6894	115864
山 西	12273	12366	107018	77168	10267	25268
内蒙古	34891	5138	20136	9927	264	67376
辽 宁	25818	53947	1598744	849647	51922	322617
吉 林	13685	36611	376461	160917	3115	162943
黑龙江	42805	26544	75911	33046	5127	36965
上 海	38808	25696	996883	650939	110567	74745
江 苏	304270	519330	6348458	5054117	239069	619231
浙 江	238992	452847	10666705	7522784	271432	786428
安 徽	37837	73903	1000503	530403	35032	154055
福 建	81706	83516	1182698	790642	70612	58555
江 西	35243	117094	447532	180788	39147	113036
山 东	77607	83515	1338613	803979	57305	99447
河 南	105637	41300	345244	151374	37020	113075
湖 北	79639	159619	849123	526526	77398	160929
湖 南	51435	22804	354320	225189	4958	82746
广 东	16368	21179	864623	506592	18674	88551
广 西	75695	24260	179182	78975	13557	30898
海 南	427	1496				31822
重 庆	47050	41674	475257	243596	24072	258376
四 川	89773	43170	591741	322870	41257	136569
贵 州	9672	2875	93376	79336	686	24128
云 南	61875	47869	218181	126455	20286	64570
西 藏	1647	2142	301		1493	8677
陕 西	11089	10738	128564	100698	5891	30752
甘 肃	25525	1868	53657	23528	369	21131
青 海	3237	2987	9779	5042	2471	9696
宁 夏	5335	7349	32499	31100	3605	26427
新 疆	3353	12516	107157	74033	7189	65543

2-43 各地区私营建筑业企业施工机械设备情况

地区	年末自有施工机械设备总台数(台)	年末自有施工机械设备总功率(千瓦)	年末自有施工机械设备净值(万元)	技术装备率(元/人)	动力装备率(千瓦/人)
全国总计	**4058901**	**85830284**	**16055158**	**8964**	**4.8**
北京	24054	486756	105620	11105	5.1
天津	24840	846617	126752	12579	8.4
河北	393452	2287885	345829	11857	7.8
山西	98538	1804465	485047	18358	6.8
内蒙古	43121	954006	174918	11810	6.4
辽宁	169357	6606523	1087804	12902	7.8
吉林	25692	761998	213762	12053	4.3
黑龙江	21530	499190	163230	14242	4.4
上海	77300	1075068	238034	5271	2.4
江苏	776108	22488425	3223780	9896	6.9
浙江	673853	13311990	2932424	7097	3.2
安徽	205361	4457804	730790	8757	5.3
福建	143881	3644794	824497	7110	3.1
江西	55856	1234234	322288	8472	3.2
山东	264632	6544786	1034105	11094	7.0
河南	202134	3660474	531256	9073	6.3
湖北	157812	2608400	646665	11750	4.7
湖南	151086	1854843	394060	11307	5.3
广东	119099	2190564	515401	10092	4.3
广西	56814	609005	147931	8589	3.5
海南	1134	20843	3750	6910	3.8
重庆	65999	1432512	327214	4391	1.9
四川	103408	2000316	414764	4847	2.3
贵州	7691	146589	30822	7810	3.7
云南	63292	1931422	479680	12329	5.0
西藏	1661	48264	22628	19665	4.2
陕西	53475	921972	205876	10625	4.8
甘肃	32811	445495	107439	7946	3.3
青海	5040	89505	35296	9554	2.4
宁夏	17246	397318	74290	15130	8.1
新疆	22624	468221	109207	11147	4.8

2-44 各地区私营建筑业企业主要生产效益指标

地　区	建筑业企业个数（个）	直接从事生产经营活动的平均人数（人）	按总产值计算的劳动生产率（元/人）	人均竣工产值（元/人）	人均施工面积（平方米/人）	人均竣工面积（平方米/人）
全国总计	**41151**	**18074858**	**266110**	**174381**	**198.3**	**82.9**
北　京	1638	114136	503366	317941	66.6	17.5
天　津	853	124268	386501	234151	105.1	62.0
河　北	848	297200	272326	180788	233.6	101.4
山　西	1559	357030	236429	115002	109.9	45.2
内蒙古	380	197489	303383	147663	146.8	54.2
辽　宁	3399	994905	331672	218877	177.3	94.3
吉　林	793	212728	384861	270154	233.6	121.5
黑龙江	797	232793	222285	114201	76.2	43.4
上　海	1992	461064	322008	167056	176.5	57.6
江　苏	5686	3242331	255266	206053	226.6	87.2
浙　江	4395	3913683	276453	172169	239.5	86.7
安　徽	1534	805565	220439	137820	178.7	92.6
福　建	1510	1157833	199742	122782	173.1	53.6
江　西	638	323265	304026	223402	202.6	130.2
山　东	2728	923419	233696	147898	186.2	84.5
河　南	1757	558350	258490	164363	187.9	86.4
湖　北	1400	509936	322968	233146	235.0	137.4
湖　南	589	395221	245280	168090	227.5	94.1
广　东	1698	483825	309873	166287	160.2	59.1
广　西	473	152677	321975	198450	221.2	110.9
海　南	35	4702	499445	371290	391.5	171.9
重　庆	1348	673762	249073	144425	162.7	73.4
四　川	1601	854106	214465	142120	152.5	74.9
贵　州	163	35994	238440	159823	279.1	90.8
云　南	1304	397325	266219	169819	155.9	78.6
西　藏	84	10628	285725	196802	93.3	54.2
陕　西	499	211861	253687	123166	158.7	60.4
甘　肃	442	132420	201664	129866	112.0	56.4
青　海	190	39316	198780	140294	109.3	61.5
宁　夏	340	96725	275484	189217	231.9	87.1
新　疆	478	160301	273635	181743	194.2	90.0

2-45 各地区私营建筑业企业营业额

单位：万元

地 区	企业营业额	在境外完成的营业额	企业总产值	#建筑业总产值
全国总计	**854093588**	**2532549**	**851561039**	**480989894**
北 京	7741955	29654	7712302	5745214
天 津	5054129	44570	5009559	4802965
河 北	8298861	18039	8280822	8093518
山 西	8579490	15903	8563587	8441210
内蒙古	6011964	9900	6002064	5991482
辽 宁	33601883	51856	33550027	32998249
吉 林	8392882	3045	8389837	8187062
黑龙江	5407886	203402	5204484	5174649
上 海	15682024	62295	15619729	14846643
江 苏	439408512	790449	438618063	82765821
浙 江	109957375	134941	109822434	108195077
安 徽	18119568	27664	18091904	17757785
福 建	23242874		23242874	23126765
江 西	10103261	14266	10088995	9828100
山 东	23147541	67309	23080232	21579970
河 南	14734126	155656	14578470	14432799
湖 北	17048043	197049	16850995	16469299
湖 南	10040812	61555	9979257	9693973
广 东	17214203	17567	17196636	14992412
广 西	5098794	19888	5078906	4915813
海 南	299829	3580	296249	234839
重 庆	17618612	123495	17495116	16781560
四 川	19072711	177592	18895119	18317619
贵 州	890756	7000	883756	858242
云 南	11215544	237890	10977653	10577562
西 藏	322332	1929	320403	303668
陕 西	5750695	38797	5711898	5374635
甘 肃	3628116	7429	3620686	2670434
青 海	825976		825976	781522
宁 夏	2746513		2746513	2664616
新 疆	4836323	9829	4826494	4386391

2-46 各地区私营建筑业企业资产构成

单位：万元

地 区	资产合计	#流动资产合计	#存货	#非流动资产合计	#固定资产合计
全国总计	**329209512**	**260042521**	**56989197**	**69166991**	**41536038**
北 京	6824799	5676285	964915	1148514	563427
天 津	5571980	4405001	643570	1166979	692945
河 北	6755573	5303006	1236925	1452568	1042606
山 西	8101829	5995062	1380045	2106767	1258113
内蒙古	9824814	7534492	1103915	2290321	1229308
辽 宁	18283687	14418423	2384573	3865265	2535031
吉 林	8278172	7045504	677349	1232668	777938
黑龙江	3699161	2981572	654630	717589	543250
上 海	18489922	16435642	2727998	2054280	1016024
江 苏	54224136	43829156	10781859	10394980	6387472
浙 江	51220705	40540952	11103603	10679754	6000911
安 徽	10497859	7951909	1445200	2545950	1795901
福 建	11044359	8732326	1878076	2312033	1777373
江 西	4616912	3259942	781817	1356970	828160
山 东	18835142	14531321	3504351	4303821	3043281
河 南	8422680	6092363	1329931	2330316	1591715
湖 北	9802020	7394298	1678812	2407722	1716061
湖 南	4808900	3632651	848163	1176248	798483
广 东	18367701	13836056	2879758	4531645	1342908
广 西	3283094	2525237	411020	757857	436001
海 南	358520	309324	71973	49196	23164
重 庆	11330230	9518685	2313583	1811545	1047068
四 川	14137643	11313132	3029926	2824511	1538482
贵 州	900382	755624	171744	144758	87909
云 南	8095994	6089396	1098013	2006598	1362334
西 藏	394271	191868	27795	202403	142997
陕 西	4459162	3185890	670666	1273273	785424
甘 肃	2015975	1406094	347562	609881	405342
青 海	974373	716222	120986	258150	135312
宁 夏	2534337	2065907	432168	468430	281207
新 疆	3055181	2369181	288275	686000	349891

2-47 各地区私营建筑业企业固定资产情况

单位：万元

地 区	固定资产合计	固定资产原价	固定资产折旧	#本年折旧	在建工程
全国总计	**41536038**	**50635716**	**17761265**	**3378958**	**5105461**
北 京	563427	828989	361698	57241	69051
天 津	692945	959166	342842	70162	36160
河 北	1042606	1161084	398254	69162	92524
山 西	1258113	1623481	553440	94343	111428
内蒙古	1229308	1726096	572968	187112	31466
辽 宁	2535031	3148911	1131934	215221	297051
吉 林	777938	905773	297065	45769	131120
黑龙江	543250	642844	217451	33900	86285
上 海	1016024	1550710	737565	108366	166408
江 苏	6387472	7458201	2620861	508436	859415
浙 江	6000911	8140551	2948514	519325	585785
安 徽	1795901	1831191	526927	102501	314326
福 建	1777373	2204823	724082	138345	165646
江 西	828160	917819	247571	62053	76217
山 东	3043281	3705864	1273665	239844	265914
河 南	1591715	1788466	517389	101193	201461
湖 北	1716061	2014284	645654	157477	206591
湖 南	798483	976496	332721	56693	58358
广 东	1342908	1620291	699950	117152	256375
广 西	436001	507540	160855	32390	62152
海 南	23164	33234	14718	1490	931
重 庆	1047068	1228601	445295	89394	148253
四 川	1538482	1774819	674368	117360	284721
贵 州	87909	98471	30461	3868	14526
云 南	1362334	1497619	544701	101954	286844
西 藏	142997	123656	35059	6113	7606
陕 西	785424	790238	225930	55237	107358
甘 肃	405342	427762	129155	26779	77697
青 海	135312	162434	61086	9637	20564
宁 夏	281207	366975	128905	22911	27589
新 疆	349891	419330	160181	27529	55641

2-48 各地区私营建筑业企业负债及所有者权益

单位：万元

地　区	负债合计	#流动负债	#应付账款	所有者权益	#实收资本
全国总计	**180516689**	**163759720**	**39515538**	**148625301**	**93068823**
北　京	4108692	4021108	1300323	2716066	2267769
天　津	3655089	3021797	1176632	1906833	1216698
河　北	3724515	3230405	778167	3031058	1910897
山　西	4119921	3861012	1353465	3981908	2766050
内蒙古	6432956	5711183	1392616	3391858	1148136
辽　宁	9901663	8285772	2334941	8367410	4289456
吉　林	3817403	3398848	1057505	4460769	3358061
黑龙江	1989306	1705313	501915	1709855	1226311
上　海	11651640	10948675	2875277	6837280	4431400
江　苏	30914003	28639280	7935394	23310133	12111876
浙　江	28779612	27575476	4860111	22441094	12701230
安　徽	5142173	4532836	855428	5335296	3928094
福　建	4935399	4631616	781233	6108960	4416414
江　西	1808265	1589097	328121	2808647	1653504
山　东	9821005	9089987	2019258	9014137	5343554
河　南	3549055	3160618	788444	4873625	3094872
湖　北	4946612	3868891	982728	4855408	2946968
湖　南	2154075	1809253	386656	2654825	1522421
广　东	11004429	9660800	2209831	7342493	5051776
广　西	1718746	1473315	212673	1564348	1117977
海　南	205480	198222	20688	153040	96075
重　庆	6518926	5757282	1284929	4811305	2874748
四　川	7609344	6864484	1337492	6527664	6551805
贵　州	602067	550335	76732	298315	240292
云　南	4375436	3810833	790869	3720559	2317795
西　藏	125032	109691	26630	269239	207053
陕　西	2148381	1870976	530287	2310781	1731539
甘　肃	852611	775891	221298	1163365	750653
青　海	443157	395246	111596	531215	378299
宁　夏	1594934	1501150	423363	939403	597074
新　疆	1866766	1710330	560939	1188415	820028

2-49 各地区私营建筑业企业实收资本

单位：万元

地区	合计	国家资本	集体资本	法人资本	个人资本	港澳台资本	外商资本
全国总计	**93068823**	**275598**	**1244307**	**26506742**	**64781009**	**254661**	**6506**
北京	2267769	671	34	514530	1752534		
天津	1216698	800	15967	257318	937458	5155	
河北	1910897	73	149911	517084	1241829	2000	
山西	2766050	11335	39918	1018364	1695913	360	160
内蒙古	1148136	146	16574	223729	907687		
辽宁	4289456	10574	38671	1406471	2611472	221142	1125
吉林	3358061	23472	49910	2363802	920823	30	25
黑龙江	1226311	8009	19839	360566	837897		
上海	4431400	5504	32269	1446284	2947074	85	185
江苏	12111876	34817	108423	3486293	8476502	2550	3291
浙江	12701230	11762	65760	2401810	10212873	9010	16
安徽	3928094	20241	55563	659831	3189661	2775	24
福建	4416414	9919	51460	805396	3547040	2600	
江西	1653504	4854	44683	521100	1082736	36	95
山东	5343554	9723	117506	2238735	2975405	2184	1
河南	3094872	12592	47453	727030	2306862	720	215
湖北	2946968	22704	63845	900429	1958190	1800	
湖南	1522421	3946	35357	455971	1027107	5	35
广东	5051776	7310	35296	1510808	3497199	818	345
广西	1117977	8393	12680	363045	733860		
海南	96075		3658	20966	71452		
重庆	2874748	13074	44288	604833	2210761	1005	787
四川	6551805	34555	70719	1401116	5045279	84	52
贵州	240292	4180	10578	82698	142835		
云南	2317795	7229	44045	772959	1491414	2098	50
西藏	207053		8343	125359	73350		
陕西	1731539	4256	1351	503406	1222527		
甘肃	750653	2065	36770	304287	407226	204	100
青海	378299	200	4384	159899	213815		
宁夏	597074	30		143314	453729		
新疆	820028	3166	19055	209310	588497		

2-50 各地区私营建筑业企业收入情况

单位：万元

地 区	主营业务收入	#主营业务成本	#主营业务税金及附加	其他业务收入	#其他业务成本	#其他业务利润
全国总计	**426544783**	**366627785**	**15140548**	**2621710**	**7519886**	**525539**
北 京	6874000	5901174	211967	77663	64804	29145
天 津	5140494	4381371	138901	50124	177296	8316
河 北	7083308	6147992	243512	49549	68520	3798
山 西	7829622	6758590	263242	135773	187363	13679
内蒙古	5948747	4761109	207219	29198	81904	26262
辽 宁	29696884	24431469	1051121	92500	1043746	19342
吉 林	7363492	5737490	262729	35615	618751	6031
黑龙江	3397193	2842986	116626	13773	72330	1467
上 海	17138154	15205935	476083	221245	272269	135509
江 苏	68244112	59260777	2435601	510606	454104	59699
浙 江	88015989	78900211	3084989	396493	552049	50373
安 徽	15018658	12741349	530385	50171	344592	10849
福 建	20908674	18341617	810913	75535	208556	12223
江 西	9247474	7950284	352587	46746	94107	11954
山 东	20166208	16834015	731940	118177	313270	23873
河 南	13096392	10993239	484760	102467	269229	27882
湖 北	15654536	13176539	636230	58270	259914	9479
湖 南	9029753	7536000	377441	14749	183138	5311
广 东	15988421	13680503	522399	73058	95736	20732
广 西	4017646	3382925	154437	47938	169790	5305
海 南	210483	165116	6885	11130	7814	
重 庆	15763264	13228375	591197	57465	920940	6702
四 川	15726046	13117112	550858	95303	496337	13184
贵 州	837464	725980	34518	2290	1594	567
云 南	8923559	7311961	335390	175598	407518	10781
西 藏	287403	227600	11194	2152	5301	838
陕 西	4607898	3834669	163123	5826	12438	1990
甘 肃	2360851	1897923	83506	13315	56442	2269
青 海	771747	689727	25986	5059	4322	874
宁 夏	2648969	2369991	83404	24953	22317	4022
新 疆	4547344	4093758	161406	28971	53396	3089

2-51 各地区私营建筑业企业费用情况

单位：万元

地　区	管理费用	#税金	销售费用	财务费用	#利息收入	#利息支出
全国总计	**13918590**	**807752**	**2661864**	**3459133**	**335231**	**3024299**
北　京	470870	8652	170180	13601	7404	17153
天　津	200422	8992	39398	39404	85682	26737
河　北	205902	11588	28573	61890	2959	46616
山　西	329554	15282	61641	76920	1496	34423
内蒙古	184654	8549	8079	103718	1801	91993
辽　宁	1234771	94006	144949	171679	12542	117315
吉　林	264001	17588	25185	60286	868	40700
黑龙江	139662	9931	16000	18727	774	13196
上　海	781465	10914	75666	110455	3971	96457
江　苏	2197051	120607	371763	671543	64733	706677
浙　江	1804655	87143	309490	702767	78450	672587
安　徽	435288	23069	106384	114552	3668	85274
福　建	547045	37785	95172	78466	5646	58311
江　西	255759	17538	64308	47280	4298	34570
山　东	677262	53710	122442	188999	9216	141548
河　南	461971	36688	100813	86659	3002	54869
湖　北	536027	48842	143734	130522	7381	106150
湖　南	303314	22573	98019	49111	1309	34760
广　东	720050	29930	166326	180342	9871	202536
广　西	172907	5442	17041	30085	599	16065
海　南	8490	117	173	665	63	362
重　庆	530617	34274	124349	137292	9992	112207
四　川	585325	50427	150939	165001	8399	136638
贵　州	33103	1991	3855	7474	66	3921
云　南	310940	15636	105485	89477	5922	69866
西　藏	16122	849	1849	2381	233	1134
陕　西	170914	13559	53948	40679	2005	36238
甘　肃	111832	10940	30384	24314	1153	17354
青　海	28476	2330	5751	2252	345	2642
宁　夏	71456	4220	6511	30467	276	26209
新　疆	128686	4584	13457	22124	1110	19793

2-52 各地区私营建筑业企业利润及税金情况

单位：万元

地区	利润总额	#应交所得税	税金总额	主营业务税金及附加	管理费用中的税金
全国总计	**20616517**	**4740188**	**15948301**	**15140548**	**807752**
北京	115531	29488	220619	211967	8652
天津	217296	56317	147893	138901	8992
河北	372583	89251	255100	243512	11588
山西	286853	69159	278524	263242	15282
内蒙古	628899	136197	215768	207219	8549
辽宁	1653454	389991	1145127	1051121	94006
吉林	440715	89475	280317	262729	17588
黑龙江	192759	41954	126557	116626	9931
上海	482772	110451	486998	476083	10914
江苏	3340900	737055	2556208	2435601	120607
浙江	3012472	735489	3172131	3084989	87143
安徽	787568	158280	553454	530385	23069
福建	889499	291229	848698	810913	37785
江西	487945	122985	370125	352587	17538
山东	1431953	268766	785650	731940	53710
河南	807045	190804	521448	484760	36688
湖北	973070	219960	685073	636230	48842
湖南	486936	95524	400014	377441	22573
广东	716169	188381	552329	522399	29930
广西	157310	50722	159878	154437	5442
海南	32429	4688	7001	6885	117
重庆	1081810	215863	625470	591197	34274
四川	711141	178138	601285	550858	50427
贵州	32376	9069	36509	34518	1991
云南	542294	109186	351026	335390	15636
西藏	24498	3192	12042	11194	849
陕西	332773	54700	176682	163123	13559
甘肃	165810	26239	94446	83506	10940
青海	19393	3680	28316	25986	2330
宁夏	87649	29667	87624	83404	4220
新疆	104619	34287	165990	161406	4584

2-53 各地区私营建筑业企业应收工程款及企业亏损情况

地 区	应收工程款(万元)	企业个数(个)	#亏损企业个数	亏损企业的比重(%)
全国总计	**72514403**	**41151**	**5075**	**12.3**
北 京	1002239	1638	340	20.8
天 津	1376827	853	140	16.4
河 北	1455267	848	96	11.3
山 西	2182348	1559	303	19.4
内蒙古	2680988	380	47	
辽 宁	4507191	3399	377	11.1
吉 林	2207913	793	96	12.1
黑龙江	807815	797	194	24.3
上 海	3642285	1992	401	20.1
江 苏	15271723	5686	305	5.4
浙 江	9306310	4395	444	10.1
安 徽	2346862	1534	121	7.9
福 建	1903114	1510	162	10.7
江 西	903261	638	37	5.8
山 东	4826898	2728	216	7.9
河 南	1532338	1757	141	8.0
湖 北	2100511	1400	139	9.9
湖 南	1044926	589	50	8.5
广 东	2872566	1698	316	18.6
广 西	461185	473	104	22.0
海 南	66505	35	8	22.9
重 庆	2794833	1348	166	12.3
四 川	2399018	1601	206	12.9
贵 州	137347	163	37	22.7
云 南	1602511	1304	206	15.8
西 藏	80996	84	7	8.3
陕 西	911811	499	73	14.6
甘 肃	419293	442	78	17.6
青 海	181473	190	67	35.3
宁 夏	704164	340	68	20.0
新 疆	783887	478	130	27.2

2-54 各地区私营建筑业企业主要经济效益指标

地　区	产值利润率(%)	产值利税率(%)	资本利润率(%)	资本利税率(%)	人均利润(元/人)	人均利税(元/人)	资产负债率(%)
全国总计	**4.3**	**7.6**	**22.2**	**39.3**	**11406**	**20230**	**54.8**
北　京	2.0	5.9	5.1	14.8	10122	29452	60.2
天　津	4.5	7.6	17.9	30.0	17486	29387	65.6
河　北	4.6	7.8	19.5	32.8	12536	21120	55.1
山　西	3.4	6.7	10.4	20.4	8034	15836	50.9
内蒙古	10.5	14.1	54.8	73.6	31845	42770	65.5
辽　宁	5.0	8.5	38.5	65.2	16619	28129	54.2
吉　林	5.4	8.8	13.1	21.5	20717	33895	46.1
黑龙江	3.7	6.2	15.7	26.0	8280	13717	53.8
上　海	3.3	6.5	10.9	21.9	10471	21033	63.0
江　苏	4.0	7.1	27.6	48.7	10304	18188	57.0
浙　江	2.8	5.7	23.7	48.7	7697	15803	56.2
安　徽	4.4	7.6	20.0	34.1	9777	16647	49.0
福　建	3.8	7.5	20.1	39.4	7682	15013	44.7
江　西	5.0	8.7	29.5	51.9	15094	26544	39.2
山　东	6.6	10.3	26.8	41.5	15507	24015	52.1
河　南	5.6	9.2	26.1	42.9	14454	23793	42.1
湖　北	5.9	10.1	33.0	56.3	19082	32517	50.5
湖　南	5.0	9.1	32.0	58.3	12321	22442	44.8
广　东	4.8	8.5	14.2	25.1	14802	26218	59.9
广　西	3.2	6.5	14.1	28.4	10303	20775	52.4
海　南	13.8	16.8	33.8	41.0	68969	83858	57.3
重　庆	6.4	10.2	37.6	59.4	16056	25340	57.5
四　川	3.9	7.2	10.9	20.0	8326	15366	53.8
贵　州	3.8	8.0	13.5	28.7	8995	19138	66.9
云　南	5.1	8.4	23.4	38.5	13649	22483	54.0
西　藏	8.1	12.0	11.8	17.6	23050	34381	31.7
陕　西	6.2	9.5	19.2	29.4	15707	24047	48.2
甘　肃	6.2	9.7	22.1	34.7	12522	19654	42.3
青　海	2.5	6.1	5.1	12.6	4932	12135	45.5
宁　夏	3.3	6.6	14.7	29.4	9062	18121	62.9
新　疆	2.4	6.2	12.8	33.0	6526	16881	61.1

2-55 各地区联营建筑业企业签订合同情况

单位：万元

地区	合同总额	上年结转合同额	本年新签合同额
全国总计	**1687244**	**723802**	**963442**
北京	599	593	5
天津	15217		15217
河北	291563	33806	257757
山西			
内蒙古			
辽宁	25500		25500
吉林			
黑龙江	15253	9028	6225
上海	33919	9488	24431
江苏	1054226	597716	456511
浙江	11961	1015	10946
安徽	39671	14229	25442
福建			
江西			
山东	11810	50	11760
河南	2523		2523
湖北	9306		9306
湖南	26058	14781	11277
广东	104001	23748	80253
广西			
海南	1394		1394
重庆	7110	7110	
四川	2284	212	2072
贵州	200	40	160
云南	31514	10049	21465
西藏			
陕西	3136	1936	1200
甘肃			
青海			
宁夏			
新疆			

2-56 各地区联营建筑业企业承包工程完成情况

单位：万元

地区	直接从建设单位承揽工程完成的产值	自行完成施工产值	分包出去工程的产值	从建设单位以外承揽工程完成的产值
全国总计	**1155704**	**1155604**	**100**	**12351**
北京	599	599		
天津	3520	3520		9173
河北	289145	289145		
山西				
内蒙古				
辽宁	26601	26601		
吉林				
黑龙江	10736	10736		
上海	33841	33841		360
江苏	597890	597890		2706
浙江	8360	8360		12
安徽	22708	22708		
福建				
江西				
山东	10039	10039		
河南	2201	2201		
湖北	9600	9600		
湖南	14767	14767		
广东	86170	86170		
广西				
海南	1394	1394		
重庆	3033	3033		
四川	2284	2284		
贵州	160	160		
云南	30077	30077		
西藏				
陕西	2579	2479	100	100
甘肃				
青海				
宁夏				
新疆				

2-57 各地区联营建筑业总产值和竣工产值

单位：万元

地　区	建筑业总产值	#装饰装修产值	#在外省完成的产值	按构成分组			竣工产值
				建筑工程产值	安装工程产值	其他产值	
全国总计	**1167955**	**136934**	**150972**	**1057090**	**74238**	**36627**	**679294**
北　京	599			599			599
天　津	12694		10003		12694		5077
河　北	289145	90017		261949	10614	16582	259663
山　西							
内蒙古							
辽　宁	26601			3750	8159	14692	21101
吉　林							
黑龙江	10736			10736			9246
上　海	34201	33841	155	34201			227
江　苏	600595	130	140356	593265	7330		264731
浙　江	8372			8372			862
安　徽	22708		458	19722	1528	1458	19728
福　建							
江　西							
山　东	10039	1329		10039			9500
河　南	2201			2201			2201
湖　北	9600			9600			
湖　南	14767			14767			9000
广　东	86170			70480	15474	216	52810
广　西							
海　南	1394					1394	
重　庆	3033			3033			
四　川	2284	2284				2284	1828
贵　州	160	160		160			400
云　南	30077	8690		11725	18351		22322
西　藏							
陕　西	2579	482		2490	89		
甘　肃							
青　海							
宁　夏							
新　疆							

2-58 各地区联营建筑业企业房屋建筑面积

地 区	房屋建筑施工面积(万平方米)	#本年新开工	#实行投标承包面积	#本年新开工	房屋建筑竣工面积(万平方米)	房屋建筑面积竣工率(%)
全国总计	**417.0**	**283.0**	**378.5**	**259.1**	**260.9**	**62.6**
北 京						
天 津						
河 北	269.3	210.2	269.3	210.2	207.4	77.0
山 西						
内蒙古						
辽 宁						
吉 林						
黑龙江	7.6	4.0	7.6	4.0	5.4	71.7
上 海						
江 苏	15.0		15.0			
浙 江	15.5	10.5			0.9	5.8
安 徽	13.2	2.5	13.0	2.3	3.0	22.5
福 建						
江 西						
山 东	8.2	8.2	8.2	8.2	8.2	100.0
河 南	2.2	2.2	2.2	2.2	2.2	100.0
湖 北						
湖 南	24.3	5.0	24.3	5.0	7.2	29.4
广 东	53.3	32.5	31.4	19.8	19.5	36.6
广 西						
海 南						
重 庆						
四 川						
贵 州	0.8	0.4	0.5	0.4	0.4	43.8
云 南	7.7	7.6	7.1	7.1	6.9	89.1
西 藏						
陕 西						
甘 肃						
青 海						
宁 夏						
新 疆						

2-59 各地区按主要用途分的联营建筑业企业房屋建筑竣工面积

单位：万平方米

地 区	总计	住宅房屋	商业及服务用房屋	商厦房屋(批发和零售用房)	宾馆用房屋(住宿用房)	餐饮用房屋(餐饮用房)
全国总计	**260.9**	**166.1**	**18.6**	**1.7**		
北 京						
天 津						
河 北	207.4	126.8	16.4			
山 西						
内蒙古						
辽 宁						
吉 林						
黑龙江	5.4	4.7				
上 海						
江 苏						
浙 江	0.9					
安 徽	3.0	0.1				
福 建						
江 西						
山 东	8.2	7.0				
河 南	2.2	2.2				
湖 北						
湖 南	7.2	7.2				
广 东	19.5	13.8	0.4			
广 西						
海 南						
重 庆						
四 川						
贵 州	0.4	0.4				
云 南	6.9	4.0	1.7	1.7		
西 藏						
陕 西						
甘 肃						
青 海						
宁 夏						
新 疆						

2-59 续表 1

单位：万平方米

地 区	商务会展用房屋	其他商业及服务用房屋(居民服务业用房)	办公用房屋	科研、教育和医疗用房屋	科学研究用房屋	教育用房屋
全国总计		**16.8**	**20.6**	**10.0**		**10.0**
北 京						
天 津						
河 北		16.4	18.4	5.3		5.3
山 西						
内蒙古						
辽 宁						
吉 林						
黑龙江				0.7		0.7
上 海						
江 苏						
浙 江						
安 徽			2.2	0.6		0.6
福 建						
江 西						
山 东						
河 南						
湖 北						
湖 南						
广 东		0.4		3.4		3.4
广 西						
海 南						
重 庆						
四 川						
贵 州						
云 南						
西 藏						
陕 西						
甘 肃						
青 海						
宁 夏						
新 疆						

2-59 续表 2

单位：万平方米

地 区	医疗用房屋（卫生医疗用房）	文化、体育和娱乐用房屋	厂房及建筑物	#厂房	仓 库	其他未列明的房屋建筑物
全国总计			**18.5**	**18.4**		**27.1**
北 京						
天 津						
河 北			14.4	14.4		26.1
山 西						
内蒙古						
辽 宁						
吉 林						
黑龙江						
上 海						
江 苏						
浙 江			0.9	0.9		
安 徽			0.1			
福 建						
江 西						
山 东			1.2	1.2		
河 南						
湖 北						
湖 南						
广 东			1.8	1.8		
广 西						
海 南						
重 庆						
四 川						
贵 州						
云 南			0.1	0.1		1.0
西 藏						
陕 西						
甘 肃						
青 海						
宁 夏						
新 疆						

2-60 各地区按主要用途分的联营建筑业企业房屋建筑竣工价值

单位：万元

地区	总计	住宅房屋	商业及服务用房屋	商厦房屋(批发和零售用房)	宾馆用房屋(住宿用房)	餐饮用房屋(餐饮用房)
全国总计	**345326**	**225689**	**17151**	**1550**		
北京						
天津						
河北	259663	165293	15056			
山西						
内蒙古						
辽宁						
吉林						
黑龙江	9246	7742				
上海						
江苏						
浙江	759					
安徽	8023	353				
福建						
江西						
山东	8500	7200				
河南	2201	2201				
湖北						
湖南	9000	9000				
广东	35949	25490	545			
广西						
海南						
重庆						
四川						
贵州	400	400				
云南	11584	8010	1550	1550		
西藏						
陕西						
甘肃						
青海						
宁夏						
新疆						

2-60 续表 1

单位：万元

地区	商务会展用房屋	其他商业及服务用房屋(居民服务业用房)	办公用房屋	科研、教育和医疗用房屋	科学研究用房屋	教育用房屋
全国总计	**45**	**15556**	**25588**	**14674**		**14674**
北京						
天津						
河北		15056	18781	7580		7580
山西						
内蒙古						
辽宁						
吉林						
黑龙江				1505		1505
上海						
江苏						
浙江						
安徽			6807	783		783
福建						
江西						
山东						
河南						
湖北						
湖南						
广东	45	500		4714		4714
广西						
海南						
重庆						
四川						
贵州						
云南				92		92
西藏						
陕西						
甘肃						
青海						
宁夏						
新疆						

2-60 续表 2

单位：万元

地区	医疗用房屋(卫生医疗用房)	文化、体育和娱乐用房屋	厂房及建筑物	#厂房	仓库	其他未列明的房屋建筑物
全国总计			**28083**	**28003**		**34141**
北京						
天津						
河北			20541	20541		32412
山西						
内蒙古						
辽宁						
吉林						
黑龙江						
上海						
江苏						
浙江			759	759		
安徽			80			
福建						
江西						
山东			1300	1300		
河南						
湖北						
湖南						
广东			5200	5200		
广西						
海南						
重庆						
四川						
贵州						
云南			203	203		1729
西藏						
陕西						
甘肃						
青海						
宁夏						
新疆						

2-61 各地区联营建筑业企业施工机械设备情况

地　区	年末自有施工机械设备总台数(台)	年末自有施工机械设备总功率(千瓦)	年末自有施工机械设备净值(万元)	技术装备率(元/人)	动力装备率(千瓦/人)
全国总计	**5594**	**228102**	**35823**	**7325**	**4.7**
北　京					
天　津					
河　北	80	21664	4238	1298	0.7
山　西					
内蒙古					
辽　宁	380	12925	247	1674	8.8
吉　林					
黑龙江	613	3566	847	43421	18.3
上　海	85	550	84	6193	4.1
江　苏	985	83499	18758	55251	24.6
浙　江	186	697	639	13156	1.4
安　徽	1249	29989	1219	6538	16.1
福　建					
江　西					
山　东	54	5280	395	5671	7.6
河　南					
湖　北					
湖　南	874	19772	4322	17165	7.9
广　东	626	37080	1500	4652	11.5
广　西					
海　南					
重　庆	6	424	42	1944	2.0
四　川					
贵　州					
云　南	428	12397	3157	22440	8.8
西　藏					
陕　西	28	259	376	34815	2.4
甘　肃					
青　海					
宁　夏					
新　疆					

2-62 各地区联营建筑业企业主要生产效益指标

地 区	建筑业企业个数(个)	直接从事生产经营活动的平均人数(人)	按总产值计算的劳动生产率(元/人)	人均竣工产值(元/人)	人均施工面积(平方米/人)	人均竣工面积(平方米/人)
全国总计	**40**	**41352**	**282442**	**164271**	**100.8**	**63.1**
北 京	1	24	249375	249375		
天 津	1	153	829641	331856		
河 北	1	23574	122654	110148	114.2	88.0
山 西						
内蒙古						
辽 宁	2	1520	175004	138820		
吉 林						
黑龙江	2	388	276711	238309	194.9	139.7
上 海	3	991	345120	2292		
江 苏	6	3090	1943674	856735	48.5	
浙 江	2	369	226889	23350	419.1	24.2
安 徽	2	1860	122084	106063	70.9	15.9
福 建						
江 西						
山 东	2	744	134938	127688	109.5	109.5
河 南	1	78	282179	282179	282.1	282.1
湖 北	1	44	2181818			
湖 南	2	2468	59834	36467	98.6	29.0
广 东	6	4195	205411	125888	127.2	46.5
广 西						
海 南	1	47	296681			
重 庆	1	215	141051			
四 川	1	21	1087667	870238		
贵 州	1	18	88889	222222	444.4	194.4
云 南	3	1433	209885	155768	53.7	47.8
西 藏						
陕 西	1	120	214917			
甘 肃						
青 海						
宁 夏						
新 疆						

2-63 各地区联营建筑业企业营业额

单位：万元

地 区	企业营业额	在境外完成的营业额	企业总产值	#建筑业总产值
全国总计	**1205934**	**1179**	**1204755**	**1167955**
北 京	599		599	599
天 津	12694		12694	12694
河 北	289145		289145	289145
山 西				
内蒙古				
辽 宁	26601		26601	26601
吉 林				
黑龙江	10736		10736	10736
上 海	34201		34201	34201
江 苏	600595		600595	600595
浙 江	8372		8372	8372
安 徽	22708		22708	22708
福 建				
江 西				
山 东	10039		10039	10039
河 南	2201		2201	2201
湖 北	9600		9600	9600
湖 南	14767		14767	14767
广 东	122970		122970	86170
广 西				
海 南	1394		1394	1394
重 庆	3033		3033	3033
四 川	2284		2284	2284
贵 州	160		160	160
云 南	30077		30077	30077
西 藏				
陕 西	3758	1179	2579	2579
甘 肃				
青 海				
宁 夏				
新 疆				

2-64 各地区联营建筑业企业资产构成

单位：万元

地 区	资产合计	#流动资产合计	#存货	#非流动资产合计	#固定资产合计
全国总计	**624757**	**511067**	**132026**	**113690**	**79439**
北 京	1019	1017		2	2
天 津	20807	8261	643	12546	10862
河 北	24135	20534	4530	3601	3601
山 西					
内蒙古					
辽 宁	22292	12343	2168	9949	7992
吉 林					
黑龙江	8006	6911	859	1096	1058
上 海	6316	6105	51	211	211
江 苏	372562	328679	88838	43883	25048
浙 江	2268	1768	532	500	500
安 徽	28158	24014	7205	4144	4144
福 建					
江 西					
山 东	9463	3785	371	5678	2298
河 南	2507	1700	510	807	807
湖 北	22600	19865	11472	2736	2736
湖 南	23403	18410	9843	4993	4993
广 东	46044	32713	419	13331	5247
广 西					
海 南	2583	2385	384	198	115
重 庆	6607	1852	445	4755	4755
四 川	1608	1432	50	176	175
贵 州	1222	822	231	400	400
云 南	14843	10949	3186	3894	3705
西 藏					
陕 西	8316	7523	289	792	792
甘 肃					
青 海					
宁 夏					
新 疆					

2-65 各地区联营建筑业企业固定资产情况

单位：万元

地　区	固定资产合计	固定资产原价	固定资产折旧	#本年折旧	在建工程
全国总计	**79439**	**136528**	**74922**	**7055**	**10899**
北　京	2	37	35	3	
天　津	10862	35072	24210		
河　北	3601	5304	1703	233	
山　西					
内蒙古					
辽　宁	7992	20888	12896	1185	
吉　林					
黑龙江	1058	1469	781	65	297
上　海	211	473	265	22	
江　苏	25048	34819	20923	3092	10309
浙　江	500	916	500	25	83
安　徽	4144	9879	5735	593	
福　建					
江　西					
山　东	2298	2122	47	24	210
河　南	807	1125	480	23	
湖　北	2736	1719	1016		
湖　南	4993	3351	1368	123	
广　东	5247	7711	2788	1411	
广　西					
海　南	115	294	179	9	
重　庆	4755	4854	99	7	
四　川	175	302	127	13	
贵　州	400	400			
云　南	3705	4635	930	124	
西　藏					
陕　西	792	1157	839	103	
甘　肃					
青　海					
宁　夏					
新　疆					

2-66 各地区联营建筑业企业负债及所有者权益

单位：万元

地区	负债合计	#流动负债	#应付账款	所有者权益	#实收资本
全国总计	**476114**	**464732**	**199369**	**148643**	**87040**
北京	536	536	151	484	500
天津	10861	10861	1753	9947	7500
河北	16314	16314		7821	5100
山西					
内蒙古					
辽宁	17366	17366	3495	4925	4350
吉林					
黑龙江	5373	5338		2633	2868
上海	4545	4545	449	1771	1300
江苏	326207	322209	179528	46356	29922
浙江	1092	1090	338	1176	664
安徽	15459	14090	713	12699	2301
福建					
江西					
山东	3177	3172	1450	6286	3500
河南	271	270	32	2235	2000
湖北	18468	18468	2308	4132	1600
湖南	10352	8962	666	13051	4220
广东	28697	26845	4223	17347	4605
广西					
海南	1580			1002	1028
重庆	1762	1762	1511	4845	5180
四川	1377	1377	363	231	200
贵州	922			300	78
云南	9295	9068	2389	5548	4268
西藏					
陕西	2459	2459		5857	5857
甘肃					
青海					
宁夏					
新疆					

2-67 各地区联营建筑业企业实收资本

单位：万元

地区	合计	国家资本	集体资本	法人资本	个人资本	港澳台资本	外商资本
全国总计	**87040**	**39907**	**18006**	**22442**	**6686**		
北京	500				500		
天津	7500			7500			
河北	5100	5100					
山西							
内蒙古							
辽宁	4350	751	3599				
吉林							
黑龙江	2868	50	2354	464			
上海	1300	124	176		1000		
江苏	29922	26188	1073		2661		
浙江	664		285	379			
安徽	2301	2284	17				
福建							
江西							
山东	3500			1580	1920		
河南	2000			2000			
湖北	1600	1600					
湖南	4220	2000		2220			
广东	4605	420	1817	2188	180		
广西							
海南	1028		600	428			
重庆	5180			5180			
四川	200	190			10		
贵州	78		78				
云南	4268	1200	2150	503	415		
西藏							
陕西	5857		5857				
甘肃							
青海							
宁夏							
新疆							

2-68 各地区联营建筑业企业收入情况

单位：万元

地　区	主营业务收　　入	#主营业务成　　本	#主营业务税金及附加	其他业务收　　入	#其他业务成　　本	#其他业务利　　润
全国总计	**1087169**	**949556**	**40254**	**6134**	**11374**	**467**
北　京	599	509	20			
天　津	12694	11809		384	172	
河　北	289145	222642	15585			
山　西						
内蒙古						
辽　宁	47468	45236	624	412		343
吉　林						
黑龙江	10736	9809	277			
上　海	34130	32543	1148	126	68	54
江　苏	479597	445370	14642			
浙　江	8113	7301	377			
安　徽	22642	10680	395	66	9932	13
福　建						
江　西						
山　东	9989	7508	334			
河　南	2233	1898	88			
湖　北	12044	9941	407		1167	
湖　南	12560	10650	668			
广　东	99573	92139	4102	5068	4	9
广　西						
海　南	1926	1678	75	28		28
重　庆	11990	11379	403			
四　川	2078	1872	72	10		10
贵　州	90	76	3			
云　南	24049	21390	924	41	31	10
西　藏						
陕　西	5513	5127	111			
甘　肃						
青　海						
宁　夏						
新　疆						

2-69 各地区联营建筑业企业费用情况

单位：万元

地　区	管理费用	#税金	销售费用	财务费用	#利息收入	#利息支出
全国总计	**20085**	**1410**	**1526**	**2328**	**345**	**2603**
北　京	64					
天　津	1723	68		742		706
河　北	1342	8		381	103	484
山　西						
内蒙古						
辽　宁	2023	31	10	-145	145	
吉　林						
黑龙江	766	6		22	1	
上　海	414	10	8	-33	40	
江　苏	8955	195	97	966	40	1228
浙　江	114	3	2	28	4	31
安　徽	393	82	206	3	13	7
福　建						
江　西						
山　东	326	4	419	22	-1	20
河　南	8	2	9	5		5
湖　北	731			29		
湖　南	299	19	240	105	7	110
广　东	2002	924	20	189	-8	8
广　西						
海　南	141	1		1	1	1
重　庆	188	7				
四　川	93	31	14			
贵　州	11					
云　南	225	16	501	13	1	3
西　藏						
陕　西	268	2		-1		
甘　肃						
青　海						
宁　夏						
新　疆						

2-70 各地区联营建筑业企业利润及税金情况

单位：万元

地　区	利润总额	#应交所得税	税金总额	主营业务税金及附加	管理费用中的税金
全国总计	**70424**	**4788**	**41664**	**40254**	**1410**
北　京	7	2	20	20	
天　津	748	193	68		68
河　北	49196	56	15593	15585	8
山　西					
内蒙古					
辽　宁	167	128	655	624	31
吉　林					
黑龙江	-167	12	283	277	6
上　海	208	52	1158	1148	10
江　苏	8819	2033	14837	14642	195
浙　江	284	71	381	377	3
安　徽	748	180	477	395	82
福　建					
江　西					
山　东	1381	277	338	334	4
河　南	225	47	91	88	2
湖　北	985	247	407	407	
湖　南	598	108	687	668	19
广　东	6184	1287	5025	4102	924
广　西					
海　南	60	48	77	75	1
重　庆	20		410	403	7
四　川	37	9	104	72	31
贵　州			3	3	
云　南	919	37	940	924	16
西　藏					
陕　西	9	2	113	111	2
甘　肃					
青　海					
宁　夏					
新　疆					

2-71 各地区联营建筑业企业应收工程款及企业亏损情况

地 区	应收工程款 (万元)	企业个数 (个)	#亏损企业个数	亏损企业的比重 (%)
全国总计	**183219**	**40**	**2**	**5.0**
北 京	946	1		
天 津	4827	1		
河 北	16003	1		
山 西				
内蒙古				
辽 宁	4527	2		
吉 林				
黑龙江		2	1	50.0
上 海	133	3		
江 苏	134089	6		
浙 江	1177	2		
安 徽	2996	2		
福 建				
江 西				
山 东	1644	2		
河 南	750	1		
湖 北	2489	1		
湖 南	2136	2		
广 东	4346	6	1	16.7
广 西				
海 南	345	1		
重 庆	35	1		
四 川	520	1		
贵 州	20	1		
云 南	5948	3		
西 藏				
陕 西	289	1		
甘 肃				
青 海				
宁 夏				
新 疆				

2-72 各地区联营建筑业企业主要经济效益指标

地 区	产值利润率 (%)	产值利税率 (%)	资本利润率 (%)	资本利税率 (%)	人均利润 (元/人)	人均利税 (元/人)	资产负债率 (%)
全国总计	**6.0**	**9.6**	**80.9**	**128.8**	**17030**	**27106**	**76.2**
北 京	1.1	4.4	1.3	5.3	2750	10958	52.6
天 津	5.9	6.4	10.0	10.9	48895	53314	52.2
河 北	17.0	22.4	964.6	1270.4	20869	27483	67.6
山 西							
内蒙古							
辽 宁	0.6	3.1	3.8	18.9	1098	5407	77.9
吉 林							
黑龙江	-1.6	1.1	-5.8	4.0	-4309	2979	67.1
上 海	0.6	4.0	16.0	105.1	2100	13783	72.0
江 苏	1.5	3.9	29.5	79.1	28540	76556	87.6
浙 江	3.4	7.9	42.7	100.0	7688	18000	48.2
安 徽	3.3	5.4	32.5	53.2	4019	6584	54.9
福 建							
江 西							
山 东	13.8	17.1	39.4	49.1	18555	23091	33.6
河 南	10.2	14.3	11.2	15.8	28795	40397	10.8
湖 北	10.3	14.5	61.5	87.0	223795	316295	81.7
湖 南	4.1	8.7	14.2	30.5	2424	5208	44.2
广 东	7.2	13.0	134.3	243.4	14742	26721	62.3
广 西							
海 南	4.3	9.8	5.8	13.2	12681	28957	61.2
重 庆	0.6	14.2	0.4	8.3	912	19981	26.7
四 川	1.6	6.1	18.3	70.0	17381	66667	85.7
贵 州		1.9		4.0		1722	75.5
云 南	3.1	6.2	21.5	43.5	6410	12967	62.6
西 藏							
陕 西	0.4	4.7	0.2	2.1	775	10200	29.6
甘 肃							
青 海							
宁 夏							
新 疆							

2-73 各地区股份制建筑业企业签订合同情况

单位：万元

地 区	合同总额	上年结转合同额	本年新签合同额
全国总计	**1634623508**	**676231640**	**958391868**
北 京	141821071	70728103	71092968
天 津	50501401	23027474	27473927
河 北	57628941	23212061	34416880
山 西	36702152	19020960	17681192
内蒙古	11837305	4622066	7215239
辽 宁	63528006	24231975	39296030
吉 林	18105866	6338395	11767470
黑龙江	17990761	6330828	11659933
上 海	75501676	37010473	38491203
江 苏	195668493	74767696	120900797
浙 江	158249099	67807370	90441729
安 徽	38297228	14463513	23833715
福 建	51065169	20097365	30967804
江 西	36089603	12113004	23976599
山 东	76827739	26741591	50086149
河 南	89211710	35832295	53379415
湖 北	102335645	36742024	65593621
湖 南	67772578	28582900	39189678
广 东	79456494	35595053	43861440
广 西	11666360	4588401	7077959
海 南	3626492	1948290	1678201
重 庆	47378374	17619315	29759058
四 川	72351361	32492893	39858468
贵 州	10454735	5104082	5350654
云 南	24860011	11198503	13661508
西 藏	465538	168555	296983
陕 西	53048584	22028789	31019794
甘 肃	16406682	5493710	10912971
青 海	1910740	668270	1242470
宁 夏	2461547	735049	1726498
新 疆	21402151	6920637	14481515

2-74 各地区股份制建筑业企业承包工程完成情况

单位：万元

地 区	直接从建设单位承揽工程完成的产值			从建设单位以外承揽工程完成的产值
		自行完成施工产值	分包出去工程的产值	
全国总计	**850148626**	**822437663**	**27710963**	**33030786**
北 京	55209740	46228825	8980915	6932270
天 津	24693489	22976822	1716667	1100333
河 北	34309871	34199175	110696	623549
山 西	15162596	15138564	24032	29459
内蒙古	8436087	8414442	21646	87472
辽 宁	39829686	39508315	321370	616378
吉 林	12009207	11964365	44842	78911
黑龙江	11845881	11833014	12867	10727
上 海	29695629	24194642	5500987	2753681
江 苏	118052167	117598914	453253	7466298
浙 江	86454183	85237801	1216382	2185198
安 徽	21264011	21081024	182987	524734
福 建	25129858	25040302	89557	806097
江 西	17831741	17370764	460977	544675
山 东	47037745	46356378	681368	838587
河 南	47065256	46910873	154382	593471
湖 北	52179987	51790467	389520	1212099
湖 南	29093882	29006860	87022	883958
广 东	38887009	36407911	2479097	1868088
广 西	5850519	5800866	49653	133217
海 南	1671579	1650911	20668	13043
重 庆	23729642	22856229	873413	802861
四 川	36237366	35497271	740095	1306577
贵 州	4978627	4947664	30963	28106
云 南	12433307	12372926	60381	318682
西 藏	306756	296548	10208	10404
陕 西	25603699	23023354	2580345	856001
甘 肃	10019636	9921775	97861	223284
青 海	968614	963917	4697	13669
宁 夏	1386646	1350378	36268	6802
新 疆	12774212	12496365	277847	162153

2-75 各地区股份制建筑业总产值和竣工产值

单位：万元

地区	建筑业总产值	#装饰装修产值	#在外省完成的产值	按构成分组			竣工产值
				建筑工程产值	安装工程产值	其他产值	
全国总计	**855468449**	**47645594**	**313076105**	**762797265**	**68326189**	**24344995**	**485741257**
北京	53161096	6425986	36247064	51193197	1569459	398440	23810494
天津	24077155	457038	8308574	20595607	2635539	846009	10522068
河北	34822724	984418	13095162	29273563	3200867	2348295	17511568
山西	15168023	217910	7061540	13338810	1428112	401101	6985168
内蒙古	8501914	151156	353838	7284649	678714	538551	5653982
辽宁	40124694	3533662	5366020	34199614	4501113	1423967	23866534
吉林	12043276	489486	1136837	10556701	1088928	397648	7911748
黑龙江	11843740	237343	1181208	10126529	1317803	399408	6368009
上海	26948323	2204798	14750417	23357311	3232128	358884	14979981
江苏	125065212	6168777	61509814	116936868	6958823	1169521	91807763
浙江	87423000	5916171	49666481	77833953	7692515	1896532	53190993
安徽	21605758	612359	5268905	18405194	1859223	1341341	10940689
福建	25846398	878163	9978272	23776458	1867794	202146	15752189
江西	17915440	1321022	6650751	15413660	1203398	1298383	10282276
山东	47194965	2361749	8333765	40113421	5964961	1116583	24507597
河南	47504345	1541591	12578365	42586246	3651258	1266840	26744999
湖北	53002566	1805392	20529263	46826994	4703082	1472490	27703083
湖南	29890818	1213902	9838247	26160834	1458701	2271284	20235803
广东	38275999	7256862	11401104	33701463	3689683	884853	18919879
广西	5934083	215297	972410	5138816	449176	346091	3822590
海南	1663954	147611	160687	1420469	116298	127188	1186208
重庆	23659090	973908	5406055	21283232	1475661	900197	12727428
四川	36803848	1163205	9187519	32830150	2671703	1301995	17587776
贵州	4975770	27719	1051734	4493115	222303	260352	2151337
云南	12691608	123721	1221760	11620609	795130	275870	6217941
西藏	306952	20859	89	236094	13997	56861	137312
陕西	23879355	775284	9304762	21484630	1895066	499659	9517924
甘肃	10145059	268767	1848507	9003887	795943	345229	4908503
青海	977586	14262	14660	846741	101145	29700	564585
宁夏	1357181	22956	103034	1232829	119455	4896	951498
新疆	12658518	114222	549264	11525621	968214	164683	8273336

2-76 各地区股份制建筑业企业房屋建筑面积

地　区	房屋建筑施工面积(万平方米)	#本年新开工	#实行投标承包面积	#本年新开工	房屋建筑竣工面积(万平方米)	房屋建筑面积竣工率(%)
全国总计	**624438.3**	**276051.6**	**515842.0**	**235028.5**	**206713.4**	**33.1**
北　京	39012.4	13728.3	34496.3	13177.8	6702.9	17.2
天　津	9844.6	3643.7	9341.8	3359.2	2225.5	22.6
河　北	25032.5	11513.5	22071.1	10231.7	8368.8	33.4
山　西	5757.0	1540.5	5319.2	1361.9	1018.1	17.7
内蒙古	5360.2	2731.5	4420.1	2371.9	2415.2	45.1
辽　宁	20535.1	10765.9	15608.2	8178.2	8439.3	41.1
吉　林	7002.6	4199.6	4574.8	3039.3	3361.8	48.0
黑龙江	4508.4	2451.0	3271.4	1934.0	2534.2	56.2
上　海	20548.8	6835.9	19770.8	6513.3	3916.4	19.1
江　苏	118096.0	51479.4	110518.2	47513.1	38998.4	33.0
浙　江	87248.4	34609.6	75574.3	31358.7	26182.0	30.0
安　徽	15785.6	7308.6	12066.0	6257.4	5848.0	37.0
福　建	22825.3	9137.3	17511.5	6653.3	6173.4	27.0
江　西	11471.3	6338.2	8648.3	5173.3	5441.6	47.4
山　东	39151.7	18341.8	32554.5	16001.3	12924.2	33.0
河　南	30015.8	16212.8	23881.9	13863.5	11941.6	39.8
湖　北	33755.5	18485.5	25013.3	15518.8	14784.6	43.8
湖　南	25326.6	10872.2	19603.2	8730.0	9192.2	36.3
广　东	21412.0	8758.9	9960.0	4736.5	6419.7	30.0
广　西	4800.1	2279.7	3478.1	1789.5	1726.3	36.0
海　南	1530.2	435.9	1344.5	387.8	537.2	35.1
重　庆	16955.2	7073.4	12567.8	5165.7	6614.0	39.0
四　川	21139.4	9166.7	14092.2	6768.2	7724.6	36.5
贵　州	4518.4	2378.4	3943.6	2007.3	1028.3	22.8
云　南	5744.2	2974.0	4068.2	2231.3	2459.9	42.8
西　藏	72.1	60.2	60.2	53.4	46.7	64.8
陕　西	11263.6	4277.5	9467.8	3441.3	3273.1	29.1
甘　肃	6262.4	3177.6	4635.2	2496.5	2288.4	36.5
青　海	401.0	138.4	246.3	111.6	151.4	37.8
宁　夏	763.7	464.6	702.6	403.5	316.2	41.4
新　疆	8298.4	4671.1	7030.9	4199.2	3659.2	44.1

2-77 各地区按主要用途分的股份制建筑业企业房屋建筑竣工面积

单位：万平方米

地区	总计	住宅房屋	商业及服务用房屋	商厦房屋(批发和零售用房)	宾馆用房屋(住宿用房)	餐饮用房屋(餐饮用房)
全国总计	**206713.4**	**141073.9**	**14199.7**	**6718.9**	**2106.2**	**564.2**
北京	6702.9	3849.3	1175.3	954.4	92.8	5.2
天津	2225.5	1255.0	161.0	74.1	18.9	2.3
河北	8368.8	6157.3	309.3	173.6	30.8	10.9
山西	1018.1	691.1	58.9	17.7	21.1	0.4
内蒙古	2415.2	1845.7	120.4	27.5	18.6	5.2
辽宁	8439.3	6343.1	332.0	162.5	16.8	10.7
吉林	3361.8	2537.5	133.0	62.4	17.2	2.1
黑龙江	2534.2	2096.7	128.4	20.7	10.2	7.0
上海	3916.4	1713.6	781.3	447.1	88.9	4.2
江苏	38998.4	29012.2	1756.1	780.5	475.3	130.6
浙江	26182.0	15533.6	2415.9	1245.9	383.1	106.3
安徽	5848.0	3806.9	326.1	117.1	45.0	2.9
福建	6173.4	4082.4	303.2	116.3	28.2	15.7
江西	5441.6	3539.7	309.5	102.2	59.1	12.7
山东	12924.2	8961.7	894.5	384.1	63.9	36.4
河南	11941.6	8330.9	669.4	198.7	119.7	54.1
湖北	14784.6	9660.7	1136.4	551.1	230.5	27.7
湖南	9192.2	6564.6	607.5	335.2	73.9	9.3
广东	6419.7	4062.3	380.2	178.1	27.4	22.6
广西	1726.3	1087.4	66.6	17.3	18.0	3.2
海南	537.2	297.6	67.5	34.3	8.5	5.1
重庆	6614.0	5003.6	357.9	108.5	22.7	39.8
四川	7724.6	5558.9	638.5	212.2	103.5	14.5
贵州	1028.3	652.9	116.7	25.9	4.4	0.7
云南	2459.9	1622.6	235.9	89.1	32.9	5.3
西藏	46.7	33.4	1.5	0.2	0.7	0.1
陕西	3273.1	2271.7	248.6	95.9	50.6	3.1
甘肃	2288.4	1691.3	143.6	50.1	12.1	5.7
青海	151.4	79.2	14.6	1.9	0.7	0.1
宁夏	316.2	188.1	26.6	12.8	1.2	0.3
新疆	3659.2	2542.9	283.3	121.5	29.7	19.9

2-77 续表 1

单位：万平方米

地区	商务会展用房屋	其他商业及服务用房屋(居民服务业用房)	办公用房屋	科研、教育和医疗用房屋	科学研究用房屋	教育用房屋
全国总计	**791.3**	**4019.1**	**12060.2**	**8838.6**	**1112.7**	**5405.5**
北京	44.3	78.5	559.8	359.7	147.2	132.0
天津	0.5	65.2	141.5	81.4	8.9	46.9
河北	16.0	78.1	476.4	390.2	58.1	275.6
山西	0.7	19.0	95.8	75.8	3.4	60.4
内蒙古	10.4	58.7	113.3	111.1	4.9	97.0
辽宁	7.1	135.0	262.9	233.6	11.4	135.7
吉林	16.1	35.2	117.2	113.3	4.2	87.0
黑龙江	4.0	86.4	83.8	68.2	2.3	43.0
上海	59.7	181.4	327.1	195.8	30.9	111.8
江苏	117.1	252.6	1928.7	1114.7	155.9	674.2
浙江	197.7	482.9	2078.4	910.6	190.4	464.4
安徽	12.7	148.5	330.2	300.8	13.1	198.6
福建	26.3	116.7	349.7	220.0	28.0	171.6
江西	18.8	116.6	362.4	278.1	40.9	174.8
山东	46.7	363.5	629.1	572.9	41.7	353.6
河南	45.9	251.0	805.5	695.6	65.5	479.4
湖北	57.2	270.0	1003.8	795.3	102.7	360.3
湖南	13.7	175.5	490.1	360.6	25.5	237.5
广东	6.7	145.4	399.1	299.5	21.4	194.4
广西		28.1	120.9	165.5	14.2	102.9
海南	5.0	14.7	54.7	51.4	6.2	31.2
重庆	30.9	155.9	221.5	193.9	26.8	106.7
四川	23.0	285.3	311.3	289.2	38.9	180.6
贵州	0.5	85.3	63.0	124.6	16.7	96.8
云南	8.7	99.8	166.6	207.3	14.7	129.1
西藏	0.1	0.3	7.3	3.0	0.4	2.4
陕西	8.2	90.9	161.3	197.2	10.0	124.9
甘肃	2.0	73.8	90.4	129.0	14.2	95.1
青海	1.6	10.2	24.2	22.3		16.4
宁夏	1.8	10.5	12.8	29.7	1.7	24.3
新疆	8.1	104.1	271.0	248.3	12.4	196.6

2-77 续表 2

单位：万平方米

地区	医疗用房屋（卫生医疗用房）	文化、体育和娱乐用房屋	厂房及建筑物	#厂房	仓库	其他未列明的房屋建筑物
全国总计	**2320.5**	**2148.7**	**22976.0**	**15759.3**	**1286.1**	**4130.1**
北京	80.5	62.7	493.4	398.0	29.9	172.7
天津	25.5	35.0	433.0	361.5	31.7	87.0
河北	56.5	76.1	704.0	460.0	25.7	229.8
山西	12.0	12.7	53.1	29.3	4.5	26.1
内蒙古	9.2	12.3	100.1	70.7	6.5	105.7
辽宁	86.5	45.4	976.6	535.8	76.8	168.9
吉林	22.1	20.9	376.0	148.8	18.2	45.5
黑龙江	22.9	3.9	117.0	54.5	10.3	26.0
上海	53.2	52.6	778.7	650.7	9.2	58.1
江苏	284.6	250.4	4281.1	3333.2	186.7	468.5
浙江	255.8	423.1	4240.2	3277.6	267.1	313.1
安徽	89.1	37.1	798.0	555.6	30.4	218.4
福建	20.4	68.2	1047.6	510.2	41.4	60.7
江西	62.4	82.8	766.7	474.7	16.7	85.8
山东	177.5	142.8	1353.2	890.1	132.2	237.8
河南	150.6	121.2	1049.5	617.5	86.2	183.2
湖北	332.2	206.8	1542.5	814.9	84.2	354.9
湖南	97.6	87.6	791.7	525.7	33.9	256.1
广东	83.7	38.3	1066.9	733.3	28.4	145.0
广西	48.5	65.2	147.8	86.4	10.6	62.1
海南	14.0	15.6	16.3	14.5	11.1	22.9
重庆	60.3	55.2	539.2	398.5	30.6	212.2
四川	69.6	79.7	619.9	414.5	35.0	192.1
贵州	11.1	10.5	20.7	10.5	0.6	39.3
云南	63.5	38.6	110.8	64.2	8.8	69.3
西藏	0.2	0.2	0.6	0.1	0.6	0.1
陕西	62.3	29.7	247.6	99.2	25.4	91.5
甘肃	19.8	25.1	135.0	93.2	15.0	58.9
青海	5.9	0.9	8.4	1.9	0.4	1.3
宁夏	3.7	10.5	8.2	5.2		40.4
新疆	39.3	37.2	152.0	129.1	28.1	96.4

2-78 各地区按主要用途分的股份制建筑业企业房屋建筑竣工价值

单位：万元

地区	总计	住宅房屋	商业及服务用房屋	商厦房屋(批发和零售用房)	宾馆用房屋(住宿用房)	餐饮用房屋(餐饮用房)
全国总计	**314679258**	**207435163**	**24709011**	**11288118**	**3850486**	**874238**
北京	15754936	7548742	2961294	2090933	405914	13913
天津	4441181	2395392	321838	185488	38036	6279
河北	11738301	7993065	541666	351358	46576	11747
山西	1645109	1016111	89107	14223	25828	848
内蒙古	3494767	2541434	184911	52709	31087	10228
辽宁	12828058	9254109	499508	214478	23683	22578
吉林	4752613	3626832	164970	71407	8921	2707
黑龙江	3929645	3206040	203235	35448	13091	9775
上海	8820651	3391450	1759307	697254	242900	23714
江苏	66256947	48110256	3148315	1341679	860622	242041
浙江	41086683	24814797	4080925	2076363	683427	171153
安徽	7245738	4797488	457261	192038	88401	3141
福建	9429165	6547004	462954	163391	52674	22801
江西	6144657	3851989	432557	118812	111623	14493
山东	17379950	11398792	1293515	525444	87605	54604
河南	13790634	9483230	791947	236474	125584	55295
湖北	20392289	12696549	2362870	1070628	369555	34920
湖南	12698560	8779321	1005972	529059	161111	11511
广东	9583254	6276744	653709	254605	36827	13697
广西	2226831	1376058	94968	17128	16400	4940
海南	782844	459576	87593	44210	4317	6001
重庆	9571019	7021238	545681	159201	19138	59414
四川	11031723	7855103	1004946	308245	160020	23241
贵州	1430076	897167	180545	32653	14443	742
云南	3539474	2303249	322823	113919	45966	6997
西藏	104703	73465	3125	424	1717	249
陕西	5082099	3316887	345593	136806	100734	4707
甘肃	3668306	2471975	255299	92839	24186	13187
青海	227740	123722	20899	2772	1092	220
宁夏	427391	280345	33319	14896	2053	621
新疆	5173914	3527035	398361	143238	46958	28473

2-78 续表 1

单位：万元

地 区	商务会展用房屋	其他商业及服务用房屋(居民服务业用房)	办公用房 屋	科研、教育和医疗用房屋	科学研究用房屋	教育用房 屋
全国总计	**1537760**	**7158409**	**21244496**	**15155074**	**2244543**	**8470171**
北 京	160781	289754	1677959	1127533	476240	406352
天 津	775	91260	410116	209103	19434	102453
河 北	19911	112076	692298	653848	137548	418508
山 西	781	47427	211807	129276	4352	103163
内蒙古	16600	74288	222852	174197	8933	144882
辽 宁	14817	223952	489055	478274	34414	244265
吉 林	20691	61245	174289	179392	5498	113875
黑龙江	7828	137094	138010	124588	8741	79533
上 海	247891	547548	1193821	596542	90624	291948
江 苏	204887	499086	3776898	2309463	411914	1218154
浙 江	309373	840609	3768008	1660322	309100	771544
安 徽	21725	151957	439547	412196	16301	288986
福 建	31943	192146	571985	339239	42561	255813
江 西	14103	173527	432225	348711	51432	205302
山 东	84302	541561	966395	988792	110227	544377
河 南	59173	315420	1017497	886813	82517	585438
湖 北	163641	724127	1376385	1053045	94605	485646
湖 南	14940	289351	814395	527867	32817	330763
广 东	8392	340188	615193	434743	37041	238881
广 西	1	56499	164035	204579	14719	134673
海 南	5748	27317	73190	78896	4895	50919
重 庆	37745	270183	305544	308024	37806	162221
四 川	44189	469251	519229	429111	61205	262724
贵 州	460	132247	70713	185517	47810	122797
云 南	14128	141812	223092	331310	35499	200547
西 藏	209	525	16574	6785	753	5630
陕 西	14407	88939	277031	297482	18453	182012
甘 肃	2856	122232	166054	220114	30125	163497
青 海	3485	13330	37273	32791	35	24166
宁 夏	1457	14291	22675	46154	2242	37520
新 疆	10521	169172	380350	380366	16700	293586

2-78 续表 2

单位：万元

地区	医疗用房屋(卫生医疗用房)	文化、体育和娱乐用房屋	厂房及建筑物	#厂房	仓库	其他未列明的房屋建筑物
全国总计	**4440360**	**4372864**	**32333594**	**23209922**	**1741939**	**7687117**
北京	244941	321841	1374879	1158737	64744	677945
天津	87216	152767	609418	515383	36204	306346
河北	97792	121353	1172296	842116	39755	524021
山西	21761	43769	94542	49394	12045	48453
内蒙古	20383	31706	156338	107698	10657	172671
辽宁	199595	112699	1598334	968898	111335	284743
吉林	60020	22109	486387	225396	24129	74503
黑龙江	36314	5492	216110	101996	14784	21386
上海	213970	161529	1559314	1299524	16147	142541
江苏	679396	595687	6913964	5521753	326313	1076051
浙江	579678	752143	5170711	4096240	309144	530633
安徽	106908	60113	841533	524070	31619	205981
福建	40865	142038	1227391	638345	57050	81505
江西	91978	91134	879389	560207	20469	88183
山东	334188	404216	1683213	1180292	167573	477453
河南	218858	154805	1158389	677072	83585	214370
湖北	472794	344019	1886791	1010212	74118	598511
湖南	164288	146437	974337	658646	56552	393680
广东	158820	59895	1250631	892630	36304	256036
广西	55188	82862	222501	159256	15036	66791
海南	23083	23722	22093	18442	12024	25751
重庆	107997	121231	842424	704052	57315	369563
四川	105182	122991	838075	569306	45695	216573
贵州	14910	10242	29397	18164	833	55662
云南	95264	62344	140195	94097	13569	142891
西藏	402	374	1793	383	1414	1174
陕西	97017	120608	358530	173426	33339	332628
甘肃	26492	39260	359848	217618	34472	121284
青海	8590	1460	7869	4844	1033	2694
宁夏	6391	10349	13184	9208	69	21297
新疆	70080	53669	243720	212518	34616	155797

2-79 各地区股份制建筑业企业施工机械设备情况

地　区	年末自有施工机械设备总台数(台)	年末自有施工机械设备总功率(千瓦)	年末自有施工机械设备净值(万元)	技术装备率(元/人)	动力装备率(千瓦/人)
全国总计	**5652172**	**126731780**	**34459355**	**16195**	**6.0**
北　京	75010	3140486	787481	26644	10.6
天　津	53805	2457953	1311547	71956	13.5
河　北	421839	7867362	1255344	17178	10.8
山　西	61932	3241177	586367	24565	13.6
内蒙古	50619	1187765	296367	13186	5.3
辽　宁	156637	8369161	1063980	13251	10.4
吉　林	40248	1472377	289826	11900	6.0
黑龙江	60255	1279649	366523	19331	6.7
上　海	57763	1956261	529882	20950	7.7
江　苏	918149	22147958	3391482	8331	5.4
浙　江	315941	6259322	1402414	5574	2.5
安　徽	209068	5537313	709974	10728	8.4
福　建	133677	3204241	674183	7237	3.4
江　西	87664	2380637	509253	8167	3.8
山　东	362004	7417793	1639754	11591	5.2
河　南	510670	10457586	2021226	13161	6.8
湖　北	1004730	8029677	1712165	15677	7.4
湖　南	279635	7292884	879718	12233	10.1
广　东	248558	5784024	1426955	15212	6.2
广　西	40617	806478	158432	7085	3.6
海　南	3347	102761	11359	2396	2.2
重　庆	93986	2372050	473054	6133	3.1
四　川	135944	3964840	898173	8257	3.6
贵　州	18124	599461	107448	7438	4.1
云　南	65655	2513030	10612418	334898	7.9
西　藏	1744	65983	14000	18363	8.7
陕　西	95878	2825521	685343	15448	6.4
甘　肃	81007	2069130	299959	9318	6.4
青　海	6963	151944	60665	21597	5.4
宁　夏	7952	205483	42168	11865	5.8
新　疆	52751	1571473	241894	13091	8.5

2-80 各地区股份制建筑业企业主要生产效益指标

地区	建筑业企业个数（个）	直接从事生产经营活动的平均人数（人）	按总产值计算的劳动生产率（元/人）	人均竣工产值（元/人）	人均施工面积（平方米/人）	人均竣工面积（平方米/人）
全国总计	**29359**	**24918115**	**343312**	**194935**	**250.6**	**83.0**
北京	1100	560346	948719	424925	696.2	119.6
天津	548	527817	456165	199351	186.5	42.2
河北	1318	795346	437831	220175	314.7	105.2
山西	360	477258	317816	146360	120.6	21.3
内蒙古	471	319699	265935	176853	167.7	75.5
辽宁	1920	1048540	382672	227617	195.8	80.5
吉林	939	297343	405030	266082	235.5	113.1
黑龙江	924	495521	239016	128511	91.0	51.1
上海	571	510106	528289	293664	402.8	76.8
江苏	2893	4097675	305210	224048	288.2	95.2
浙江	1241	2642382	330849	201299	330.2	99.1
安徽	886	698867	309154	156549	225.9	83.7
福建	969	1079098	239519	145976	211.5	57.2
江西	681	573515	312380	179285	200.0	94.9
山东	2161	1628651	289779	150478	240.4	79.4
河南	2651	1717981	276513	155677	174.7	69.5
湖北	1461	1007794	525927	274888	334.9	146.7
湖南	992	1131212	264237	178886	223.9	81.3
广东	1883	941166	406687	201026	227.5	68.2
广西	287	212122	279749	180207	226.3	81.4
海南	75	44013	378060	269513	347.7	122.1
重庆	855	758143	312066	167876	223.6	87.2
四川	1329	1242198	296280	141586	170.2	62.2
贵州	280	147470	337409	145883	306.4	69.7
云南	662	407047	311797	152757	141.1	60.4
西藏	54	9864	311184	139205	73.1	47.3
陕西	636	656799	363572	144914	171.5	49.8
甘肃	590	318395	318631	154164	196.7	71.9
青海	117	36980	264355	152673	108.4	40.9
宁夏	101	54202	250393	175547	140.9	58.3
新疆	404	480565	263409	172159	172.7	76.1

2-81 各地区股份制建筑业企业营业额

单位：万元

地 区	企业营业额	在境外完成的营业额	企业总产值	#建筑业总产值
全国总计	**929960089**	**21349093**	**908610996**	**855468449**
北 京	66208535	7819480	58389055	53161096
天 津	25796194	337612	25458582	24077155
河 北	36983045	376314	36606731	34822724
山 西	16063098	111381	15951717	15168023
内蒙古	8746979	170694	8576285	8501914
辽 宁	46439565	294662	46144903	40124694
吉 林	12358260	144186	12214074	12043276
黑龙江	12199274	227642	11971632	11843740
上 海	34199543	337027	33862516	26948323
江 苏	135582811	3310064	132272747	125065212
浙 江	89817060	438200	89378860	87423000
安 徽	24271086	1418099	22852987	21605758
福 建	26293468	182573	26110895	25846398
江 西	18896279	383073	18513207	17915440
山 东	51989659	946542	51043118	47194965
河 南	50942961	439829	50503132	47504345
湖 北	55726224	1013712	54712512	53002566
湖 南	30532566	396630	30135936	29890818
广 东	39453852	124550	39329302	38275999
广 西	6224491	120770	6103722	5934083
海 南	1772564	8008	1764556	1663954
重 庆	25026850	142958	24883892	23659090
四 川	42507044	965941	41541104	36803848
贵 州	5073661	47577	5026084	4975770
云 南	13641666	633021	13008645	12691608
西 藏	314469	9	314460	306952
陕 西	26174451	509148	25665303	23879355
甘 肃	10298866	26463	10272403	10145059
青 海	1008408	4073	1004336	977586
宁 夏	1369347		1369347	1357181
新 疆	14047812	418857	13628955	12658518

2-82 各地区股份制建筑业企业资产构成

单位：万元

地区	资产合计	#流动资产合计	#存货	#非流动资产合计	#固定资产合计
全国总计	**715037925**	**561576575**	**127783834**	**153461350**	**61478921**
北京	103738463	68850125	13091105	34888337	2769570
天津	30537313	23527305	4640969	7010009	3244478
河北	24497499	19470174	4053112	5027325	3389243
山西	17871636	14625281	2243187	3246355	980320
内蒙古	6770204	5430476	846984	1339728	845750
辽宁	26090164	21329239	3995298	4760925	2488335
吉林	9330424	7413006	1085608	1917418	1208032
黑龙江	8654297	6945202	1119763	1709095	1110787
上海	40056727	32154150	7228148	7902577	1693631
江苏	67687073	56590263	14060946	11096810	6228250
浙江	42051896	34518136	9427315	7533760	3392066
安徽	18176289	14252932	2683816	3923357	1682731
福建	16227580	13508549	3355689	2719031	1491089
江西	9510286	7433726	1707700	2076560	1317038
山东	46231938	37724132	9037475	8507806	4893705
河南	33737221	26280237	6100317	7456984	4658616
湖北	34058636	27166500	7356709	6892136	3852138
湖南	16971450	12912890	2937549	4058559	2078453
广东	43939297	36325057	8114680	7614240	3377019
广西	3563157	2804971	612826	758186	435736
海南	1209063	924901	158751	284162	46495
重庆	21416173	17062175	4891763	4353998	1574673
四川	31579321	25839809	7270520	5739512	2236568
贵州	6572442	5790307	2901127	782134	343867
云南	11484865	8702501	1751914	2782363	1607526
西藏	375869	235597	22926	140272	77932
陕西	21215046	17571208	3733607	3643838	1877657
甘肃	8726218	6187793	1293758	2538426	1297858
青海	1047437	743127	79640	304310	140424
宁夏	1422131	1187515	292267	234617	177404
新疆	10287809	8069289	1688367	2218520	961527

2-83 各地区股份制建筑业企业固定资产情况

单位：万元

地区	固定资产合计	固定资产原价	固定资产折旧	#本年折旧	在建工程
全国总计	**61478921**	**82450892**	**32968455**	**6015322**	**6464587**
北京	2769570	4442485	2052811	403537	293105
天津	3244478	4503185	1784545	364157	216708
河北	3389243	4229292	1440962	264173	350656
山西	980320	1725842	897621	165301	63780
内蒙古	845750	1174736	430186	53770	74284
辽宁	2488335	3658698	1623802	237776	229169
吉林	1208032	1332667	556821	134897	102525
黑龙江	1110787	1384449	519488	63718	69355
上海	1693631	2579795	1315530	149925	126560
江苏	6228250	8248052	3165541	523435	661941
浙江	3392066	4515021	1757232	284364	432995
安徽	1682731	2179996	774700	153027	148583
福建	1491089	2000971	673230	130454	124557
江西	1317038	1569192	492152	98900	133242
山东	4893705	5971091	2303772	402137	401833
河南	4658616	6263488	2364799	458219	437642
湖北	3852138	5227973	2118995	443926	327808
湖南	2078453	2681531	1022995	188034	225939
广东	3377019	4750966	2001235	455462	427830
广西	435736	435029	157939	24462	37603
海南	46495	56046	25339	4032	12377
重庆	1574673	1825302	668904	131753	287866
四川	2236568	3110182	1392188	222459	386778
贵州	343867	384593	155055	26211	79243
云南	1607526	2042269	792133	144194	215878
西藏	77932	75200	30080	2842	23854
陕西	1877657	2759763	1249058	265431	267799
甘肃	1297858	1471438	418231	59794	156177
青海	140424	221728	89286	11056	4578
宁夏	177404	188373	81654	13602	60439
新疆	961527	1441541	612177	134275	83486

2-84 各地区股份制建筑业企业负债及所有者权益

单位：万元

地 区	负债合计	#流动负债	#应付账款	所有者权益	#实收资本
全国总计	**501209444**	**457603954**	**156779068**	**213799672**	**112984555**
北 京	72652718	62298121	25618224	31082778	14048903
天 津	23479668	21762683	9457042	7047357	4086840
河 北	16247473	15065421	5791882	8250026	4643146
山 西	14896958	14236604	6355194	2974678	1838941
内蒙古	4265373	4061421	1237669	2504831	1414674
辽 宁	18719016	16653058	5851134	7364677	3969890
吉 林	6193526	5389101	1829920	3136898	1903415
黑龙江	5840091	5476083	1990085	2814206	1979683
上 海	31554088	29765468	8032876	8502639	4422154
江 苏	43255418	41650701	12528328	24431720	9807946
浙 江	27914484	25829919	6030569	14137413	6262379
安 徽	13353894	12115552	4219002	4819576	2781851
福 建	10345145	9737527	2095947	5881967	4062173
江 西	5378533	5059235	1210352	4131753	2574072
山 东	33924244	31484382	10159635	12307695	6763626
河 南	22093212	20250533	7317735	11644009	7378761
湖 北	24320227	21958683	10121358	9738409	5248841
湖 南	10217559	9084863	3523031	6753891	3539577
广 东	29946632	26869008	8097075	13986815	7299356
广 西	2314283	2154275	335734	1248875	841944
海 南	721540	693563	170077	487523	356781
重 庆	16227336	14723388	4921777	5188838	2965574
四 川	23020399	21248451	5204771	8558912	4977306
贵 州	3628738	3377063	1084227	2943704	715152
云 南	8197489	7344780	1921667	3287376	1946269
西 藏	214179	195195	48809	161690	109612
陕 西	16449576	14902445	6321789	4765470	3558675
甘 肃	6030946	5456890	2007770	2695272	1592011
青 海	671268	635371	215898	376169	331874
宁 夏	1088720	1045715	399407	333412	207368
新 疆	8046713	7078457	2680084	2241096	1355765

2-85 各地区股份制建筑业企业实收资本

单位：万元

地区	合计	国家资本	集体资本	法人资本	个人资本	港澳台资本	外商资本
全国总计	**112984555**	**19281215**	**6000973**	**43981419**	**43630616**	**47213**	**43120**
北京	14048903	6817734	181684	4937177	2108458	3851	
天津	4086840	498797	127983	2762186	697874		
河北	4643146	408011	256728	1761080	2217328		
山西	1838941	767661	100935	737765	232580		
内蒙古	1414674	146696	124605	402741	740249	200	182
辽宁	3969890	875561	276432	1333722	1471628		12547
吉林	1903415	68344	108716	854940	868492	2874	50
黑龙江	1979683	253000	228516	645487	850921		1759
上海	4422154	1100801	396195	2129721	795438		
江苏	9807946	675910	508189	3082706	5532724	3047	5370
浙江	6262379	273734	280781	2452675	3238567	2147	14475
安徽	2781851	467910	150998	946070	1216873		
福建	4062173	296585	149855	1207695	2407538		500
江西	2574072	463988	81486	635116	1393184	202	96
山东	6763626	638510	711880	2493238	2915870		4129
河南	7378761	838869	528041	2658209	3345723	7356	565
湖北	5248841	715542	302521	1938494	2275321	15860	1104
湖南	3539577	395439	250104	1196554	1697480		
广东	7299356	480594	279608	4036545	2501868	408	333
广西	841944	103606	44442	248801	438115	6000	980
海南	356781	48053	38916	181111	88702		
重庆	2965574	374846	85373	1188471	1316233	100	550
四川	4977306	1072511	207558	1624595	2068731	3664	248
贵州	715152	84663	64826	315364	250300		
云南	1946269	374464	106764	648374	816666		
西藏	109612	8004	6614	56872	38123		
陕西	3558675	409040	117395	2204887	827353		
甘肃	1592011	287322	118234	525411	659307	1505	233
青海	331874	45459	50206	155288	80921		
宁夏	207368	26061	34257	77497	69553		
新疆	1355765	263503	81132	542631	468499		

2-86 各地区股份制建筑业企业收入情况

单位：万元

地 区	主营业务收入	#主营业务成本	#主营业务税金及附加	其他业务收入	#其他业务成本	#其他业务利润
全国总计	**819276411**	**725032054**	**26625293**	**7284135**	**12098779**	**1047579**
北 京	67042496	61380665	1613379	389485	819735	121352
天 津	26652781	23809984	678481	157798	191829	26370
河 北	32192968	28156494	1034156	655463	779626	21573
山 西	15867919	14300134	432927	388220	354169	27810
内蒙古	8394338	7008945	320835	54599	298781	5916
辽 宁	36183870	31241760	1212228	159768	1074930	17757
吉 林	11353464	9790535	371887	99405	380276	9244
黑龙江	9264845	7968756	308689	49185	221476	4010
上 海	33828771	31065344	849829	178499	401016	43390
江 苏	102118145	89922947	3598020	844436	711099	92629
浙 江	69678214	63372465	2290542	684989	630912	120446
安 徽	19660644	16884848	642466	346061	891689	26192
福 建	23884939	21244588	874370	90414	182437	15339
江 西	17635972	15724141	587527	88984	121392	14445
山 东	43659545	38102492	1403220	642633	782103	80162
河 南	46364737	40275255	1599925	259495	556620	60620
湖 北	51816114	45257885	2021722	262455	390855	31777
湖 南	28281527	24859424	1106752	166176	359318	10553
广 东	44969108	39359090	1432047	346572	422517	89095
广 西	5358912	4756115	193774	67023	102261	12863
海 南	1670212	1513704	54127	6135	4377	1071
重 庆	23621466	20727957	773546	174007	360141	27460
四 川	33623385	29206113	1114862	596628	1036511	103990
贵 州	4603114	4064704	155328	31962	101078	4817
云 南	11342600	9990572	363881	94358	96734	25146
西 藏	250272	209056	8830	1371	1180	144
陕 西	25063826	22540184	807574	93094	270971	16920
甘 肃	9636536	8465207	306933	85754	181643	14853
青 海	1029044	887916	28999	3335	38425	72
宁 夏	1460454	1312842	47401	9477	5849	3104
新 疆	12766194	11631929	391038	256355	328832	18460

2-87 各地区股份制建筑业企业费用情况

单位：万元

地 区	管理费用	#税金	销售费用	财务费用	#利息收入	#利息支出
全国总计	**24401496**	**1159400**	**2589737**	**5157842**	**2012546**	**5813082**
北 京	2063224	29645	107739	429804	768985	1070960
天 津	886975	47689	38765	225858	82462	277463
河 北	891652	30575	86168	160869	36506	136019
山 西	652366	9464	18117	67428	61511	120895
内蒙古	337437	14287	14466	51532	1488	30215
辽 宁	1220825	84948	94648	193256	52002	178363
吉 林	344594	22150	39009	53352	5073	28392
黑龙江	338194	24310	44467	50342	11874	39662
上 海	1003959	20028	65417	108824	131192	228685
江 苏	2686505	108101	284795	707587	122219	613131
浙 江	1269787	54950	126019	479520	100447	501875
安 徽	594070	25417	86279	72088	72190	113366
福 建	660205	33720	86070	86074	31839	86783
江 西	414292	21111	75269	63351	12092	57208
山 东	1439071	86703	166758	288265	60308	310570
河 南	1640457	94021	252155	390139	99853	325609
湖 北	1628092	74044	266756	287444	55642	271366
湖 南	849806	57061	124880	129787	54071	124926
广 东	1528767	48537	152866	360867	29297	357607
广 西	164636	7614	17063	27756	114	12149
海 南	36382	2378	1550	2088	235	1224
重 庆	647551	28787	69046	228562	39004	197934
四 川	1137031	145739	186206	275409	61356	252736
贵 州	133357	3826	7096	32574	6792	32498
云 南	352266	14435	53123	115518	14814	106499
西 藏	16176	390	2376	780	1430	443
陕 西	762052	29940	56388	96470	76461	166799
甘 肃	287133	18415	46427	87148	10789	78111
青 海	28607	586	5546	8822	524	6669
宁 夏	45775	2189	1060	8977	379	8744
新 疆	340252	18344	13215	67352	11595	76182

2-88 各地区股份制建筑业企业利润及税金情况

单位：万元

地区	利润总额	#应交所得税	税金总额	主营业务税金及附加	管理费用中的税金
全国总计	**32264239**	**6635497**	**27784693**	**26625293**	**1159400**
北京	2779636	376845	1643024	1613379	29645
天津	1027374	206047	726170	678481	47689
河北	1089891	253582	1064731	1034156	30575
山西	515794	50786	442391	432927	9464
内蒙古	409664	104656	335122	320835	14287
辽宁	1243894	329715	1297176	1212228	84948
吉林	441524	134562	394038	371887	22150
黑龙江	359768	81305	332999	308689	24310
上海	1083405	134734	869857	849829	20028
江苏	5027741	1094479	3706121	3598020	108101
浙江	2129173	467896	2345492	2290542	54950
安徽	873300	142117	667883	642466	25417
福建	859672	278988	908090	874370	33720
江西	618444	149933	608637	587527	21111
山东	1979772	406175	1489923	1403220	86703
河南	1984111	433294	1693946	1599925	94021
湖北	2179682	429300	2095765	2021722	74044
湖南	1092392	210530	1163813	1106752	57061
广东	1951374	452522	1480584	1432047	48537
广西	181536	50512	201388	193774	7614
海南	60592	37061	56505	54127	2378
重庆	974274	201374	802332	773546	28787
四川	1359979	223337	1260602	1114862	145739
贵州	135084	30347	159154	155328	3826
云南	455047	81645	378316	363881	14435
西藏	11835	1678	9220	8830	390
陕西	708305	115472	837514	807574	29940
甘肃	370968	66539	325347	306933	18415
青海	33579	5489	29585	28999	586
宁夏	39233	11927	49589	47401	2189
新疆	287195	72651	409382	391038	18344

2-89 各地区股份制建筑业企业应收工程款及企业亏损情况

地 区	应收工程款（万元）	企业个数（个）	#亏损企业个数	亏损企业的比重（%）
全国总计	**142804611**	**29359**	**3301**	**11.2**
北 京	12537550	1100	208	18.9
天 津	7248409	548	75	13.7
河 北	6686491	1318	148	11.2
山 西	4552149	360	64	17.8
内蒙古	1825896	471	61	
辽 宁	6082751	1920	271	14.1
吉 林	2960847	939	148	15.8
黑龙江	2102032	924	191	20.7
上 海	6004514	571	83	14.5
江 苏	17599423	2893	107	3.7
浙 江	7101627	1241	114	9.2
安 徽	4082390	886	87	9.8
福 建	2494777	969	115	11.9
江 西	1639758	681	48	7.0
山 东	12484410	2161	192	8.9
河 南	5425452	2651	189	7.1
湖 北	7307964	1461	112	7.7
湖 南	3472845	992	73	7.4
广 东	8055663	1883	263	14.0
广 西	623579	287	56	19.5
海 南	165517	75	15	20.0
重 庆	4612643	855	87	10.2
四 川	4625215	1329	160	12.0
贵 州	1120851	280	41	14.6
云 南	2461530	662	98	14.8
西 藏	81086	54	9	16.7
陕 西	4314764	636	72	11.3
甘 肃	2132716	590	84	14.2
青 海	248054	117	37	31.6
宁 夏	387277	101	18	17.8
新 疆	2366431	404	75	18.6

2-90 各地区股份制建筑业企业主要经济效益指标

地　区	产值利润率(%)	产值利税率(%)	资本利润率(%)	资本利税率(%)	人均利润(元/人)	人均利税(元/人)	资产负债率(%)
全国总计	**3.8**	**7.0**	**28.6**	**53.1**	**12948**	**24099**	**70.1**
北　京	5.2	8.3	19.8	31.5	49606	78927	70.0
天　津	4.3	7.3	25.1	42.9	19465	33223	76.9
河　北	3.1	6.2	23.5	46.4	13703	27090	66.3
山　西	3.4	6.3	28.0	52.1	10807	20077	83.4
内蒙古	4.8	8.8	29.0	52.6	12814	23296	63.0
辽　宁	3.1	6.3	31.3	64.0	11863	24234	71.7
吉　林	3.7	6.9	23.2	43.9	14849	28101	66.4
黑龙江	3.0	5.8	18.2	35.0	7260	13981	67.5
上　海	4.0	7.2	24.5	44.2	21239	38291	78.8
江　苏	4.0	7.0	51.3	89.0	12270	21314	63.9
浙　江	2.4	5.1	34.0	71.5	8058	16934	66.4
安　徽	4.0	7.1	31.4	55.4	12496	22053	73.5
福　建	3.3	6.8	21.2	43.5	7967	16382	63.8
江　西	3.5	6.8	24.0	47.7	10783	21396	56.6
山　东	4.2	7.4	29.3	51.3	12156	21304	73.4
河　南	4.2	7.7	26.9	49.8	11549	21409	65.5
湖　北	4.1	8.1	41.5	81.5	21628	42424	71.4
湖　南	3.7	7.5	30.9	63.7	9657	19945	60.2
广　东	5.1	9.0	26.7	47.0	20734	36465	68.2
广　西	3.1	6.5	21.6	45.5	8558	18052	65.0
海　南	3.6	7.0	17.0	32.8	13767	26605	59.7
重　庆	4.1	7.5	32.9	59.9	12851	23434	75.8
四　川	3.7	7.1	27.3	52.7	10948	21096	72.9
贵　州	2.7	5.9	18.9	41.1	9160	19952	55.2
云　南	3.6	6.6	23.4	42.8	11179	20473	71.4
西　藏	3.9	6.9	10.8	19.2	11998	21345	57.0
陕　西	3.0	6.5	19.9	43.4	10784	23536	77.5
甘　肃	3.7	6.9	23.3	43.7	11651	21870	69.1
青　海	3.4	6.5	10.1	19.0	9080	17081	64.1
宁　夏	2.9	6.5	18.9	42.8	7238	16387	76.6
新　疆	2.3	5.5	21.2	51.4	5976	14495	78.2

2-91 各地区外商投资建筑业企业签订合同情况

单位：万元

地区	合同总额	上年结转合同额	本年新签合同额
全国总计	**9752997**	**3943858**	**5809139**
北京	1585315	842208	743107
天津	164354	20169	144185
河北	6408	161	6247
山西	61413	23454	37959
内蒙古			
辽宁	462429	160179	302249
吉林			
黑龙江	203644	7792	195852
上海	2636828	1416632	1220197
江苏	720398	271079	449319
浙江	1074969	147767	927202
安徽	83623	22973	60650
福建	36770	12740	24030
江西	980	280	700
山东	76413	16100	60313
河南	18897	3235	15663
湖北	534256	139785	394471
湖南	379080	167253	211826
广东	996389	465193	531195
广西			
海南			
重庆	6941	5723	1218
四川	6031	1918	4113
贵州			
云南	20329	6142	14187
西藏			
陕西	645405	212974	432431
甘肃	409		409
青海	151	74	77
宁夏	31494		31494
新疆	71	27	45

2-92 各地区外商投资建筑业企业承包工程完成情况

单位：万元

地 区	直接从建设单位承揽工程完成的产值	自行完成施工产值	分包出去工程的产值	从建设单位以外承揽工程完成的产值
全国总计	**6603392**	**5618954**	**984438**	**458295**
北 京	719510	491284	228226	62913
天 津	131172	130721	451	10809
河 北	6408	6408		
山 西	43921	43921		
内蒙古				
辽 宁	316039	316008	31	659
吉 林				
黑龙江	162553	162553		
上 海	1706387	997875	708512	292565
江 苏	538865	523034	15830	52249
浙 江	621003	620903	100	1891
安 徽	55846	55831	15	75
福 建	36996	36996		4874
江 西	718	718		
山 东	53047	53047		3311
河 南	18010	18010		
湖 北	355766	355766		
湖 南	189852	160903	28949	28949
广 东	1294474	1294474		
广 西				
海 南				
重 庆	7258	4935	2324	
四 川	4490	4490		
贵 州				
云 南	14109	14109		
西 藏				
陕 西	294843	294843		
甘 肃	409	409		
青 海	151	151		
宁 夏	31494	31494		
新 疆	71	71		

2-93 各地区外商投资建筑业总产值和竣工产值

单位：万元

地 区	建筑业总产值	#装饰装修产值	#在外省完成的产值	按构成分组			竣工产值
				建筑工程产值	安装工程产值	其他产值	
全国总计	**6077249**	**986836**	**2662367**	**5067907**	**772445**	**236897**	**3141861**
北 京	554197	63426	284072	445570	37219	71409	274978
天 津	141530	992	25919	74458	47528	19544	3828
河 北	6408	6259	485			6408	
山 西	43921		4164	33461		10460	13960
内蒙古							
辽 宁	316667	109559	83186	184991	128152	3524	197944
吉 林							
黑龙江	162553	3627	365	158336	4217		18343
上 海	1290440	443490	840470	981661	227287	81493	1007931
江 苏	575283	29101	346707	413075	150755	11454	410765
浙 江	622793	61500	488474	595060	27533	200	342093
安 徽	55906	4599	12896	31893	18095	5918	35816
福 建	41869	1639	3191	32865	3216	5788	6436
江 西	718				718		350
山 东	56358		8812	26330	10611	19418	18326
河 南	18010	5706		12515	5495		17546
湖 北	355766	17199	119537	355748		18	124116
湖 南	189852	77057	108799	121495	68358		95858
广 东	1294474	158019	99932	1260319	33980	175	437861
广 西							
海 南							
重 庆	4935	3345	1962	3845		1090	849
四 川	4490	742	193	742	3748		3065
贵 州							
云 南	14109		1262	8669	5440		1553
西 藏							
陕 西	294843		200615	294843			99247
甘 肃	409	409		315	94		409
青 海	151			151			151
宁 夏	31494	167	31327	31494			30437
新 疆	71			71			

2-94 各地区外商投资建筑业企业房屋建筑面积

地　区	房屋建筑施工面积（万平方米）	#本年新开工	#实行投标承包面积	#本年新开工	房屋建筑竣工面积（万平方米）	房屋建筑面积竣工率（%）
全国总计	**1782.5**	**1089.5**	**1141.9**	**730.9**	**709.4**	**39.8**
北　京	99.8	12.8	90.5	6.8	38.3	38.3
天　津						
河　北						
山　西	35.5	24.1	35.5	24.1	2.5	7.1
内蒙古						
辽　宁	45.8	29.0	40.9	25.3	26.8	58.7
吉　林						
黑龙江	2.9	2.9	2.9	2.9	2.9	100.0
上　海	148.5	77.0	106.3	77.0	97.5	65.6
江　苏	198.4	69.9	78.8	39.7	68.7	34.6
浙　江	451.0	325.8	451.0	325.8	163.2	36.2
安　徽	21.3	12.0	12.0	12.0	14.4	67.9
福　建	3.4	1.4	1.4	1.4	1.5	43.7
江　西						
山　东	21.1	21.1	3.2	3.2	3.2	15.1
河　南						
湖　北	235.7	162.1	235.7	162.1	80.3	34.1
湖　南	49.0	49.0	49.0	49.0	11.2	22.9
广　东	460.0	300.8	25.0		198.4	43.1
广　西						
海　南						
重　庆						
四　川						
贵　州						
云　南	9.8	1.6	9.8	1.6		
西　藏						
陕　西						
甘　肃						
青　海	0.5				0.5	100.0
宁　夏						
新　疆						

2-95 各地区按主要用途分的外商投资建筑业企业房屋建筑竣工面积

单位：万平方米

地 区	总计	住宅房屋	商业及服务用房屋	商厦房屋(批发和零售用房)	宾馆用房屋(住宿用房)	餐饮用房屋(餐饮用房)
全国总计	**709.4**	**392.8**	**39.5**	**8.1**	**0.3**	
北 京	38.3	18.8	5.8	5.8		
天 津						
河 北						
山 西	2.5	2.5				
内蒙古						
辽 宁	26.8	4.9				
吉 林						
黑龙江	2.9					
上 海	97.5					
江 苏	68.7	27.0	0.3		0.3	
浙 江	163.2	93.5	2.3	2.3		
安 徽	14.4	9.5				
福 建	1.5					
江 西						
山 东	3.2					
河 南						
湖 北	80.3	27.8	29.8			
湖 南	11.2	9.8	1.4			
广 东	198.4	198.4				
广 西						
海 南						
重 庆						
四 川						
贵 州						
云 南						
西 藏						
陕 西						
甘 肃						
青 海	0.5	0.5				
宁 夏						
新 疆						

2-95 续表 1

单位：万平方米

地　区	商务会展用房屋	其他商业及服务用房屋(居民服务业用房)	办公用房屋	科研、教育和医疗用房屋	科学研究用房屋	教育用房屋
全国总计		**31.2**	**16.5**	**7.5**	**4.5**	**3.0**
北　京			5.1			
天　津						
河　北						
山　西						
内蒙古						
辽　宁						
吉　林						
黑龙江			2.9			
上　海						
江　苏			0.2	0.3	0.3	
浙　江			7.5	6.5	4.2	2.2
安　徽			0.7	0.8		0.8
福　建						
江　西						
山　东						
河　南						
湖　北		29.8				
湖　南		1.4				
广　东						
广　西						
海　南						
重　庆						
四　川						
贵　州						
云　南						
西　藏						
陕　西						
甘　肃						
青　海						
宁　夏						
新　疆						

2-95 续表 2

单位：万平方米

地区	医疗用房屋（卫生医疗用房）	文化、体育和娱乐用房屋	厂房及建筑物	#厂房	仓库	其他未列明的房屋建筑物
全国总计			**245.0**	**186.5**	**1.1**	**6.9**
北京			8.5	8.5	0.1	
天津						
河北						
山西						
内蒙古						
辽宁			22.0	22.0		
吉林						
黑龙江						
上海			97.5	97.5		
江苏			40.1	37.2	0.3	0.5
浙江			46.9	17.9		6.5
安徽			2.7	2.1	0.7	
福建			1.5	1.5		
江西						
山东			3.2			
河南						
湖北			22.6			
湖南						
广东						
广西						
海南						
重庆						
四川						
贵州						
云南						
西藏						
陕西						
甘肃						
青海						
宁夏						
新疆						

2-96 各地区按主要用途分的外商投资建筑业企业房屋建筑竣工价值

单位：万元

地区	总计	住宅房屋	商业及服务用房屋	商厦房屋(批发和零售用房)	宾馆用房屋(住宿用房)	餐饮用房屋(餐饮用房)
全国总计	**1631960**	**705951**	**62599**	**18215**	**282**	
北　京	68631	19521	13094	13094		
天　津						
河　北						
山　西	3500	3500				
内蒙古						
辽　宁	40493	5675				
吉　林						
黑龙江	5595					
上　海	516973					
江　苏	185879	58364	282		282	
浙　江	327414	222628	5121	5121		
安　徽	12418	8109				
福　建	2815					
江　西						
山　东	2022					
河　南						
湖　北	122261	45938	42359			
湖　南	15469	13726	1743			
广　东	328340	328340				
广　西						
海　南						
重　庆						
四　川						
贵　州						
云　南						
西　藏						
陕　西						
甘　肃						
青　海	151	151				
宁　夏						
新　疆						

2-96 续表 1

单位：万元

地 区	商务会展用房屋	其他商业及服务用房屋(居民服务业用房)	办公用房屋	科研、教育和医疗用房屋	科学研究用房屋	教育用房屋
全国总计		**44102**	**32841**	**13646**	**8608**	**5038**
北 京			12013			
天 津						
河 北						
山 西						
内蒙古						
辽 宁						
吉 林						
黑龙江			5595			
上 海						
江 苏			262	348	348	
浙 江			14286	12618	8260	4359
安 徽			685	679		679
福 建						
江 西						
山 东						
河 南						
湖 北		42359				
湖 南		1743				
广 东						
广 西						
海 南						
重 庆						
四 川						
贵 州						
云 南						
西 藏						
陕 西						
甘 肃						
青 海						
宁 夏						
新 疆						

2-96 续表 2

单位：万元

地 区	医疗用房屋(卫生医疗用房)	文化、体育和娱乐用房屋	厂房及建筑物	#厂房	仓 库	其他未列明的房屋建筑物
全国总计			**802902**	**709611**	**1637**	**12386**
北 京			23452	23452	552	
天 津						
河 北						
山 西						
内蒙古						
辽 宁			34818	34818		
吉 林						
黑龙江						
上 海			516973	516973		
江 苏			125540	121836	469	614
浙 江			60989	7950		11772
安 徽			2329	1767	615	
福 建			2815	2815		
江 西						
山 东			2022			
河 南						
湖 北			33965			
湖 南						
广 东						
广 西						
海 南						
重 庆						
四 川						
贵 州						
云 南						
西 藏						
陕 西						
甘 肃						
青 海						
宁 夏						
新 疆						

2-97 各地区外商投资建筑业企业施工机械设备情况

地 区	年末自有施工机械设备总台数(台)	年末自有施工机械设备总功率(千瓦)	年末自有施工机械设备净值(万元)	技术装备率(元/人)	动力装备率(千瓦/人)
全国总计	**20660**	**551573**	**61097**	**6024**	**5.4**
北 京	843	32450	4298	7178	5.4
天 津	122	156	111	1325	0.2
河 北	12	15	6	92	
山 西	756	12196	3235	19910	7.5
内蒙古					
辽 宁	2026	40601	5569	5404	3.9
吉 林					
黑龙江	146	5571	858	25909	16.8
上 海	2721	19017	2839	2053	1.4
江 苏	5422	270558	11552	12553	29.4
浙 江	1308	20205	3840	2597	1.4
安 徽	310	2336	593	4620	1.8
福 建	120	3113	865	10196	3.7
江 西					
山 东	262	6724	2672	19780	5.0
河 南	19	522	371	3991	0.6
湖 北	1660	9820	5380	8867	1.6
湖 南	2625	9448	3881	5699	1.4
广 东	643	6955	5105	3584	0.5
广 西					
海 南					
重 庆	807	6138	80	7796	59.6
四 川	10	15	21	1344	0.1
贵 州					
云 南	372	35217	1560	16338	36.9
西 藏					
陕 西	476	70516	8262	8388	7.2
甘 肃					
青 海					
宁 夏					
新 疆					

2-98 各地区外商投资建筑业企业主要生产效益指标

地 区	建筑业企业个数（个）	直接从事生产经营活动的平均人数（人）	按总产值计算的劳动生产率（元/人）	人均竣工产值（元/人）	人均施工面积（平方米/人）	人均竣工面积（平方米/人）
全国总计	**272**	**125908**	**482674**	**249536**	**141.6**	**56.3**
北 京	36	11003	503678	249912	90.7	34.8
天 津	10	1373	1030808	27878		
河 北	1	448	143029			
山 西	4	2509	175055	55641	141.3	10.0
内蒙古						
辽 宁	34	9838	321882	201203	46.5	27.3
吉 林						
黑龙江	5	5590	290792	32815	5.2	5.2
上 海	50	20383	633096	494496	72.9	47.8
江 苏	54	16719	344089	245688	118.6	41.1
浙 江	8	14691	423928	232859	307.0	111.1
安 徽	7	1589	351830	225401	133.8	90.8
福 建	6	1568	267023	41043	21.6	9.4
江 西	1	18	398889	194444		
山 东	16	1345	419020	136256	157.1	23.6
河 南	9	903	199443	194308		
湖 北	4	6094	583796	203669	386.7	131.7
湖 南	3	7084	268002	135316	69.2	15.8
广 东	9	12989	996592	337101	354.1	152.8
广 西						
海 南						
重 庆	3	138	357601	61536		
四 川	4	152	295395	201658		
贵 州						
云 南	2	1134	124421	13694	86.0	
西 藏						
陕 西	1	9045	325974	109726		
甘 肃	1	12	341083	341083		
青 海	1	16	94313	94313	299.4	299.4
宁 夏	2	1262	249557	241179		
新 疆	1	5	142400			

2-99 各地区外商投资建筑业企业营业额

单位：万元

地　区	企业营业额	在境外完成的营业额	企业总产值	#建筑业总产值
全国总计	**6578746**	**97029**	**6481717**	**6077249**
北　京	799302	15006	784296	554197
天　津	141981		141981	141530
河　北	6408		6408	6408
山　西	43921		43921	43921
内蒙古				
辽　宁	317185	4	317181	316667
吉　林				
黑龙江	162553		162553	162553
上　海	1368157	43997	1324159	1290440
江　苏	663165		663165	575283
浙　江	623793		623793	622793
安　徽	55906		55906	55906
福　建	43322		43322	41869
江　西	718		718	718
山　东	56363		56363	56358
河　南	18547		18547	18010
湖　北	355766		355766	355766
湖　南	189852		189852	189852
广　东	1333030		1333030	1294474
广　西				
海　南				
重　庆	5300		5300	4935
四　川	4490		4490	4490
贵　州				
云　南	22059	396	21663	14109
西　藏				
陕　西	333988	37626	296362	294843
甘　肃	409		409	409
青　海	151		151	151
宁　夏	32308		32308	31494
新　疆	71		71	71

2-100 各地区外商投资建筑业企业资产构成

单位：万元

地 区	资产合计	#流动资产合计	#存货	#非流动资产合计	#固定资产合计
全国总计	**8068937**	**7160748**	**1168966**	**908189**	**415710**
北 京	984973	927783	117325	57190	19893
天 津	113136	87391	22085	25745	18748
河 北	3750	3732	2711	17	17
山 西	19373	14223	408	5150	4643
内蒙古					
辽 宁	671171	516013	51009	155158	77744
吉 林					
黑龙江	87204	56752	6938	30452	2560
上 海	1006849	929458	190588	77391	41738
江 苏	960631	713004	120131	247626	68975
浙 江	77241	66353	17745	10888	6827
安 徽	61812	36325	3013	25487	23071
福 建	57442	48516	1836	8927	5606
江 西	511	438		74	74
山 东	100769	61152	7879	39617	37642
河 南	65346	42560	2463	22785	14048
湖 北	100692	82109	4773	18583	7480
湖 南	164057	116913	29029	47144	12923
广 东	3163006	3116450	495414	46556	26702
广 西					
海 南					
重 庆	7773	4832	1788	2941	1352
四 川	22407	20746	1503	1661	245
贵 州					
云 南	19472	15622	745	3850	2717
西 藏					
陕 西	288809	226251	90144	62558	27602
甘 肃	1663	359		1304	0
青 海	305	295	62	10	10
宁 夏	90189	73178	1304	17011	15038
新 疆	359	294	73	65	56

2-101 各地区外商投资建筑业企业固定资产情况

单位：万元

地区	固定资产合计	固定资产原价	固定资产折旧	#本年折旧	在建工程
全国总计	**415710**	**615589**	**258886**	**40566**	**30813**
北京	19893	45285	26239	2636	695
天津	18748	16531	5496	1138	960
河北	17	77	60	5	
山西	4643	8379	3736	511	
内蒙古					
辽宁	77744	107023	37951	6174	6801
吉林					
黑龙江	2560	4874	2461	160	
上海	41738	77378	36399	6963	604
江苏	68975	84231	27950	5218	8776
浙江	6827	13924	7115	659	18
安徽	23071	22500	3224	720	2559
福建	5606	12467	6876	732	
江西	74	148	74	9	
山东	37642	54114	19918	2866	410
河南	14048	18327	4287	624	
湖北	7480	10260	2872	446	74
湖南	12923	14074	8612	827	6980
广东	26702	45283	21092	3999	1952
广西					
海南					
重庆	1352	1961	609	7	
四川	245	368	252	41	
贵州					
云南	2717	4020	2287	237	984
西藏					
陕西	27602	51724	33835	4642	
甘肃		64	64		
青海	10	118	108		
宁夏	15038	22355	7322	1954	
新疆	56	104	48		

2-102 各地区外商投资建筑业企业负债及所有者权益

单位：万元

地区	负债合计	#流动负债	#应付账款	所有者权益	#实收资本
全国总计	**5952624**	**5494046**	**1472679**	**2116313**	**874214**
北京	740118	732762	250252	244854	125532
天津	69644	59328	33823	43492	24251
河北	2169	2169	480	1580	1600
山西	13469	13469	7018	5904	8914
内蒙古					
辽宁	547890	443433	121909	123281	65082
吉林					
黑龙江	73705	67847	21325	13499	13246
上海	715926	686220	319690	290923	143410
江苏	559827	537230	161645	400804	198664
浙江	40454	40445	6350	36787	22006
安徽	50235	47149	6968	11576	5570
福建	38743	37405	16504	18699	15505
江西	6	6		505	505
山东	70947	68287	13508	29821	18080
河南	49945	29913	3234	15400	9237
湖北	37303	6400	5897	63389	6901
湖南	92482	92402	40810	71575	22560
广东	2502107	2288231	327067	660899	145981
广西					
海南					
重庆	4247	4247	557	3526	2309
四川	17078	17078	579	5329	2853
贵州					
云南	12547	12547	4179	6926	5339
西藏					
陕西	253371	247068	112161	35438	20100
甘肃	240	240	97	1423	500
青海	50	50	24	256	300
宁夏	59933	59933	18544	30256	13600
新疆	188	188	58	171	169

2-103 各地区外商投资建筑业企业实收资本

单位：万元

地　区	合计	国家资本	集体资本	法人资本	个人资本	港澳台资本	外商资本
全国总计	**874214**	**33043**	**1338**	**197196**	**81419**	**34688**	**526530**
北　京	125532	12229	630	22629	11596	412	78036
天　津	24251	750		8087	6800	1050	7565
河　北	1600			1200			400
山　西	8914	4814		3485			615
内蒙古							
辽　宁	65082	2517	143	22054	2629	1038	36701
吉　林							
黑龙江	13246	639		1339		87	11181
上　海	143410	2873	68	24897	4439	15480	95654
江　苏	198664	966		57143	17225	3203	120127
浙　江	22006			11372	3293	869	6472
安　徽	5570			1802	600		3168
福　建	15505			8911	1375		5220
江　西	505			505			
山　东	18080	249	498	6877	2126		8331
河　南	9237			4025	100	2500	2612
湖　北	6901			1289	5613		
湖　南	22560	8007			8500		6053
广　东	145981			1293		10000	134688
广　西							
海　南							
重　庆	2309				1420		889
四　川	2853			1945	254		655
贵　州							
云　南	5339			2541		50	2748
西　藏							
陕　西	20100			14874			5226
甘　肃	500			370			130
青　海	300				300		
宁　夏	15600			450	15150		
新　疆	169			110			59

2-104 各地区外商投资建筑业企业收入情况

单位：万元

地 区	主营业务收入	#主营业务成本	#主营业务税金及附加	其他业务收入	#其他业务成本	#其他业务利润
全国总计	**6843126**	**5923781**	**165000**	**70606**	**69570**	**23062**
北 京	1041516	921319	24218	19270	4694	14435
天 津	71577	59809	1403	2829	1442	765
河 北	6408	5791	216			
山 西	33194	31501	990	11	1	10
内蒙古						
辽 宁	299286	254958	7098	6385	7629	382
吉 林						
黑龙江	43729	38776	1881			
上 海	1948964	1764450	30134	7398	5982	1035
江 苏	670810	554614	16380	10743	6698	1316
浙 江	316477	293771	10317	405	295	110
安 徽	47130	16836	1306	926	23245	914
福 建	44102	38253	735	99	72	26
江 西	718	653				
山 东	63377	45648	615	76	988	72
河 南	22371	16614	693	19	3	
湖 北	313361	268483	10957			
湖 南	188607	147782	6445	16	1	
广 东	1368209	1133597	41155	21	142	21
广 西						
海 南						
重 庆	6284	5502	129	324	265	59
四 川	5027	2441	165			
贵 州						
云 南	19526	17560	402	198	28	170
西 藏						
陕 西	295427	270618	8856	935	8	874
甘 肃	409	317	14			
青 海	151	125	4			
宁 夏	36319	34265	884	20951	18078	2873
新 疆	147	100	3			

2-105 各地区外商投资建筑业企业费用情况

单位：万元

地　区	管理费用	#税金	销售费用	财务费用	#利息收入	#利息支出
全国总计	**266568**	**5917**	**41047**	**40916**	**2717**	**44050**
北　京	57524	713	17437	-1219	3063	3170
天　津	6283	850	3075	309	-65	345
河　北	279	2		56	1	56
山　西	1942	49	8	79	19	60
内蒙古						
辽　宁	19326	557	3474	2155	97	411
吉　林						
黑龙江	2434	27	33	166	116	1072
上　海	75160	536	6731	153	-92	3543
江　苏	35354	816	4823	6345	1209	6560
浙　江	5318	193	360	1664	139	1689
安　徽	1862	44	151	229	5	207
福　建	3555	41	125	198	7	195
江　西	32					
山　东	5420	153	921	850	32	824
河　南	3325	31	607	-374		
湖　北	3912	223		731		
湖　南	11872	754		1284	-200	777
广　东	22810	610	2808	22029	-1761	20525
广　西						
海　南						
重　庆	880	20	1	130	10	139
四　川	625	9	416	423	12	339
贵　州						
云　南	1089	24	77	134	10	140
西　藏						
陕　西	4080	166		5002	123	3427
甘　肃	68	1				
青　海	21					
宁　夏	3357	99		575	-7	571
新　疆	40		2			

2-106 各地区外商投资建筑业企业利润及税金情况

单位：万元

地区	利润总额	#应交所得税	税金总额	主营业务税金及附加	管理费用中的税金
全国总计	**406303**	**100723**	**170917**	**165000**	**5917**
北京	36319	10121	24931	24218	713
天津	3493	687	2253	1403	850
河北	67	17	218	216	2
山西	-1320	21	1039	990	49
内蒙古					
辽宁	10914	4801	7655	7098	557
吉林					
黑龙江	411	79	1909	1881	27
上海	72801	18644	30670	30134	536
江苏	57781	8787	17196	16380	816
浙江	5031	1252	10510	10317	193
安徽	4342	1160	1350	1306	44
福建	1074	267	776	735	41
江西	8	2			
山东	8519	1543	768	615	153
河南	1552	435	724	693	31
湖北	29279	10662	11179	10957	223
湖南	22186	5271	7199	6445	754
广东	144812	35957	41765	41155	610
广西					
海南					
重庆	-314	20	149	129	20
四川	1080	182	174	165	9
贵州					
云南	456	114	426	402	24
西藏					
陕西	7616	670	9021	8856	166
甘肃	11	3	15	14	1
青海	1		4	4	
宁夏	185	30	983	884	99
新疆	2		3	3	

2-107 各地区外商投资建筑业企业应收工程款及企业亏损情况

地　区	应收工程款 (万元)	企业个数 (个)	#亏损企业个数	亏损企业的比重 (%)
全国总计	**1216925**	**272**	**51**	**18.8**
北　京	164502	36	9	25.0
天　津	25724	10	2	20.0
河　北	281	1		
山　西	8892	4	2	50.0
内蒙古				
辽　宁	79142	34	9	26.5
吉　林				
黑龙江	32184	5	1	20.0
上　海	174544	50	7	14.0
江　苏	175147	54	7	13.0
浙　江	15203	8	3	37.5
安　徽	2542	7		
福　建	18210	6		
江　西	10	1		
山　东	26233	16	2	12.5
河　南	6448	9	3	33.3
湖　北	49739	4	1	25.0
湖　南	49512	3		
广　东	334310	9		
广　西				
海　南				
重　庆	710	3	2	66.7
四　川	3183	4	2	50.0
贵　州				
云　南	9684	2		
西　藏				
陕　西		1		
甘　肃	195	1		
青　海	106	1		
宁　夏	40349	2	1	50.0
新　疆	77	1		

2-108 各地区外商投资建筑业企业主要经济效益指标

地区	产值利润率(%)	产值利税率(%)	资本利润率(%)	资本利税率(%)	人均利润(元/人)	人均利税(元/人)	资产负债率(%)
全国总计	**6.7**	**9.5**	**46.5**	**66.0**	**32270**	**45845**	**73.8**
北京	6.6	11.1	28.9	48.8	33008	55666	75.1
天津	2.5	4.1	14.4	23.7	25440	41851	61.6
河北	1.0	4.4	4.2	17.8	1491	6364	57.9
山西	-3.0	-0.6	-14.8	-3.2	-5262	-1122	69.5
内蒙古							
辽宁	3.4	5.9	16.8	28.5	11094	18875	81.6
吉林							
黑龙江	0.3	1.4	3.1	17.5	735	4150	84.5
上海	5.6	8.0	50.8	72.2	35717	50763	71.1
江苏	10.0	13.0	29.1	37.7	34560	44846	58.3
浙江	0.8	2.5	22.9	70.6	3424	10578	52.4
安徽	7.8	10.2	77.9	102.2	27325	35824	81.3
福建	2.6	4.4	6.9	11.9	6849	11797	67.4
江西	1.1	1.1	1.6	1.6	4444	4556	1.2
山东	15.1	16.5	47.1	51.4	63337	69047	70.4
河南	8.6	12.6	16.8	24.6	17185	25202	76.4
湖北	8.2	11.4	424.3	586.2	48045	66389	37.0
湖南	11.7	15.5	98.3	130.3	31318	41480	56.4
广东	11.2	14.4	99.2	127.8	111488	143642	79.1
广西							
海南							
重庆	-6.4	-3.4	-13.6	-7.2	-22768	-12007	54.6
四川	24.1	27.9	37.9	43.9	71053	82487	76.2
贵州							
云南	3.2	6.3	8.5	16.5	4024	7781	64.4
西藏							
陕西	2.6	5.6	37.9	82.8	8420	18394	87.7
甘肃	2.7	6.4	2.2	5.2	9250	21750	14.4
青海	0.3	3.2	0.2	1.6	313	3000	16.2
宁夏	0.6	3.7	1.2	7.5	1462	9247	66.5
新疆	2.7	7.4	1.1	3.1	3800	10600	52.5

2-109 各地区港澳台商投资建筑业企业签订合同情况

单位：万元

地 区	合同总额	上年结转合同额	本年新签合同额
全国总计	**13181336**	**4999126**	**8182210**
北 京	1421969	554133	867837
天 津	80083	45885	34198
河 北	24102	713	23389
山 西	140005	46648	93357
内蒙古			
辽 宁	330924	64458	266466
吉 林	244533	71102	173431
黑龙江	2447		2447
上 海	1741482	307436	1434047
江 苏	614107	231178	382929
浙 江	1413520	698395	715125
安 徽	20835	5408	15427
福 建	845936	246594	599342
江 西	1853851	1054683	799168
山 东	1342348	749178	593171
河 南	59759	58719	1040
湖 北	74610	6810	67800
湖 南	249888	110875	139013
广 东	2464814	702520	1762293
广 西	18571	17052	1519
海 南	3768	2808	960
重 庆	131400	3	131397
四 川	19482	5810	13672
贵 州			
云 南	26751	965	25786
西 藏			
陕 西	223	30	193
甘 肃	10110	8279	1832
青 海			
宁 夏	45742	9446	36296
新 疆	77		77

2-110 各地区港澳台商投资建筑业企业承包工程完成情况

单位：万元

地区	直接从建设单位承揽工程完成的产值	自行完成施工产值	分包出去工程的产值	从建设单位以外承揽工程完成的产值
全国总计	**6479045**	**5886710**	**592335**	**332910**
北　京	776918	637070	139847	46766
天　津	56089	45999	10090	
河　北	28045	28045		
山　西	42067	42067		
内蒙古				
辽　宁	232670	232449	220	220
吉　林	193151	193151		
黑龙江	2447	2447		
上　海	932846	836223	96623	212242
江　苏	456600	455239	1361	16201
浙　江	721958	711068	10890	30823
安　徽	19409	19409		
福　建	709390	630930	78460	
江　西	610642	610642		214
山　东	374382	374382		
河　南	8931	8931		
湖　北	70098	70047	51	
湖　南	201996	199591	2405	
广　东	913303	660916	252387	11603
广　西	5802	5802		
海　南	1520	1520		
重　庆	22324	22324		1850
四　川	11328	11328		12991
贵　州				
云　南	33594	33594		
西　藏				
陕　西	150	150		
甘　肃	3342	3342		
青　海				
宁　夏	49968	49968		
新　疆	77	77		

2-111 各地区港澳台商投资建筑业总产值和竣工产值

单位：万元

地 区	建筑业总产值	#装饰装修产值	#在外省完成的产值	按构成分组			竣工产值
				建筑工程产值	安装工程产值	其他产值	
全国总计	**6219619**	**1698646**	**2955990**	**5180733**	**848597**	**190289**	**3878480**
北 京	683836	415491	378335	667681	12049	4106	416152
天 津	45999	20768	1135	41982	3939	78	18999
河 北	28045	23901		23972	68	4005	27975
山 西	42067	14971	520	36061	5968	38	18876
内蒙古							
辽 宁	232670	118585	12947	94019	55474	83176	172404
吉 林	193151	13453	162932	150660	33465	9025	135631
黑龙江	2447	2402		2447			2402
上 海	1048465	490445	556270	747662	268791	32011	314670
江 苏	471441	75397	159984	408052	63115	274	476045
浙 江	741891	3640	451011	658399	74549	8943	464627
安 徽	19409	638	905	6888	10855	1667	19451
福 建	630930	138430	363010	606214	24170	546	243351
江 西	610856	5110	228660	577835	5915	27106	267044
山 东	374382	7766	164480	365510	939	7933	305162
河 南	8931	138	138	8216	577	138	541
湖 北	70047	47221	17239	61651	4787	3609	51636
湖 南	199591	25230	100204	160490	39101		92629
广 东	672519	290326	329067	438146	226738	7635	753485
广 西	5802	320		5802			3602
海 南	1520			1004	516		1520
重 庆	24174	1958	18025	19584	4589		19256
四 川	24319	1906	11131	11328	12991		5356
贵 州							
云 南	33594			33594			30834
西 藏							
陕 西	150	150		150			66
甘 肃	3342	324		3342			324
青 海							
宁 夏	49968			49968			36368
新 疆	77	77		77			77

2-112 各地区港澳台商投资建筑业企业房屋建筑面积

地区	房屋建筑施工面积(万平方米)	#本年新开工	#实行投标承包面积	#本年新开工	房屋建筑竣工面积(万平方米)	房屋建筑面积竣工率(%)
全国总计	**3053.0**	**1010.8**	**2232.9**	**767.3**	**888.8**	**29.1**
北京	189.1	2.4	132.7		11.3	6.0
天津						
河北						
山西	46.9	27.9	46.9	27.9	6.2	13.2
内蒙古						
辽宁						
吉林	17.6	8.0	8.0	8.0		
黑龙江						
上海	8.8	2.8	8.8	2.8		
江苏	219.2	61.4	185.1	55.2	146.4	66.8
浙江	524.6	378.0	274.0	198.4	307.7	58.7
安徽	10.6	2.5	2.5		8.4	79.8
福建	657.5	198.4	612.0	191.9	74.8	11.4
江西	747.7	268.2	747.7	268.2	137.8	18.4
山东	24.1	15.5	8.8	8.0	13.1	54.4
河南	58.5					
湖北	4.6	2.6			2.0	44.0
湖南	202.1	5.8	196.8	2.3	30.2	14.9
广东	320.8	24.2	6.1	1.2	139.3	43.4
广西	6.3	2.8	2.8	2.8	2.8	44.8
海南	0.2				0.2	92.5
重庆	0.7	0.7	0.7	0.7	0.7	100.0
四川	2.6					
贵州						
云南	1.1	1.1				
西藏						
陕西						
甘肃	2.4	0.9			1.4	58.3
青海						
宁夏	7.6	7.6			6.5	85.4
新疆						

2-113 各地区按主要用途分的港澳台商投资建筑业企业房屋建筑竣工面积

单位：万平方米

地　区	总计	住宅房屋	商业及服务用房屋	商厦房屋(批发和零售用房)	宾馆用房屋(住宿用房)	餐饮用房屋(餐饮用房)
全国总计	**888.8**	**447.1**	**14.8**	**0.7**	**0.5**	
北　京	11.3	11.3				
天　津						
河　北						
山　西	6.2	6.2				
内蒙古						
辽　宁						
吉　林						
黑龙江						
上　海						
江　苏	146.4	68.1	0.7	0.2	0.5	
浙　江	307.7	15.0	7.9			
安　徽	8.4		3.2			
福　建	74.8	70.1	0.8			
江　西	137.8	102.6	1.8			
山　东	13.1	9.4				
河　南						
湖　北	2.0					
湖　南	30.2	30.2				
广　东	139.3	124.5				
广　西	2.8	2.8				
海　南	0.2					
重　庆	0.7					
四　川						
贵　州						
云　南						
西　藏						
陕　西						
甘　肃	1.4	0.9	0.6	0.6		
青　海						
宁　夏	6.5	6.1				
新　疆						

2-113 续表 1

单位：万平方米

地　区	商务会展用房屋	其他商业及服务用房屋(居民服务业用房)	办公用房屋	科研、教育和医疗用房屋	科学研究用房屋	教育用房屋
全国总计	**0.5**	**13.1**	**18.9**	**22.5**	**3.6**	**16.1**
北　京						
天　津						
河　北						
山　西						
内蒙古						
辽　宁						
吉　林						
黑龙江						
上　海						
江　苏			0.4	1.3		1.3
浙　江		7.9	1.6	10.7	3.6	7.2
安　徽		3.2				
福　建		0.8				
江　西	0.5	1.3	16.1	9.9		7.2
山　东						
河　南						
湖　北						
湖　南						
广　东						
广　西						
海　南				0.2		0.2
重　庆			0.7			
四　川						
贵　州						
云　南						
西　藏						
陕　西						
甘　肃						
青　海						
宁　夏			0.1	0.3		0.3
新　疆						

2-113 续表 2

单位：万平方米

地区	医疗用房屋(卫生医疗用房)	文化、体育和娱乐用房屋	厂房及建筑物	#厂房	仓库	其他未列明的房屋建筑物
全国总计	**2.8**	**6.6**	**362.0**	**317.7**	**0.7**	**16.1**
北京						
天津						
河北						
山西						
内蒙古						
辽宁						
吉林						
黑龙江						
上海						
江苏			75.2	74.6	0.7	
浙江		6.5	261.2	224.9		4.9
安徽			5.2	5.2		
福建		0.1	2.6	2.6		1.1
江西	2.8		6.7	6.7		0.6
山东			3.7	3.7		
河南						
湖北			2.0			
湖南						
广东			5.3			9.5
广西						
海南						
重庆						
四川						
贵州						
云南						
西藏						
陕西						
甘肃						
青海						
宁夏						
新疆						

2-114 各地区按主要用途分的港澳台商投资建筑业企业房屋建筑竣工价值

单位：万元

地区	总计	住宅房屋	商业及服务用房屋	商厦房屋(批发和零售用房)	宾馆用房屋(住宿用房)	餐饮用房屋(餐饮用房)
全国总计	**1473527**	**866479**	**29875**	**576**	**623**	
北京	23256	23256				
天津						
河北						
山西	5891	5891				
内蒙古						
辽宁						
吉林						
黑龙江						
上海						
江苏	203642	120610	1103	476	623	
浙江	449070	16410	19350			
安徽	9235		3830			
福建	143347	130861	1629			
江西	183925	140681	3863			
山东	12063	9135				
河南						
湖北	3967					
湖南	29328	29328				
广东	391111	374613				
广西	3344	3344				
海南	330					
重庆	1820					
四川						
贵州						
云南						
西藏						
陕西						
甘肃	324	225	100	100		
青海						
宁夏	12875	12126				
新疆						

2-114 续表 1

单位：万元

地区	商务会展用房屋	其他商业及服务用房屋(居民服务业用房)	办公用房屋	科研、教育和医疗用房屋	科学研究用房屋	教育用房屋
全国总计	**1904**	**26772**	**24768**	**39963**	**6670**	**29565**
北京						
天津						
河北						
山西						
内蒙古						
辽宁						
吉林						
黑龙江						
上海						
江苏	4		790	2382		2382
浙江		19350	7330	23350	6670	16680
安徽		3830	37			
福建		1629				
江西	1900	1963	14502	13441		9713
山东						
河南						
湖北						
湖南						
广东						
广西						
海南				330		330
重庆			1820			
四川						
贵州						
云南						
西藏						
陕西						
甘肃						
青海						
宁夏			289	461		461
新疆						

2-114 续表 2

单位：万元

地　　区	医疗用房屋(卫生医疗用房)	文化、体育和娱乐用房屋	厂房及建筑物	#厂房	仓　库	其他未列明的房屋建筑物
全国总计	**3728**	**5754**	**480494**	**399176**	**650**	**25545**
北　京						
天　津						
河　北						
山　西						
内蒙古						
辽　宁						
吉　林						
黑龙江						
上　海						
江　苏			78106	76553	650	
浙　江		5511	369819	296312		7300
安　徽			5368	5368		
福　建		243	7700	7700		2914
江　西	3728		10315	10315		1124
山　东			2928	2928		
河　南						
湖　北			3967			
湖　南						
广　东			2291			14207
广　西						
海　南						
重　庆						
四　川						
贵　州						
云　南						
西　藏						
陕　西						
甘　肃						
青　海						
宁　夏						
新　疆						

2-115 各地区港澳台商投资建筑业企业施工机械设备情况

地 区	年末自有施工机械设备总台数(台)	年末自有施工机械设备总功率(千瓦)	年末自有施工机械设备净值(万元)	技术装备率(元/人)	动力装备率(千瓦/人)
全国总计	**26059**	**577515**	**119840**	**7280**	**3.5**
北 京	752	5400	2485	4172	0.9
天 津	246	60658	477	7322	93.0
河 北	15	350	14	184	0.5
山 西	1355	16191	3780	11920	5.1
内蒙古					
辽 宁	2711	82999	2615	6691	21.2
吉 林	663	35760	4544	7830	6.2
黑龙江	10	40	905	232103	1.0
上 海	1924	29265	4117	3938	2.8
江 苏	3959	103472	22239	16213	7.5
浙 江	3762	40340	32976	16140	2.0
安 徽	421	10369	1353	10655	8.2
福 建	1966	14873	3134	4720	2.2
江 西	123	346	256	51	
山 东	1283	69067	28417	35266	8.6
河 南					
湖 北	1338	13797	1142	5013	6.1
湖 南	1208	7714	434	1113	2.0
广 东	3751	56568	6965	3235	2.6
广 西					
海 南	6	86	85	16038	1.6
重 庆	201	16210	469	2622	9.1
四 川	206	2125	225	1958	1.9
贵 州					
云 南	139	11864	3207	31198	11.5
西 藏					
陕 西					
甘 肃	20	21	2	139	0.2
青 海					
宁 夏					
新 疆					

2-116 各地区港澳台商投资建筑业企业主要生产效益指标

地　区	建筑业企业个数（个）	直接从事生产经营活动的平均人数（人）	按总产值计算的劳动生产率（元/人）	人均竣工产值（元/人）	人均施工面积（平方米/人）	人均竣工面积（平方米/人）
全国总计	**390**	**174513**	**356399**	**222246**	**174.9**	**50.9**
北　京	42	6189	1104922	672406	305.6	18.2
天　津	13	1208	380785	157275		
河　北	5	457	613676	612136		
山　西	7	2029	207331	93033	231.4	30.5
内蒙古						
辽　宁	26	3674	633287	469254	0.1	
吉　林	6	6526	295971	207831	26.9	
黑龙江	2	85	287824	282529		
上　海	68	20494	511596	153542	4.3	
江　苏	47	14377	327913	331116	152.5	101.8
浙　江	22	15096	491448	307781	347.5	203.9
安　徽	5	1298	149531	149851	81.4	65.0
福　建	27	30591	206247	79550	214.9	24.4
江　西	7	29171	209405	91544	256.3	47.2
山　东	15	8037	465823	379696	30.0	16.3
河　南	4	91	981418	59407	6423.2	
湖　北	14	2165	323541	238501	21.2	9.3
湖　南	6	7649	260937	121099	264.2	39.4
广　东	53	20381	329973	369700	157.4	68.3
广　西	3	416	139474	86575	152.5	68.3
海　南	1	39	389744	389744	58.2	53.8
重　庆	4	483	500489	398669	13.9	13.9
四　川	5	1022	237953	52408	25.5	
贵　州						
云　南	2	877	383055	351584	12.7	
西　藏						
陕　西	1	16	93500	41375		
甘　肃	3	139	240424	23331	172.7	100.7
青　海						
宁　夏	1	2000	249838	181842	38.1	32.5
新　疆	1	3	257667	257667		

2-117 各地区港澳台商投资建筑业企业营业额

单位：万元

地 区	企业营业额	在境外完成的营业额	企业总产值	#建筑业总产值
全国总计	**6905706**	**75215**	**6830491**	**6219619**
北 京	700889		700889	683836
天 津	48164		48164	45999
河 北	32947		32947	28045
山 西	42447		42447	42067
内蒙古				
辽 宁	234320		234320	232670
吉 林	194490		194490	193151
黑龙江	2447		2447	2447
上 海	1379717	54536	1325181	1048465
江 苏	478766		478766	471441
浙 江	784626	5585	779041	741891
安 徽	36772		36772	19409
福 建	636160		636160	630930
江 西	618291	7405	610886	610856
山 东	374425		374425	374382
河 南	8931		8931	8931
湖 北	70348		70348	70047
湖 南	199591		199591	199591
广 东	916010	6238	909773	672519
广 西	5802		5802	5802
海 南	1520		1520	1520
重 庆	24174		24174	24174
四 川	25770	1451	24319	24319
贵 州				
云 南	33594		33594	33594
西 藏				
陕 西	150		150	150
甘 肃	3342		3342	3342
青 海				
宁 夏	51939		51939	49968
新 疆	77		77	77

2-118 各地区港澳台商投资建筑业企业资产构成

单位：万元

地 区	资产合计	#流动资产合计	#存货	#非流动资产合计	#固定资产合计
全国总计	**7733077**	**6337712**	**998907**	**1395365**	**772959**
北 京	778297	710964	108180	67333	22575
天 津	115440	97985	5637	17455	3003
河 北	20298	17488	2154	2810	1917
山 西	53154	45343	12796	7810	7100
内蒙古					
辽 宁	248349	178305	24573	70044	41343
吉 林	265169	224823	88170	40346	21960
黑龙江	3522	1717		1805	905
上 海	1415935	1175460	125631	240475	175260
江 苏	771353	679528	106209	91825	57849
浙 江	607482	515806	165439	91677	62330
安 徽	87389	64754	37347	22636	16388
福 建	277608	247176	70713	30432	13469
江 西	720504	599342	31249	121162	7490
山 东	539098	475225	39424	63873	24283
河 南	113869	107898	1451	5971	1858
湖 北	50456	23785	4550	26671	3961
湖 南	102772	84068	6064	18704	7169
广 东	1001026	796537	107521	204489	49741
广 西	11527	10880	1	647	476
海 南	2330	1849	2	481	481
重 庆	436528	182944	50699	253584	243187
四 川	31174	25535	9668	5639	4589
贵 州					
云 南	54235	47772	453	6464	4826
西 藏					
陕 西	333	317	57	16	16
甘 肃	6181	3758	103	2423	191
青 海					
宁 夏	18858	18268	807	590	587
新 疆	193	188	11	6	6

2-119 各地区港澳台商投资建筑业企业固定资产情况

单位：万元

地 区	固定资产合计	固定资产原价	固定资产折旧	#本年折旧	在建工程
全国总计	**772959**	**937377**	**316941**	**51490**	**136916**
北 京	22575	39863	18223	2436	16
天 津	3003	10933	8152	431	220
河 北	1917	4198	2281	329	
山 西	7100	14767	10179	4691	2260
内蒙古					
辽 宁	41343	34722	13586	1266	19745
吉 林	21960	33969	12076	3450	67
黑龙江	905	1348	443		
上 海	175260	206150	34783	4478	3590
江 苏	57849	73306	28851	4419	9097
浙 江	62330	105296	50893	6891	5815
安 徽	16388	19882	13013	1138	9400
福 建	13469	19467	9048	761	442
江 西	7490	8358	1973	804	
山 东	24283	46400	22439	3217	9
河 南	1858	2204	369	57	
湖 北	3961	6956	3610	288	608
湖 南	7169	11508	6263	880	1925
广 东	49741	81637	36197	6375	1320
广 西	476	1614	1139	1	
海 南	481	191	75	23	365
重 庆	243187	199219	36847	8529	80753
四 川	4589	6376	1830	244	4
贵 州					
云 南	4826	6241	2700	741	1283
西 藏					
陕 西	16	143	127	1	
甘 肃	191	467	276	33	
青 海					
宁 夏	587	2083	1496	7	
新 疆	6	79	74		

2-120 各地区港澳台商投资建筑业企业负债及所有者权益

单位：万元

地区	负债合计	#流动负债	#应付账款	所有者权益	#实收资本
全国总计	**5867675**	**5098793**	**1296907**	**1865401**	**1108675**
北京	643447	625683	134209	134850	126351
天津	92641	92196	30439	22799	24431
河北	11353	11352	2674	8944	2340
山西	27271	27271	9680	25882	16212
内蒙古					
辽宁	161960	111100	16526	86389	34673
吉林	198460	179460	70300	66709	21736
黑龙江	539	530	527	2983	2260
上海	1123125	1064459	398097	292810	185578
江苏	490392	458485	123632	280961	126519
浙江	470583	364065	83553	136899	88831
安徽	66954	66954	2993	20435	14279
福建	169525	146603	58375	108083	64005
江西	620662	619554	20251	99842	60310
山东	448175	431223	71354	90923	72952
河南	108919	108829	-1	4950	4221
湖北	24857	24846	6223	25599	19709
湖南	60623	60523	19231	42149	20407
广东	741691	536915	214099	259335	128262
广西	1832	1753	414	9696	9500
海南	539	539	78	1791	2000
重庆	342669	98325	30379	93858	61692
四川	6238	6196	3086	24937	11065
贵州					
云南	46286	46286	4	7950	3628
西藏					
陕西	404	404	74	-71	661
甘肃	-5681	1030	299	11862	2205
青海					
宁夏	14016	14016	278	4843	4787
新疆	198	198	133	-5	60

2-121 各地区港澳台商投资建筑业企业实收资本

单位：万元

地区	合计	国家资本	集体资本	法人资本	个人资本	港澳台资本	外商资本
全国总计	**1108675**	**92130**	**17210**	**319658**	**97286**	**489917**	**92475**
北　京	126351	836	664	34909	2870	85588	1484
天　津	24431	680	225	11530	2072	4824	5100
河　北	2340		149	1508		655	28
山　西	16212	2034	1365	6535		6179	100
内蒙古							
辽　宁	34673	7649		4608	8860	11786	1770
吉　林	21736			9851	52	11834	
黑龙江	2260			664	450	1146	
上　海	185578	4600	9203	36185	4411	122827	8353
江　苏	126519	3453	420	32367	19098	64014	7167
浙　江	88831	6556	530	38194	14077	26663	2811
安　徽	14279	8548		2460		3271	
福　建	64005		529	28770	5129	29550	27
江　西	60310	31789		14558	239	2764	10960
山　东	72952	5690	2000	46126	1781	16875	480
河　南	4221				3371	850	
湖　北	19709	720	550	9355	250	7639	1195
湖　南	20407	1275		4008	8468	6656	
广　东	128262	18301	25	27228	9594	73114	
广　西	9500			1000	8255	245	
海　南	2000			887	966	147	
重　庆	61692				970	7722	53000
四　川	11065			3975	5173	1918	
贵　州							
云　南	3628				1200	2428	
西　藏							
陕　西	661			48		614	
甘　肃	2205		1550	105		550	
青　海							
宁　夏	4787			4787			
新　疆	60					60	

2-122 各地区港澳台商投资建筑业企业收入情况

单位：万元

地区	主营业务收入	#主营业务成本	#主营业务税金及附加	其他业务收入	#其他业务成本	#其他业务利润
全国总计	**7106842**	**6154566**	**184913**	**46268**	**173332**	**13677**
北 京	907511	820740	22710	9939	6975	2322
天 津	51555	29458	1640	442	16301	129
河 北	35874	27264	946			
山 西	42923	37240	1311			
内蒙古						
辽 宁	224163	187965	4818	1312	16040	1294
吉 林	194490	176008	4891	220	23	-451
黑龙江	2460	2257	98			
上 海	1388209	1244190	24977	6272	2038	1763
江 苏	479039	406207	13539	3439	3078	139
浙 江	702130	522011	11673	7689	114625	1320
安 徽	42430	29638	656	305	137	168
福 建	768315	705368	24693	176	132	54
江 西	598522	547689	19952	2629	754	1772
山 东	407683	366938	13104	567	36	6
河 南	8664	680	154	124	6526	124
湖 北	69943	60295	2483	632	463	101
湖 南	222999	205350	8529	46	33	14
广 东	745695	620955	23225	11548	6107	4016
广 西	4809	4256	114			
海 南	1096	895	34			
重 庆	92299	56156	633	6	4	3
四 川	27604	24076	790	70	1	53
贵 州						
云 南	33594	28256	1193			
西 藏						
陕 西	335	266	12			
甘 肃	3336	2382	1019		60	
青 海						
宁 夏	51087	47983	1718	852		852
新 疆	77	44	3			

2-123 各地区港澳台商投资建筑业企业费用情况

单位：万元

地 区	管理费用	#税金	销售费用	财务费用	#利息收入	#利息支出
全国总计	**300602**	**13885**	**55679**	**84907**	**18971**	**69994**
北 京	43555	680	10093	556	3408	3301
天 津	2310	151	364	141	34	194
河 北	5201	38	164	136	18	139
山 西	2193	215		64		59
内蒙古						
辽 宁	9355	285	621	4401	174	4463
吉 林	2964	162	85	3779	30	3779
黑龙江	111	1				
上 海	90374	438	10683	17325	508	2038
江 苏	24864	851	5099	8757	1373	7838
浙 江	17719	941	8238	10816	1494	9411
安 徽	2380	53	4250	-48	-284	196
福 建	12928	805	329	-168	1064	970
江 西	7791	218	34	7605	636	7837
山 东	6627	333	2560	6771	5747	9216
河 南	554	35	4	88	6	106
湖 北	2348	40	450	127	33	147
湖 南	3157	199	1595	533	11	240
广 东	48187	7713	10285	8666	667	2900
广 西	169	2	10	-1	-1	
海 南	156					
重 庆	12527	656	654	13007	4027	15212
四 川	1890	29	133	186	4	18
贵 州						
云 南	770	15	31	1465	23	1487
西 藏						
陕 西	109	8				
甘 肃	591	7	1	258		
青 海						
宁 夏	1742	10		446		446
新 疆	30					

2-124 各地区港澳台商投资建筑业企业利润及税金情况

单位：万元

地 区	利润总额	#应交所得税	税金总额	主营业务税金及附加	管理费用中的税金
全国总计	**209397**	**64226**	**198798**	**184913**	**13885**
北 京	11829	3411	23391	22710	680
天 津	1560	199	1791	1640	151
河 北	2178	545	985	946	38
山 西	2121	185	1526	1311	215
内蒙古					
辽 宁	1627	1938	5103	4818	285
吉 林	6523	1414	5054	4891	162
黑龙江	-8		99	98	1
上 海	799	10852	25415	24977	438
江 苏	20217	5086	14390	13539	851
浙 江	19818	3978	12613	11673	941
安 徽	5717	1707	709	656	53
福 建	25276	7808	25498	24693	805
江 西	36354	4209	20170	19952	218
山 东	11856	2567	13437	13104	333
河 南	784	80	189	154	35
湖 北	4488	1192	2523	2483	40
湖 南	3941	795	8728	8529	199
广 东	43976	11275	30938	23225	7713
广 西	262	101	116	114	2
海 南	8	3	34	34	
重 庆	9320	4659	1289	633	656
四 川	487	321	819	790	29
贵 州					
云 南	1880	470	1208	1193	15
西 藏					
陕 西	-51	1410	19	12	8
甘 肃	-1616	9	1025	1019	7
青 海					
宁 夏	53	13	1728	1718	10
新 疆			3	3	

2-125 各地区港澳台商投资建筑业企业应收工程款及企业亏损情况

地区	应收工程款(万元)	企业个数(个)	#亏损企业个数	亏损企业的比重(%)
全国总计	**1887438**	**390**	**97**	**24.9**
北京	108120	42	12	28.6
天津	11674	13	5	38.5
河北	9032	5	1	20.0
山西	14085	7	3	42.9
内蒙古				
辽宁	29954	26	4	15.4
吉林	67540	6	2	33.3
黑龙江	900	2	2	100.0
上海	485919	68	23	33.8
江苏	319606	47	6	12.8
浙江	105686	22	7	31.8
安徽	12316	5		
福建	49578	27	5	18.5
江西	219771	7	2	28.6
山东	81088	15	2	13.3
河南	8853	4	1	25.0
湖北	6590	14	5	35.7
湖南	14859	6	1	16.7
广东	267940	53	11	20.8
广西	3994	3	1	33.3
海南	499	1		
重庆	45190	4		
四川	11884	5	1	20.0
贵州				
云南	2976	2		
西藏				
陕西	33	1	1	100.0
甘肃	1816	3	2	66.7
青海				
宁夏	7415	1		
新疆	123	1		

2-126 各地区港澳台商投资建筑业企业主要经济效益指标

地 区	产值利润率(%)	产值利税率(%)	资本利润率(%)	资本利税率(%)	人均利润(元/人)	人均利税(元/人)	资产负债率(%)
全国总计	**3.4**	**6.6**	**18.9**	**36.8**	**11999**	**23390**	**75.9**
北 京	1.7	5.2	9.4	27.9	19113	56907	82.7
天 津	3.4	7.3	6.4	13.7	12912	27738	80.3
河 北	7.8	11.3	93.1	135.1	47650	69193	55.9
山 西	5.0	8.7	13.1	22.5	10455	17975	51.3
内蒙古							
辽 宁	0.7	2.9	4.7	19.4	4428	18316	65.2
吉 林	3.4	6.0	30.0	53.3	9996	17740	74.8
黑龙江	-0.3	3.7	-0.3	4.0	-882	10729	15.3
上 海	0.1	2.5	0.4	14.1	390	12791	79.3
江 苏	4.3	7.3	16.0	27.4	14062	24071	63.6
浙 江	2.7	4.4	22.3	36.5	13128	21483	77.5
安 徽	29.5	33.1	40.0	45.0	44044	49507	76.6
福 建	4.0	8.0	39.5	79.3	8262	16598	61.1
江 西	6.0	9.3	60.3	93.7	12462	19377	86.1
山 东	3.2	6.8	16.3	34.7	14752	31470	83.1
河 南	8.8	10.9	18.6	23.0	86176	106901	95.7
湖 北	6.4	10.0	22.8	35.6	20728	32382	49.3
湖 南	2.0	6.3	19.3	62.1	5153	16563	59.0
广 东	6.5	11.1	34.3	58.4	21577	36757	74.1
广 西	4.5	6.5	2.8	4.0	6286	9072	15.9
海 南	0.5	2.8	0.4	2.1	2128	10821	23.1
重 庆	38.6	43.9	15.1	17.2	192954	219646	78.5
四 川	2.0	5.4	4.4	11.8	4768	12779	20.0
贵 州							
云 南	5.6	9.2	51.8	85.1	21433	35209	85.3
西 藏							
陕 西	-34.3	-21.5	-7.8	-4.9	-32063	-20125	121.4
甘 肃	-48.4	-17.7	-73.3	-26.8	-116266	-42511	-91.9
青 海							
宁 夏	0.1	3.6	1.1	37.2	267	8909	74.3
新 疆	0.3	3.8	0.3	4.8	667	9667	102.3

三、中央和地方建筑业企业

3-1 各地区中央建筑业企业签订合同情况

单位：万元

地区	合同总额	上年结转合同额	本年新签合同额
全国总计	**733122680**	**362710034**	**370412646**
北京	116790975	58002905	58788070
天津	39968359	18969928	20998431
河北	16005986	8665755	7340231
山西	29896635	16912044	12984591
内蒙古	2403825	1555063	848762
辽宁	26752637	14567560	12185077
吉林	6691932	4276766	2415166
黑龙江	6736745	3269599	3467146
上海	51251006	24614733	26636273
江苏	19292323	11291361	8000962
浙江	4607459	2302414	2305045
安徽	17669232	7654103	10015130
福建	10912066	5185138	5726927
江西	8422899	4886138	3536760
山东	30525602	14688595	15837007
河南	46194530	22590976	23603554
湖北	76163885	32180288	43983597
湖南	36609079	17572299	19036780
广东	53276059	26286081	26989978
广西	2973207	1769466	1203741
海南	15247	3297	11950
重庆	15741560	7074812	8666748
四川	41323432	23193294	18130138
贵州	7892565	4205711	3686855
云南	7611853	4772031	2839822
西藏			
陕西	36139561	18326769	17812791
甘肃	3987433	1540173	2447260
青海	3366926	1600924	1766002
宁夏	1017332	293084	724249
新疆	12882332	4458728	8423605

3-2 各地区中央建筑业企业承包工程完成情况

单位：万元

地区	直接从建设单位承揽工程完成的产值	自行完成施工产值	分包出去工程的产值	从建设单位以外承揽工程完成的产值
全国总计	**271044862**	**253334517**	**17710345**	**13641630**
北京	41684152	33389317	8294835	6141940
天津	16238333	14962174	1276159	913545
河北	6816730	6812727	4003	640805
山西	9961445	9936967	24479	32410
内蒙古	896747	896734	13	29249
辽宁	10271829	10253544	18285	31507
吉林	1996770	1962939	33831	15484
黑龙江	2284687	2105427	179260	
上海	17385257	16638533	746723	472811
江苏	8421671	7999995	421676	329623
浙江	2126447	1836794	289653	8144
安徽	7597570	7418303	179266	83826
福建	3950322	3890551	59772	22655
江西	3369806	3369722	84	84
山东	11205842	10694653	511189	224210
河南	15872008	15665513	206496	408911
湖北	31439744	31308369	131375	449830
湖南	9487984	9487984		723779
广东	17922224	16107357	1814867	525767
广西	1567424	1567424		155816
海南	9940	9940		
重庆	4543449	4441485	101963	6149
四川	15240126	14772646	467480	1199648
贵州	3439512	3430834	8678	454
云南	2123535	2107288	16247	
西藏				
陕西	14438973	11932515	2506458	777648
甘肃	1609886	1584542	25344	32974
青海	1415440	1356224	59216	281171
宁夏	472280	472280		
新疆	7254730	6921736	332994	133189

3-3 各地区中央建筑业总产值和竣工产值

单位：万元

地区	建筑业总产值	#装饰装修产值	#在外省完成的产值	按构成分组 建筑工程产值	安装工程产值	其他产值	竣工产值
全国总计	**266976146**	**5376163**	**172937168**	**237938337**	**24255318**	**4782492**	**99469711**
北京	39531257	2501102	33125993	37836146	1450892	244218	17336126
天津	15875718	60990	9239646	13862595	1650849	362275	5772963
河北	7453531	433822	5468710	6039212	1154210	260110	3540588
山西	9969377	75277	7084403	8887044	944306	138027	4504543
内蒙古	925983	8987	484094	834259	67063	24662	255173
辽宁	10285051	113902	4902675	8458643	1548277	278131	4052842
吉林	1978424	26609	1065453	1305572	520825	152028	501679
黑龙江	2105427	6973	587517	972108	1103251	30068	1098125
上海	17111344	395511	14414438	15530079	1359903	221363	6458422
江苏	8329618	33535	5694317	6482433	1669219	177965	3552694
浙江	1844938	2156	749541	1425760	336447	82731	783413
安徽	7502129	89922	4828117	6582152	759719	160258	1734679
福建	3913206	60764	1414476	3666690	231902	14614	1764424
江西	3369806	59799	2367748	2986694	356797	26315	851609
山东	10918863	137305	7082250	9323904	1427591	167368	3626634
河南	16074424	138510	10150412	13709219	2115226	249978	4987800
湖北	31758199	172885	22712066	28896331	2219585	642282	7651212
湖南	10211763	219553	7317517	9249355	699028	263380	6074339
广东	16633124	470322	8385009	15857738	605361	170025	6294546
广西	1723240	1312	964215	1254376	440135	28729	1227402
海南	9940				9940		
重庆	4447635	80500	3140333	4235524	208804	3307	2353537
四川	15972295	187947	7862400	14085523	1283733	603039	4747549
贵州	3431288	7088	1225406	2887010	393967	150311	1499092
云南	2107288		805605	1983969	101646	21674	325791
西藏							
陕西	12710163	65254	9296395	11964978	628564	116621	3711205
甘肃	1617516		881679	1350581	215712	51224	513637
青海	1637395		897687	1432646	99893	104856	311287
宁夏	472280		169285	431199	34545	6536	302003
新疆	7054925	26141	619783	6406600	617927	30398	3636400

3-4 各地区中央建筑业企业房屋建筑面积

地 区	房屋建筑施工面积(万平方米)	#本年新开工	#实行投标承包面积	#本年新开工	房屋建筑竣工面积(万平方米)	房屋建筑面积竣工率(%)
全国总计	**126128.3**	**41829.9**	**107339.0**	**37903.2**	**20655.4**	**16.4**
北 京	31754.7	11322.5	28256.5	10884.6	5266.7	16.6
天 津	6183.2	2201.8	6093.2	2184.8	1072.3	17.3
河 北	2546.1	542.9	2529.1	526.5	314.4	12.3
山 西	2500.4	484.9	2470.6	477.7	113.8	4.6
内蒙古	474.9	262.5	470.2	257.8	92.5	19.5
辽 宁	3847.3	1269.1	3178.8	1032.8	458.0	11.9
吉 林	244.6	189.6	210.4	140.6	76.0	31.1
黑龙江	71.3	38.6	60.1	30.0	40.6	57.0
上 海	10223.7	3145.1	10103.2	3125.7	1484.7	14.5
江 苏	2409.0	733.1	2404.7	733.1	437.9	18.2
浙 江	53.8	31.8	12.4	11.3	17.3	32.2
安 徽	3764.1	1106.3	3763.7	1106.3	609.6	16.2
福 建	2747.8	659.4	2693.8	656.6	283.6	10.3
江 西	573.3	173.3	550.2	173.0	130.7	22.8
山 东	3654.5	1235.5	2999.2	1235.5	610.4	16.7
河 南	4043.0	1695.0	2451.9	897.6	385.4	9.5
湖 北	12690.2	3690.0	8447.3	3679.5	1706.3	13.4
湖 南	7667.2	2104.5	5667.9	1392.3	1621.9	21.2
广 东	14048.9	4752.0	9280.8	3422.7	1841.5	13.1
广 西	249.0	89.8	171.3	58.1	34.7	13.9
海 南						
重 庆	1622.7	387.0	1577.8	387.0	736.6	45.4
四 川	4057.4	1026.2	3628.2	942.3	699.2	17.2
贵 州	3246.6	1555.0	3236.6	1548.2	501.4	15.4
云 南	238.5	113.7	196.9	105.3	82.6	34.6
西 藏						
陕 西	2461.8	711.5	2310.2	667.5	351.9	14.3
甘 肃	220.3	70.3	217.7	69.1	53.8	24.4
青 海	237.9	40.2	237.9	40.2	24.5	10.3
宁 夏	179.4	46.0	174.8	46.0	68.2	38.0
新 疆	4116.8	2152.3	3943.9	2071.1	1538.6	37.4

3-5 各地区按主要用途分的中央建筑业企业房屋建筑竣工面积

单位：万平方米

地区	总计	住宅房屋	商业及服务用房屋	商厦房屋(批发和零售用房)	宾馆用房屋(住宿用房)	餐饮用房屋(餐饮用房)
全国总计	**20655.4**	**12616.7**	**2694.7**	**1810.0**	**257.5**	**45.5**
北　京	5266.7	2890.2	1153.7	986.7	96.1	4.0
天　津	1072.3	618.8	50.5	32.8	15.2	
河　北	314.4	214.7	11.1	9.0		0.2
山　西	113.8	61.3	1.9			
内蒙古	92.5	20.2	4.0		4.0	
辽　宁	458.0	308.2	37.8	14.3		
吉　林	76.0	55.2				
黑龙江	40.6	2.4				
上　海	1484.7	600.8	240.9	153.8	45.6	3.2
江　苏	437.9	202.6	19.6	18.9	0.7	
浙　江	17.3	1.1	1.2			1.2
安　徽	609.6	538.7	8.0			8.0
福　建	283.6	202.0	26.1	8.2		2.1
江　西	130.7	74.9	33.6	33.6		
山　东	610.4	271.9	44.7	11.7	3.2	
河　南	385.4	141.1	136.4	20.4		0.3
湖　北	1706.3	1042.9	311.0	180.0	21.2	2.3
湖　南	1621.9	1240.7	110.0	104.5	5.5	
广　东	1841.5	1315.8	192.9	143.0	5.6	14.3
广　西	34.7	27.9	1.9			
海　南						
重　庆	736.6	542.0	26.8			
四　川	699.2	373.8	90.0	36.9	41.3	3.0
贵　州	501.4	351.1	96.0	23.3	3.9	
云　南	82.6	41.3	0.1	0.1		
西　藏						
陕　西	351.9	233.5	0.9		0.1	
甘　肃	53.8	44.0				
青　海	24.5	19.7				
宁　夏	68.2	16.9	3.9			3.9
新　疆	1538.6	1163.0	91.8	33.0	15.0	2.9

3-5 续表 1 单位：万平方米

地 区	商务会展用房屋	其他商业及服务用房屋(居民服务业用房)	办公用房屋	科研、教育和医疗用房屋	科学研究用房屋	教育用房屋
全国总计	**132.5**	**449.1**	**1282.2**	**727.9**	**203.1**	**297.4**
北 京	30.9	36.0	466.1	268.2	117.5	72.4
天 津	0.1	2.5	47.7	31.8		7.4
河 北		1.9	7.1	11.1	1.5	7.3
山 西		1.9	11.4	7.6		7.6
内蒙古			12.1	10.6		10.6
辽 宁		23.5	36.5	8.2		5.3
吉 林				7.0		
黑龙江						
上 海	3.3	35.0	56.3	82.2	9.9	54.1
江 苏			56.9	12.7	2.6	3.2
浙 江			0.2			
安 徽			16.7			
福 建		15.8	2.9	8.3		8.3
江 西						
山 东		29.7	138.3	34.6	7.6	6.0
河 南	23.7	92.1	12.5	15.4	8.0	0.8
湖 北	38.0	69.5	50.6	17.8		17.8
湖 南			77.1	11.2		5.0
广 东	27.9	2.1	99.8	20.8	8.4	9.3
广 西		1.9	0.1			
海 南						
重 庆	1.0	25.8	15.4	29.9	12.2	4.0
四 川	5.5	3.3	40.4	36.7	20.1	12.5
贵 州	0.1	68.7	3.7	40.0	15.2	24.7
云 南			20.5			
西 藏						
陕 西		0.8	22.4	26.8		1.3
甘 肃			1.2			
青 海						
宁 夏			7.9	2.2		2.2
新 疆	2.2	38.7	78.4	44.6		37.8

3-5 续表 2　　单位：万平方米

地　区						
	医疗用房屋(卫生医疗用房)	文化、体育和娱乐用房屋	厂房及建筑物	#厂房	仓　库	其他未列明的房屋建筑物
全国总计	**227.4**	**244.0**	**2614.5**	**2218.6**	**125.7**	**349.8**
北　京	78.3	52.1	344.3	314.2	20.0	71.9
天　津	24.4	16.5	273.9	268.8	12.4	20.7
河　北	2.4		59.8	34.6		10.6
山　西			23.9	12.3		7.8
内蒙古			45.6	45.6		
辽　宁	2.9	3.4	57.8	39.7		6.2
吉　林	7.0		13.8	13.5		
黑龙江			21.5	17.9		16.7
上　海	18.2	23.4	468.0	453.0	0.4	12.6
江　苏	7.0		139.8	135.1		6.3
浙　江			13.4	0.7		1.5
安　徽			46.0	31.0	0.3	
福　建		1.5	38.5	19.5	2.1	2.3
江　西		4.3	17.6	9.7		0.4
山　东	21.0	24.2	77.4	48.0		19.3
河　南	6.6		78.9	22.7	0.6	0.5
湖　北		9.0	226.5	205.1	33.8	14.8
湖　南	6.2	28.5	109.8	94.3		44.5
广　东	3.1	12.8	167.5	138.5	4.0	27.9
广　西			0.6	0.6		4.2
海　南						
重　庆	13.7	8.6	113.9	113.5		
四　川	4.1	37.0	98.3	77.5	11.5	11.4
贵　州	0.2	2.7	7.4	2.7		0.5
云　南			18.6			2.1
西　藏						
陕　西	25.6	0.1	38.2	15.4		30.0
甘　肃			1.3	0.5		7.3
青　海			4.8			
宁　夏		1.5	26.3	26.3	7.1	2.3
新　疆	6.8	18.3	81.0	77.9	33.4	28.0

3-6 各地区按主要用途分的中央建筑业企业房屋建筑竣工价值

单位：万元

地　区	总计	住宅房屋	商业及服务用房屋	商厦房屋(批发和零售用房)	宾馆用房屋(住宿用房)	餐饮用房屋(餐饮用房)
全国总计	**42516861**	**22715911**	**6591034**	**4002380**	**795736**	**91006**
北　京	12316435	5724489	2802152	2026203	406325	5308
天　津	2137630	1196348	124514	91671	29127	45
河　北	529166	314765	15839	13135		400
山　西	252030	101276	3739			
内蒙古	166916	32746	11562		11562	
辽　宁	936127	455854	74379	19392		
吉　林	121644	45291				
黑龙江	86021	2385				
上　海	3607675	1362895	684955	459748	101876	21840
江　苏	864853	314714	25740	24598	1143	
浙　江	33734	3517	1736			1736
安　徽	1061272	901395	9483			9483
福　建	487524	360849	34644	9436		2301
江　西	203042	126694	40651	40651		
山　东	1421882	466944	50893	10645	7737	
河　南	647451	226018	176747	23891		374
湖　北	3895527	1903992	1305816	592201	99178	2453
湖　南	3082528	2219575	231903	226619	5284	
广　东	3684283	2495508	426233	301968	11131	30061
广　西	52504	36494	4780			
海　南						
重　庆	1473777	1002836	57506			
四　川	1368201	672096	175068	68094	82280	5970
贵　州	809559	534906	157101	31156	13837	45
云　南	67061	45672	168	96	72	
西　藏						
陕　西	693867	350435	2243		299	
甘　肃	106025	86225				
青　海	55110	35612				
宁　夏	112235	24638	7251			7251
新　疆	2242782	1671745	165933	62878	25886	3738

3-6 续表 1

单位：万元

地区	商务会展用房屋	其他商业及服务用房屋(居民服务业用房)	办公用房屋	科研、教育和医疗用房屋	科学研究用房屋	教育用房屋
全国总计	**425896**	**1276016**	**3355808**	**1972741**	**602426**	**741345**
北京	135602	228714	1427251	855953	379931	240599
天津	100	3571	112379	110090	40	24557
河北		2303	7845	22840	3142	13698
山西		3739	29868	21365		21365
内蒙古			28345	27517		27517
辽宁		54987	93051	20363		13530
吉林				37000		
黑龙江						
上海	24820	76671	239211	243765	24151	133616
江苏			127756	27794	5473	7043
浙江			185			
安徽			25861			
福建		22907	3625	23536		23536
江西						
山东		32511	310168	101246	51019	10567
河南	34188	118294	29756	40877	21073	1630
湖北	135456	476528	121427	34040		34040
湖南			212329	29997		10036
广东	79462	3611	266546	63814	17228	40397
广西		4780	156			
海南						
重庆	1662	55844	29857	36545	14743	5381
四川	11139	7586	128395	73552	39875	25879
贵州	58	112006	5314	89502	45700	43628
云南			9000			
西藏						
陕西		1943	37338	39792		4349
甘肃			2509			
青海						
宁夏			16162	4776		4776
新疆	3410	70022	91475	68378	52	55201

3-6 续表 2

单位：万元

地　区	医疗用房屋(卫生医疗用房)	文化、体育和娱乐用房屋	厂房及建筑物	#厂房	仓　库	其他未列明的房屋建筑物
全国总计	**628970**	**842560**	**5649280**	**4831717**	**185101**	**1204426**
北　京	235424	234824	973419	919823	48652	249694
天　津	85493	56417	425545	405155	30381	81956
河　北	6000		128133	63014		39745
山　西			71408	40334		24374
内蒙古			66746	66746		
辽　宁	6833	5461	259689	208054		27332
吉　林	37000		39354	37376		
黑龙江			48364	40804		35272
上　海	85998	69304	971448	922999	774	35323
江　苏	15278		328597	315308		40252
浙　江			25888	1184		2407
安　徽			123801	59935	732	
福　建		1899	56978	28185	2631	3362
江　西		3537	30598	22677		1563
山　东	39660	186655	266449	195627		39528
河　南	18174		172471	62377	817	766
湖　北		43369	392596	367145	31721	62568
湖　南	19961	73425	194839	154786		120460
广　东	6190	23705	310764	263201	7868	89844
广　西			899	899		10176
海　南						
重　庆	16421	50162	296872	296294		
四　川	7798	74275	195631	155595	20302	28884
贵　州	174	3800	18384	5940		553
云　南			6927			5294
西　藏						
陕　西	35443	169	54641	43777		209250
甘　肃			9018	1296		8273
青　海			19498			
宁　夏		3083	42267	42267	8889	5169
新　疆	13125	12476	118058	110919	32334	82383

3-7 各地区中央建筑业企业施工机械设备情况

地 区	年末自有施工机械设备总台数(台)	年末自有施工机械设备总功率(千瓦)	年末自有施工机械设备净值(万元)	技术装备率(元/人)	动力装备率(千瓦/人)
全国总计	**940750**	**39097728**	**12105883**	**47119**	**15.2**
北 京	37908	2059399	585473	34722	12.2
天 津	33614	1877048	1252154	179680	26.9
河 北	44868	1303909	289685	37129	16.7
山 西	28031	2126227	412992	32993	17.0
内蒙古	4909	253694	44842	45300	25.6
辽 宁	51115	1860232	332556	25180	14.1
吉 林	11149	257925	60929	19316	8.2
黑龙江	25929	594616	132979	34165	15.3
上 海	34619	1677066	709270	103640	24.5
江 苏	60799	1516543	320325	34829	16.5
浙 江	16197	385850	152572	84650	21.4
安 徽	21517	765140	192266	19517	7.8
福 建	11707	321906	77610	24371	10.1
江 西	7735	239972	56415	11060	4.7
山 东	35200	1595467	468453	21113	7.2
河 南	62622	3884163	807681	68463	32.9
湖 北	179911	5214122	1459581	52162	18.6
湖 南	41117	1355986	260075	38476	20.1
广 东	28086	1613504	856863	36549	6.9
广 西	16431	624385	60915	18466	18.9
海 南					
重 庆	9737	746681	214491	36757	12.8
四 川	70492	3287381	2377253	134424	18.6
贵 州	12976	333588	60592	11230	6.2
云 南	18165	860762	195812	85485	37.6
西 藏					
陕 西	31632	2121564	454151	31457	14.7
甘 肃	8310	480575	44481	16090	17.4
青 海	10031	444911	69269	30348	19.5
宁 夏	1302	30184	10285	21498	6.3
新 疆	24641	1264928	145913	16419	14.2

3-8 各地区中央建筑业企业主要生产效益指标

地区	建筑业企业个数（个）	直接从事生产经营活动的平均人数（人）	按总产值计算的劳动生产率（元/人）	人均竣工产值（元/人）	人均施工面积（平方米/人）	人均竣工面积（平方米/人）
全国总计	**1288**	**4599901**	**580395**	**216243**	**274.2**	**44.9**
北京	177	351299	1125288	493486	903.9	149.9
天津	56	246680	643575	234026	250.7	43.5
河北	44	87467	852154	404791	291.1	35.9
山西	52	262826	379315	171389	95.1	4.3
内蒙古	7	9500	974719	268603	499.9	97.4
辽宁	112	174465	589519	232301	220.5	26.3
吉林	35	31329	631499	160132	78.1	24.3
黑龙江	25	64353	327168	170641	11.1	6.3
上海	56	225413	759111	286515	453.6	65.9
江苏	35	152639	545707	232751	157.8	28.7
浙江	19	23665	779606	331043	22.7	7.3
安徽	25	113718	659713	152542	331.0	53.6
福建	21	94910	412307	185905	289.5	29.9
江西	21	69597	484188	122363	82.4	18.8
山东	60	234075	466469	154935	156.1	26.1
河南	67	371700	432457	134189	108.8	10.4
湖北	65	256709	1237128	298050	494.3	66.5
湖南	32	296729	344144	204710	258.4	54.7
广东	76	246728	674148	255121	569.4	74.6
广西	13	31382	549117	391116	79.3	11.1
海南	1	193	515000			
重庆	25	101495	438212	231887	159.9	72.6
四川	61	371809	429583	127688	109.1	18.8
贵州	19	62632	547849	239349	518.4	80.0
云南	9	44993	468359	72409	53.0	18.4
西藏						
陕西	60	320379	396723	115838	76.8	11.0
甘肃	25	21389	756238	240141	103.0	25.2
青海	9	21923	746885	141991	108.5	11.2
宁夏	6	15147	311797	199381	118.5	45.0
新疆	75	294757	239347	123369	139.7	52.2

3-9 各地区中央建筑业企业营业额

单位：万元

地区	企业营业额	在境外完成的营业额	企业总产值	#建筑业总产值
全国总计	**320015670**	**21854807**	**298160863**	**266976146**
北京	49903828	8362969	41540859	39531257
天津	17537359	834963	16702396	15875718
河北	8842068	298367	8543700	7453531
山西	10221834	157887	10063947	9969377
内蒙古	1024871		1024871	925983
辽宁	16800958	398633	16402325	10285051
吉林	2225497	196257	2029240	1978424
黑龙江	2921178	117855	2803323	2105427
上海	19485659	610035	18875624	17111344
江苏	9716206	748264	8967941	8329618
浙江	2567137	53809	2513328	1844938
安徽	8525653	524182	8001471	7502129
福建	4126340	172118	3954222	3913206
江西	3672615	68159	3604456	3369806
山东	14260632	1653374	12607258	10918863
河南	18882016	948705	17933311	16074424
湖北	38495849	2543694	35952155	31758199
湖南	10991992	711815	10280177	10211763
广东	17904136	853682	17050454	16633124
广西	2184913	156204	2028709	1723240
海南	9940		9940	9940
重庆	4895597	5273	4890324	4447635
四川	21278999	768548	20510451	15972295
贵州	3503874	38034	3465841	3431288
云南	2743228	536758	2206471	2107288
西藏				
陕西	14984011	563198	14420813	12710163
甘肃	1660751	767	1659984	1617516
青海	1836279	106502	1729777	1637395
宁夏	482661	1736	480925	472280
新疆	8329591	423019	7906572	7054925

3-10 各地区中央建筑业企业资产构成

单位：万元

地区	资产合计	#流动资产合计	#存货	#非流动资产合计	#固定资产合计
全国总计	**322234911**	**240295189**	**59430928**	**81939722**	**24753263**
北京	89189756	55139047	9548755	34050709	2482654
天津	20756747	14736749	3433089	6019998	2677830
河北	7709788	6263517	1920361	1446271	780363
山西	12484283	10263994	1508819	2220289	555837
内蒙古	1006472	806889	294620	199583	112169
辽宁	9815754	8469796	2380883	1345958	657369
吉林	1699802	1386969	394579	312833	188031
黑龙江	2918873	2598959	518065	319915	235088
上海	19076624	13855431	3792737	5221193	1301245
江苏	7459805	6056340	1805517	1403465	606193
浙江	2218705	1815111	540666	403595	251651
安徽	7639197	6101408	1374499	1537789	471807
福建	2647270	2145784	509816	501486	181362
江西	1886405	1644325	439818	242081	182925
山东	11921455	9761346	2795022	2160110	1430834
河南	16360070	13977552	3265945	2382518	1288381
湖北	32693794	24534128	8354936	8159666	5395171
湖南	7996515	6291490	1694090	1705025	371798
广东	17140036	13443601	3413606	3696435	1325296
广西	1561397	1272772	564256	288625	148812
海南	10428	9779		649	429
重庆	3904052	3155224	593207	748828	452674
四川	15471924	13298123	4553700	2173801	1043864
贵州	2392366	2164020	734050	228346	119133
云南	2084566	1590932	509889	493634	331647
西藏					
陕西	14870661	12402518	2703582	2468143	943715
甘肃	1946491	1553870	330747	392621	120729
青海	1433906	1001430	273117	432476	416326
宁夏	357335	315524	115006	41811	32849
新疆	5580434	4238562	1067552	1341872	647086

3-11 各地区中央建筑业企业固定资产情况

单位：万元

地 区	固定资产合计	固定资产原价	固定资产折旧	#本年折旧	在建工程
全国总计	**24753263**	**37331629**	**18244831**	**3291532**	**1632383**
北 京	2482654	3761457	1681588	367102	263760
天 津	2677830	3870461	1575466	324019	165899
河 北	780363	1279402	567686	102211	56644
山 西	555837	1125099	635565	112217	9121
内蒙古	112169	191896	82989	14034	2620
辽 宁	657369	1377446	783899	82505	35997
吉 林	188031	381336	214700	66359	10066
黑龙江	235088	513255	295018	30039	16036
上 海	1301245	2311701	1219246	129799	114819
江 苏	606193	1440230	903690	92638	63544
浙 江	251651	483336	256016	33002	13878
安 徽	471807	801970	343396	68144	13234
福 建	181362	326039	157711	21065	13033
江 西	182925	267139	141811	19356	48331
山 东	1430834	1916247	984752	177406	52604
河 南	1288381	2336946	1155477	245365	51596
湖 北	5395171	4909354	2273507	469363	248650
湖 南	371798	707640	402118	75910	47092
广 东	1325296	2036130	893994	166650	131073
广 西	148812	297084	192587	20592	37899
海 南	429	685	256	93	
重 庆	452674	706313	294309	42271	39101
四 川	1043864	2162914	1157241	218035	32926
贵 州	119133	251169	134535	17658	2028
云 南	331647	545412	218837	47805	4990
西 藏					
陕 西	943715	1876701	1026795	209979	71261
甘 肃	120729	223817	121115	20033	1890
青 海	416326	256204	143398	24375	6243
宁 夏	32849	60859	28653	5171	597
新 疆	647086	913389	358477	88338	77453

3-12 各地区中央建筑业企业负债及所有者权益

单位：万元

地区	负债合计	#流动负债	#应付账款	所有者权益	#实收资本
全国总计	**253186980**	**226924214**	**98140565**	**69047931**	**36829107**
北京	61036739	50802411	21090892	28153017	12086359
天津	15728635	14237971	7045811	5028112	2948104
河北	6231177	5816485	2597094	1478611	1059821
山西	10803245	10445703	4471173	1681039	1096947
内蒙古	866596	849658	269795	139876	100295
辽宁	8291761	7849490	3540214	1523992	1186764
吉林	1447688	1315835	696235	252114	374134
黑龙江	2656805	2600160	1205745	262069	339728
上海	14958365	13757056	5936448	4118259	2559901
江苏	5949991	5831040	2485628	1509814	843495
浙江	1659026	1596553	799236	559680	286440
安徽	6490474	6372550	3102295	1148723	673135
福建	2168448	2114811	895890	478822	328577
江西	1591695	1564798	806197	294710	219998
山东	10172696	9571026	4217279	1748759	1096501
河南	13629954	12768822	5620016	2730116	1668153
湖北	27475517	22858815	10493269	5218277	1961554
湖南	6645090	6174752	3071487	1351426	697756
广东	13814629	12213981	5658898	3325407	2134184
广西	1295731	1235861	440243	265666	188603
海南	3930	3930	3778	6498	3000
重庆	3202858	2980457	1288810	701193	520612
四川	12970603	12282222	3135284	2501321	1413349
贵州	1986720	1933803	824354	405646	216368
云南	1715515	1558725	489546	369052	155739
西藏					
陕西	12542219	11313255	5094719	2328442	1711859
甘肃	1634911	1558659	634877	311580	264487
青海	1123960	915202	473466	309946	121250
宁夏	352069	341268	161284	5266	26848
新疆	4739936	4058916	1590603	840499	545145

3-13 各地区中央建筑业企业实收资本

单位：万元

地区	合计	国家资本	集体资本	法人资本	个人资本	港澳台资本	外商资本
全国总计	**36829107**	**16681712**	**123112**	**18367491**	**1622124**	**33515**	**1153**
北　京	12086359	6903110	9655	3998041	1172659	2770	124
天　津	2948104	585342	248	2177583	184931		
河　北	1059821	316843	16743	726176	60		
山　西	1096947	471991	810	623847	300		
内蒙古	100295	22163	230	77902			
辽　宁	1186764	765273	23043	353931	44077	440	
吉　林	374134	59706	6654	300774	7000		
黑龙江	339728	130793	3165	205770			
上　海	2559901	730648	5765	1822845	143		500
江　苏	843495	551646	2400	265143	24306		
浙　江	286440	118155	11610	154126		2549	
安　徽	673135	373631		298967	538		
福　建	328577	68383		260194			
江　西	219998	150714	2699	57250	9335		
山　东	1096501	604317	910	473845	17429		
河　南	1668153	496594		1168585	2975		
湖　北	1961554	852315	1000	1105624	2615		
湖　南	697756	123168		573727	500		362
广　东	2134184	461630	167	1632759	11707	27756	167
广　西	188603	164639		23963			
海　南	3000			3000			
重　庆	520612	365154	25101	107529	22828		
四　川	1413349	1166077	3121	167187	76964		
贵　州	216368	110242	609	104812	705		
云　南	155739	117942	250	37548			
西　藏							
陕　西	1711859	399183	1960	1309079	1636		
甘　肃	264487	223607		40879			
青　海	121250	21900		99350			
宁　夏	26848	13940	4159	8749			
新　疆	545145	312608	2812	188307	41417		

3-14 各地区中央建筑业企业收入情况

单位：万元

地区	主营业务收入	#主营业务成本	#主营业务税金及附加	其他业务收入	#其他业务成本	#其他业务利润
全国总计	**301370328**	**274401607**	**8092519**	**2542705**	**3263253**	**397511**
北京	52915851	48759677	1145563	325096	800981	83454
天津	17434291	15630658	470015	49319	80759	11785
河北	7602928	6794434	198165	59708	79766	4029
山西	10796261	9726143	275276	34739	36529	4479
内蒙古	1013049	879058	31390	4751	4082	134
辽宁	10395230	9411664	290166	48548	141455	6190
吉林	1913455	1757443	47597	84707	83632	-674
黑龙江	2649085	2494862	43486	10401	4763	4950
上海	19430560	17702196	532425	76364	61210	13541
江苏	9296385	8428866	254888	46502	39190	4380
浙江	2545647	2233840	57500	12552	8644	3588
安徽	7989972	7188035	241384	45905	138624	6883
福建	4077113	3730371	130427	22637	20411	1821
江西	3581631	3358670	104743	7402	9188	1653
山东	12750331	11710062	322539	85348	78327	12162
河南	18819053	17004114	489074	56201	292149	17131
湖北	34251990	30708928	1136258	738072	659050	67878
湖南	9586673	8809932	275151	25162	15051	9031
广东	18368147	16716934	443814	53278	34938	17996
广西	1689986	1569336	45763	18120	12438	4889
海南	13758	11273	446			
重庆	4676359	4272278	141849	9638	7583	1695
四川	16439251	14869812	481704	403514	383104	81311
贵州	3226267	2951532	107476	13974	10027	1072
云南	2152900	1947958	47866	5943	4212	1421
西藏						
陕西	16430442	15170155	493618	43071	23709	14717
甘肃	1821206	1739122	38729	31698	32226	150
青海	1780536	1585324	40628	26051	21629	5924
宁夏	534838	522352	16688	8899	1659	7145
新疆	7187135	6716583	187890	195106	177919	8778

3-15 各地区中央建筑业企业费用情况

单位：万元

地　区	管理费用	#税金	销售费用	财务费用	#利息收入	#利息支出
全国总计	**9391340**	**302621**	**320163**	**1781636**	**1677662**	**2997894**
北　京	1411617	19470	29843	324561	778795	967991
天　津	630004	39946	12397	168122	59100	192945
河　北	354123	5848	21447	62955	9770	66676
山　西	440480	4090	4026	48295	59743	104092
内蒙古	28085	1601	315	20133	260	19458
辽　宁	401895	14353	2980	52794	25429	72959
吉　林	79286	7067	8225	10767	4063	6330
黑龙江	86036	13092	6868	10300	5824	7999
上　海	601990	9126	37039	113038	151858	236639
江　苏	253795	6273	4775	41758	15372	46596
浙　江	139100	3078	1870	4530	3304	6261
安　徽	267663	3667	4589	-32465	48507	21841
福　建	98236	1532	815	20146	2014	16955
江　西	81206	839	1579	-2282	3079	5939
山　东	399155	9322	14707	33284	80251	106792
河　南	612494	8524	13951	117347	91763	170624
湖　北	1140570	13736	87077	263684	94283	320379
湖　南	281998	4684	2071	31496	55997	71085
广　东	389510	8120	3939	170808	32909	176864
广　西	63218	1609	1677	16941	1973	15413
海　南	1372	38		-26	26	
重　庆	126034	3069	14528	22573	7256	22216
四　川	584833	102313	21031	99811	45268	93566
贵　州	75846	1076	800	18164	2643	18577
云　南	52355	1164	1535	13688	8315	14679
西　藏						
陕　西	448446	5114	13667	65081	75497	138757
甘　肃	58014	1045	1913	13597	1668	13840
青　海	77388	556	202	11791	82	8432
宁　夏	15598	744	639	7567	21	586
新　疆	190993	11527	5662	53178	12593	53403

3-16 各地区中央建筑业企业利润及税金情况

单位：万元

地区	利润总额	#应交所得税	税金总额	主营业务税金及附加	管理费用中的税金
全国总计	**9400676**	**1445818**	**8395140**	**8092519**	**302621**
北京	2596135	319847	1165033	1145563	19470
天津	657922	115779	509960	470015	39946
河北	146469	38331	204013	198165	5848
山西	395795	19722	279366	275276	4090
内蒙古	42967	11205	32991	31390	1601
辽宁	149823	27832	304519	290166	14353
吉林	9811	8835	54663	47597	7067
黑龙江	50637	4789	56578	43486	13092
上海	806588	110891	541551	532425	9126
江苏	297272	59454	261162	254888	6273
浙江	120469	33879	60578	57500	3078
安徽	264240	61578	245051	241384	3667
福建	95629	26990	131958	130427	1532
江西	26876	6133	105582	104743	839
山东	328373	67120	331861	322539	9322
河南	313541	79629	497597	489074	8524
湖北	1017147	144049	1149995	1136258	13736
湖南	271559	48053	279835	275151	4684
广东	559168	101876	451934	443814	8120
广西	-5246	7660	47372	45763	1609
海南	736	184	484	446	38
重庆	103807	15279	144918	141849	3069
四川	542655	37364	584018	481704	102313
贵州	74453	17348	108552	107476	1076
云南	78577	16006	49031	47866	1164
西藏					
陕西	345026	34894	498732	493618	5114
甘肃	-16231	4698	39774	38729	1045
青海	78430	8193	41184	40628	556
宁夏	-23499	1082	17433	16688	744
新疆	71550	17122	199417	187890	11527

3-17 各地区中央建筑业企业应收工程款及企业亏损情况

地区	应收工程款(万元)	企业个数(个)	#亏损企业个数	亏损企业的比重(%)
全国总计	**54065384**	**1288**	**126**	**9.8**
北京	9284383	177	18	10.2
天津	4734600	56	2	3.6
河北	1717937	44	9	20.5
山西	2344025	52	6	11.5
内蒙古	233159	7	1	
辽宁	2485084	112	11	9.8
吉林	536936	35	9	25.7
黑龙江	327402	25	6	24.0
上海	3606291	56	5	8.9
江苏	1591177	35	3	8.6
浙江	306179	19		
安徽	1852600	25		
福建	501071	21		
江西	319836	21	1	4.8
山东	2768360	60	5	8.3
河南	3044814	67	9	13.4
湖北	4686174	65	2	3.1
湖南	1512919	32	2	6.3
广东	3286301	76	5	6.6
广西	183944	13	3	23.1
海南		1		
重庆	768303	25		
四川	2250512	61	9	14.8
贵州	728014	19	2	10.5
云南	337231	9	2	22.2
西藏				
陕西	2607864	60	1	1.7
甘肃	485236	25	4	16.0
青海	258057	9	1	11.1
宁夏	134061	6	2	33.3
新疆	1172915	75	8	10.7

3-18 各地区中央建筑业企业主要经济效益指标

地　区	产值利润率 (%)	产值利税率 (%)	资本利润率 (%)	资本利税率 (%)	人均利润 (元/人)	人均利税 (元/人)	资产负债率 (%)
全国总计	**3.5**	**6.7**	**25.5**	**48.3**	**20437**	**38687**	**78.6**
北　京	6.6	9.5	21.5	31.1	73901	107065	68.4
天　津	4.1	7.4	22.3	39.6	26671	47344	75.8
河　北	2.0	4.7	13.8	33.1	16746	40070	80.8
山　西	4.0	6.8	36.1	61.5	15059	25688	86.5
内蒙古	4.6	8.2	42.8	75.7	45229	79956	86.1
辽　宁	1.5	4.4	12.6	38.3	8588	26042	84.5
吉　林	0.5	3.3	2.6	17.2	3132	20580	85.2
黑龙江	2.4	5.1	14.9	31.6	7869	16660	91.0
上　海	4.7	7.9	31.5	52.7	35783	59807	78.4
江　苏	3.6	6.7	35.2	66.2	19476	36585	79.8
浙　江	6.5	9.8	42.1	63.2	50906	76504	74.8
安　徽	3.5	6.8	39.3	75.7	23236	44785	85.0
福　建	2.4	5.8	29.1	69.3	10076	23979	81.9
江　西	0.8	3.9	12.2	60.2	3862	19032	84.4
山　东	3.0	6.0	29.9	60.2	14029	28206	85.3
河　南	2.0	5.0	18.8	48.6	8435	21822	83.3
湖　北	3.2	6.8	51.9	110.5	39623	84420	84.0
湖　南	2.7	5.4	38.9	79.0	9152	18582	83.1
广　东	3.4	6.1	26.2	47.4	22663	40980	80.6
广　西	-0.3	2.4	-2.8	22.3	-1672	13424	83.0
海　南	7.4	12.3	24.5	40.7	38130	63192	37.7
重　庆	2.3	5.6	19.9	47.8	10228	24506	82.0
四　川	3.4	7.1	38.4	79.7	14595	30302	83.8
贵　州	2.2	5.3	34.4	84.6	11887	29219	83.0
云　南	3.7	6.1	50.5	81.9	17464	28362	82.3
西　藏							
陕　西	2.7	6.6	20.2	49.3	10769	26336	84.3
甘　肃	-1.0	1.5	-6.1	8.9	-7588	11007	84.0
青　海	4.8	7.3	64.7	98.7	35775	54561	78.4
宁　夏	-5.0	-1.3	-87.5	-22.6	-15514	-4005	98.5
新　疆	1.0	3.8	13.1	49.7	2427	9193	84.9

3-19 各地区地方建筑业企业签订合同情况

单位：万元

地　区	合同总额	上年结转合同额	本年新签合同额
全国总计	**2161109900**	**781948839**	**1379161062**
北　京	69216450	30848564	38367886
天　津	31544864	11934833	19610031
河　北	67868138	24027433	43840706
山　西	27848576	9130299	18718276
内蒙古	20870854	9336624	11534230
辽　宁	98021914	26886013	71135902
吉　林	27038887	8406554	18632333
黑龙江	26293082	7614296	18678786
上　海	74525216	34160102	40365115
江　苏	314137454	110257839	203879615
浙　江	342083985	136415185	205668800
安　徽	65114385	22220145	42894240
福　建	89730663	32026314	57704349
江　西	54654097	15652752	39001345
山　东	102916473	31299800	71616673
河　南	76740674	23514316	53226358
湖　北	81055556	24821088	56234468
湖　南	77774213	31072768	46701445
广　东	125786064	52225987	73560077
广　西	43966815	17625794	26341021
海　南	5642445	2559882	3082563
重　庆	70861408	26489824	44371584
四　川	96757793	34929195	61828598
贵　州	24389764	9677754	14712010
云　南	42041339	14439254	27602085
西　藏	1109733	299470	810264
陕　西	44882798	15539592	29343205
甘　肃	23753524	7430054	16323470
青　海	4505436	1497575	3007862
宁　夏	8655847	2900533	5755313
新　疆	21321454	6709005	14612449

3-20 各地区地方建筑业企业承包工程完成情况

单位：万元

地 区	直接从建设单位承揽工程完成的产值	自行完成施工产值	分包出去工程的产值	从建设单位以外承揽工程完成的产值
全国总计	**1316584179**	**1292992329**	**23591850**	**43692158**
北 京	34134276	32103146	2031130	3009206
天 津	20906243	20202873	703370	865771
河 北	44589132	44340052	249081	655427
山 西	20323099	20266138	56960	108141
内蒙古	14635304	14606360	28944	179276
辽 宁	75458534	75035484	423051	971374
吉 林	20154894	19974953	179942	161031
黑龙江	22586914	22565249	21665	48683
上 海	37178795	30391455	6787340	4556417
江 苏	199501108	199126513	374596	12479968
浙 江	196874780	194962656	1912124	5192648
安 徽	41462021	41114710	347311	1038310
福 建	49754996	49469753	285244	1234542
江 西	30916135	30216465	699670	1113492
山 东	73245794	72738281	507513	1019603
河 南	53419667	53220146	199522	737444
湖 北	51971977	51329816	642161	1564675
湖 南	42082237	41893309	188928	733355
广 东	64548126	59385519	5162607	2620403
广 西	20889522	20803386	86137	372184
海 南	2875536	2831647	43890	21487
重 庆	42424780	41329289	1095491	1535243
四 川	55302695	54711673	591022	1415113
贵 州	10285531	10246766	38764	113472
云 南	26567560	26455722	111838	503020
西 藏	778857	758590	20267	11371
陕 西	26900094	26462366	437728	831105
甘 肃	15427850	15302974	124876	288137
青 海	2490576	2478919	11657	20795
宁 夏	5215807	5055403	160404	161518
新 疆	13681338	13612718	68621	128946

3-21 各地区地方建筑业总产值和竣工产值

单位：万元

地 区	建筑业总产值	#装饰装修产值	#在外省完成的产值	按构成分组：建筑工程产值	按构成分组：安装工程产值	按构成分组：其他产值	竣工产值
全国总计	**1336684487**	**90721703**	**334162964**	**1183555277**	**109571344**	**43557866**	**837291994**
北 京	35112352	8460464	13521297	33419310	1293517	399525	18460787
天 津	21068644	939789	2348057	17173332	2800775	1094537	10752137
河 北	44995479	2059172	11332914	38269993	3818808	2906679	23967313
山 西	20374279	817258	1561213	17006022	2345624	1022634	9432164
内蒙古	14785635	255277	362276	13092649	829091	863896	8827414
辽 宁	76006857	8715976	4284873	63415272	9083226	3508359	49773060
吉 林	20135984	964902	945795	17836951	1529875	769158	14069285
黑龙江	22613932	697983	1592339	19091020	2839092	683820	11505103
上 海	34947872	5447367	10538196	28579574	5400498	967799	20849141
江 苏	211606481	11608144	83316603	198662702	11235032	1708747	162870273
浙 江	200155304	12271509	100006895	182161960	13420273	4573071	123819000
安 徽	42153019	1718460	5816271	35909816	3411341	2831862	24867358
福 建	50704295	2200500	18599779	47195787	3159394	349114	31668762
江 西	31329957	2123766	9376250	27075128	2074926	2179903	20702288
山 东	73757884	4517700	7240370	62452952	8999469	2305462	42735418
河 南	53957590	2974553	7337783	47297140	4721528	1938922	34654666
湖 北	52894492	3373385	8689204	45611881	5350670	1931941	36143423
湖 南	42626663	1803790	9597171	36432356	2725904	3468403	28778051
广 东	62005922	11960018	12163370	52561393	7436848	2007682	34151502
广 西	21175570	811114	3085318	18450941	1586064	1138565	12047141
海 南	2853134	222744	173356	2443137	165313	244684	2013622
重 庆	42864532	1600307	7050375	38598735	2669231	1596565	23019195
四 川	56126786	2077020	7961493	49882134	4421662	1822990	34509316
贵 州	10360238	306278	1115633	9220770	600024	539445	4434077
云 南	26958742	542593	851552	24190903	2017401	750438	15627826
西 藏	769961	24913	89	642418	41943	85601	415095
陕 西	27293471	1287195	2966625	23805772	2673896	813803	13449450
甘 肃	15591112	505476	1675490	13780082	1324056	486974	8595729
青 海	2499715	53352	116288	2054004	295018	150693	1385688
宁 夏	5216921	111128	236969	4952537	226965	37420	4075327
新 疆	13741664	269574	299120	12288607	1073881	379176	9692383

3-22 各地区地方建筑业企业房屋建筑面积

地 区	房屋建筑施工面积(万平方米)	#本 年新开工	#实行投标承包面积	#本年新开工	房屋建筑竣工面积(万平方米)	房屋建筑面积竣工率(%)
全国总计	**1005874.6**	**474969.3**	**794781.0**	**384769.3**	**380865.5**	**37.9**
北 京	17504.4	5393.9	15826.1	5140.8	3683.3	21.0
天 津	6817.6	2794.0	5604.5	2242.9	2563.2	37.6
河 北	33913.9	16700.7	28425.0	14246.4	12493.7	36.8
山 西	10606.8	4223.3	8719.5	3199.2	3608.3	34.0
内蒙古	8364.7	4283.7	6887.1	3610.7	3538.1	42.3
辽 宁	38441.6	23138.5	27828.6	17086.7	19328.3	50.3
吉 林	12274.2	7665.8	8334.1	5806.8	6268.1	51.1
黑龙江	8103.5	4704.2	5963.5	3667.6	4349.5	53.7
上 海	19834.1	7525.7	16825.1	6316.6	5589.1	28.2
江 苏	194364.9	85640.2	172871.6	76792.0	68555.2	35.3
浙 江	184963.7	79274.5	152467.2	66649.6	61532.1	33.3
安 徽	32510.0	16321.4	23878.1	13032.0	14241.5	43.8
福 建	45506.2	18823.9	33442.8	13701.0	13577.4	29.8
江 西	22571.0	13270.7	16203.4	10049.5	11750.4	52.1
山 东	60935.4	31151.9	48902.3	25950.0	23126.8	38.0
河 南	39365.7	21631.8	32837.2	19128.2	17793.7	45.2
湖 北	36247.8	23031.3	26670.1	18083.5	21067.4	58.1
湖 南	35861.0	17352.9	28999.3	14598.0	14269.1	39.8
广 东	38348.3	16852.6	21095.0	10073.3	12597.6	32.9
广 西	18067.1	7344.5	15121.4	6255.6	5752.9	31.8
海 南	2195.4	775.1	1837.3	669.2	914.7	41.7
重 庆	28261.9	13152.9	17292.1	8682.2	11503.7	40.7
四 川	43320.3	20808.8	27355.7	14108.2	17512.7	40.4
贵 州	9020.9	3681.6	5826.0	2293.2	1971.1	21.9
云 南	15464.3	8199.5	10576.0	5508.3	6635.4	42.9
西 藏	201.6	168.2	151.5	139.7	123.4	61.2
陕 西	18318.5	7612.3	15096.3	6422.5	6052.2	33.0
甘 肃	10099.1	5502.9	7608.6	4351.4	3922.8	38.8
青 海	920.4	429.8	575.3	304.4	442.0	48.0
宁 夏	4497.0	2114.4	4186.4	1943.0	1871.4	41.6
新 疆	8973.2	5398.4	7374.1	4716.7	4230.4	47.1

3-23 各地区按主要用途分的地方建筑业企业房屋建筑竣工面积

单位：万平方米

地区	总计	住宅房屋	商业及服务用房屋	商厦房屋(批发和零售用房)	宾馆用房屋(住宿用房)	餐饮用房屋(餐饮用房)
全国总计	**380865.5**	**255119.3**	**23229.9**	**9655.0**	**3395.2**	**1145.5**
北京	3683.3	2382.6	279.9	107.0	42.9	10.8
天津	2563.2	1577.4	181.1	90.8	4.7	2.8
河北	12493.7	8969.1	561.7	254.0	74.7	19.7
山西	3608.3	2628.5	175.3	43.2	42.1	8.7
内蒙古	3538.1	2687.2	210.7	54.6	30.4	6.4
辽宁	19328.3	14331.3	794.5	317.2	76.6	77.7
吉林	6268.1	4694.8	233.0	92.7	33.2	3.8
黑龙江	4349.5	3561.6	209.7	43.2	15.3	12.1
上海	5589.1	2927.2	702.4	351.7	46.4	1.5
江苏	68555.2	48794.8	3125.8	1425.0	684.6	245.2
浙江	61532.1	33207.5	5084.4	2530.6	765.4	229.8
安徽	14241.5	9144.5	732.9	325.2	66.4	13.8
福建	13577.4	9099.9	678.1	228.6	81.4	26.9
江西	11750.4	7653.1	810.5	244.6	127.8	47.0
山东	23126.8	16350.9	1300.0	542.1	96.4	53.8
河南	17793.7	12523.0	875.5	261.5	187.7	88.5
湖北	21067.4	14139.9	1250.9	579.9	248.9	37.3
湖南	14269.1	9990.8	909.2	432.6	132.0	18.2
广东	12597.6	7279.3	928.5	315.7	98.9	33.5
广西	5752.9	3730.8	252.1	69.2	68.5	8.3
海南	914.7	547.6	108.3	44.0	20.1	6.8
重庆	11503.7	8628.9	698.6	192.0	42.7	47.2
四川	17512.7	13164.1	1181.0	361.7	166.8	54.6
贵州	1971.1	1138.1	137.8	78.4	14.8	3.1
云南	6635.4	4433.1	637.8	197.3	88.6	20.1
西藏	123.4	74.3	7.7	5.6	0.7	0.1
陕西	6052.2	4312.3	417.4	143.3	74.2	28.9
甘肃	3922.8	2859.9	213.1	78.3	18.3	9.8
青海	442.0	287.3	23.5	3.4	3.4	0.5
宁夏	1871.4	1094.9	183.2	102.5	3.9	3.0
新疆	4230.4	2904.6	325.3	139.0	37.4	25.6

3-23 续表 1

单位：万平方米

地区	商务会展用房屋	其他商业及服务用房屋(居民服务业用房)	办公用房屋	科研、教育和医疗用房屋	科学研究用房屋	教育用房屋
全国总计	**1309.1**	**7725.1**	**22045.3**	**15804.5**	**1492.6**	**10748.0**
北京	15.2	104.0	316.5	180.4	44.2	115.0
天津	5.1	77.8	145.5	77.2	9.6	59.1
河北	18.2	195.0	754.0	583.5	64.3	433.4
山西	14.4	67.0	267.7	237.1	11.6	194.5
内蒙古	11.2	108.1	186.5	147.6	4.9	120.9
辽宁	9.4	313.5	707.9	417.4	21.7	287.2
吉林	18.3	85.1	254.6	143.0	8.6	111.2
黑龙江	5.2	133.8	147.0	126.7	4.1	70.7
上海	67.0	235.8	365.0	183.2	33.1	100.1
江苏	330.8	440.1	3377.0	1967.8	233.8	1301.7
浙江	344.3	1214.2	4418.6	1828.9	261.4	1145.2
安徽	19.5	308.0	1068.2	701.5	20.6	539.2
福建	45.8	295.5	752.8	529.8	72.0	376.6
江西	28.8	362.3	854.3	592.5	63.8	427.7
山东	71.9	535.8	994.9	895.0	58.7	595.0
河南	39.5	298.3	1292.8	1060.3	104.5	727.0
湖北	23.1	361.7	1396.6	1043.6	128.8	529.2
湖南	43.1	283.4	810.5	775.2	55.0	517.2
广东	35.6	444.9	716.0	584.2	69.5	387.8
广西	9.2	96.9	425.3	557.7	34.9	374.9
海南	11.0	26.5	61.8	89.2	7.4	59.5
重庆	35.1	381.6	406.8	323.9	21.2	218.1
四川	65.0	532.8	664.4	659.1	35.1	463.6
贵州	4.2	37.2	175.6	285.7	4.6	219.4
云南	13.3	318.5	356.2	575.4	32.8	401.0
西藏	0.1	1.1	23.2	9.4	1.4	7.3
陕西	8.9	162.0	355.6	368.8	31.8	265.1
甘肃	3.2	103.6	186.6	304.1	30.9	222.7
青海	2.0	14.1	51.3	46.7	0.1	38.3
宁夏	4.2	69.6	186.5	204.3	2.4	195.1
新疆	6.3	117.1	325.6	305.4	20.0	244.0

3-23 续表 2

单位：万平方米

地　区	医疗用房屋（卫生医疗用房）	文化、体育和娱乐用房屋	厂房及建筑物	#厂房	仓　库	其他未列明的房屋建筑物
全国总计	**3563.9**	**3326.5**	**50861.4**	**34266.7**	**2517.3**	**7961.3**
北　京	21.1	39.7	343.0	257.0	14.5	126.7
天　津	8.5	23.0	415.4	220.9	36.9	106.6
河　北	85.8	86.8	1084.1	707.4	40.9	413.6
山　西	31.0	27.2	201.2	131.6	17.7	53.6
内蒙古	21.7	14.4	107.8	74.0	6.7	177.2
辽　宁	108.5	75.2	2391.1	1298.2	147.7	463.2
吉　林	23.2	40.8	651.2	303.2	22.2	228.5
黑龙江	51.9	23.2	208.9	113.7	16.5	55.9
上　海	50.0	40.8	1165.7	775.5	85.7	119.1
江　苏	432.3	476.2	9582.2	7692.8	379.4	852.0
浙　江	422.3	715.2	14813.8	10776.8	545.8	917.9
安　徽	141.7	117.0	1974.9	1225.7	76.9	425.6
福　建	81.2	131.5	2196.4	1289.6	87.1	101.7
江　西	101.0	179.4	1335.4	732.8	69.7	255.5
山　东	241.3	174.6	2858.7	1808.3	220.6	332.2
河　南	228.8	151.1	1465.8	795.6	126.5	298.8
湖　北	385.6	274.6	2385.1	1208.8	121.7	455.0
湖　南	203.0	105.8	1235.1	783.3	67.9	374.6
广　东	126.9	72.4	2440.3	1579.4	124.1	452.8
广　西	147.9	111.0	445.8	293.1	35.7	194.6
海　南	22.4	19.0	23.1	15.8	11.7	54.0
重　庆	84.5	90.5	888.8	523.4	54.5	411.8
四　川	160.4	106.1	1309.9	817.6	96.2	332.0
贵　州	61.8	20.6	113.9	79.5	6.5	92.9
云　南	141.6	72.8	346.7	213.8	26.5	186.8
西　藏	0.7	2.3	1.9	0.1	1.2	3.5
陕　西	71.9	46.6	387.6	205.8	37.6	126.3
甘　肃	50.5	38.3	218.3	137.0	18.0	84.5
青　海	8.3	5.9	14.9	6.3	2.2	10.2
宁　夏	6.8	14.0	70.7	66.9	3.9	113.9
新　疆	41.4	30.7	183.8	132.9	14.8	140.2

3-24 各地区按主要用途分的地方建筑业企业房屋建筑竣工价值

单位：万元

地区	总计	住宅房屋	商业及服务用房屋	商厦房屋(批发和零售用房)	宾馆用房屋(住宿用房)	餐饮用房屋(餐饮用房)
全国总计	**542158868**	**360415876**	**36151552**	**14555641**	**5417536**	**1797233**
北京	8369990	4694545	624056	284052	89887	21136
天津	4813978	2779230	312936	159147	10779	7076
河北	17299684	11655294	897271	457037	98885	24368
山西	5086812	3471806	273948	45765	69565	16367
内蒙古	5178116	3705325	341015	86188	46871	13128
辽宁	27426227	20060584	1063666	446994	92713	106937
吉林	8521799	6402567	340178	134496	28736	4974
黑龙江	6641023	5301530	332233	67008	20331	17539
上海	10668611	4892153	1400702	330643	144951	2844
江苏	110044445	77462110	5498227	2454902	1239510	442621
浙江	90489043	52193866	8322645	4083692	1284675	403669
安徽	16442727	10762550	935155	443516	114231	15770
福建	20055416	13944163	1105240	345126	164003	38653
江西	13274917	8476728	1002003	262744	209406	55702
山东	29185544	20128557	1889942	749598	135562	78257
河南	20501202	14308978	1024417	324291	197263	93102
湖北	26775816	17779471	1647547	812517	314163	43717
湖南	17877501	12187573	1290358	556804	226270	24399
广东	18516899	11134787	1646532	425744	146609	25503
广西	7608629	4810775	336199	81311	87619	11544
海南	1376385	847930	153141	62257	27311	8058
重庆	15636345	11653845	1006212	278824	51379	69658
四川	23491154	17571429	1753987	507482	218213	124772
贵州	2699464	1444900	269227	194732	26676	3637
云南	9443516	6083924	995564	291538	126851	34297
西藏	260954	151484	17562	13366	1748	249
陕西	9154115	6365996	604976	214836	139082	48893
甘肃	6405505	4317119	385162	144744	37915	19651
青海	688200	442134	37517	6403	5544	1252
宁夏	2377454	1446436	227765	146770	4931	5463
新疆	5847400	3938088	416170	143114	55858	33998

3-24 续表 1

单位：万元

地　区	商务会展用房屋	其他商业及服务用房屋(居民服务业用房)	办公用房　屋	科研、教育和医疗用房屋	科学研究用房屋	教育用房　屋
全国总计	**2199401**	**12181741**	**35116798**	**25176835**	**2656820**	**16199840**
北　京	33204	195776	936532	540663	132372	345027
天　津	10627	125307	381453	155806	20848	126800
河　北	22985	293996	1039841	993294	146111	706855
山　西	22757	119494	457583	394584	19133	321223
内蒙古	17900	176929	386904	259251	8933	195045
辽　宁	17208	399814	1167542	738044	49859	448751
吉　林	24947	147024	395508	207181	12462	158014
黑龙江	11031	216324	265240	236018	12018	120108
上　海	238089	684175	1154575	527935	107187	253969
江　苏	518061	843132	6153178	3883040	566211	2328405
浙　江	587472	1963137	7312414	3064700	417712	1822484
安　徽	29185	332454	1365409	822573	24334	632137
福　建	74995	482464	1147112	841769	140777	565460
江　西	27408	446743	1051246	742638	88950	509166
山　东	124182	802344	1443721	1408104	91924	870844
河　南	42135	367626	1613559	1325145	122971	882200
湖　北	32423	444727	1913138	1410320	133057	720630
湖　南	59808	423077	1146793	1054982	73874	673755
广　东	59988	988687	1109507	973122	135878	578436
广　西	9283	146442	564781	754400	38704	497053
海　南	11967	43548	85090	137874	7079	95597
重　庆	45618	560734	539300	507631	32740	322221
四　川	108117	795402	967579	985455	45679	668320
贵　州	5461	38721	217449	382801	5825	276693
云　南	20457	522422	532543	904529	55842	613366
西　藏	209	1990	52679	20499	3053	15396
陕　西	16569	185596	575816	544524	55830	380720
甘　肃	5761	177090	339956	547230	76144	387327
青　海	4278	20040	83756	76145	199	63365
宁　夏	9709	60893	235732	271526	3803	255804
新　疆	7568	175632	480864	465056	27315	364669

3-24 续表 2

单位：万元

地　区	医疗用房屋(卫生医疗用房)	文化、体育和娱乐用房屋	厂房及建筑物	#厂房	仓　库	其他未列明的房屋建筑物
全国总计	**6320175**	**6064514**	**63670038**	**43643101**	**3186086**	**12377171**
北　京	63264	221002	778764	576188	28507	545922
天　津	8158	111131	697248	395057	42065	334109
河　北	140328	133436	1717458	1252772	56356	806733
山　西	54229	70831	322657	230627	28016	67387
内蒙古	55274	36844	171280	112431	10921	266576
辽　宁	239435	166589	3413757	1859624	164436	651609
吉　林	36705	58753	847821	370736	27367	242426
黑龙江	103892	39276	371760	206247	23028	71939
上　海	166780	120191	2200797	1622285	154171	218086
江　苏	988423	1126344	13629753	10903205	580870	1710924
浙　江	824504	1225973	16357632	12022045	582800	1429015
安　徽	166103	145054	1919644	1156287	67266	425076
福　建	135532	245395	2488687	1505757	135291	147760
江　西	144523	218195	1464543	820196	65826	253738
山　东	445336	315182	3135033	1972379	268820	596185
河　南	319973	198092	1562582	840514	129239	339191
湖　北	556633	463603	2731326	1356705	125637	704775
湖　南	307353	151352	1466159	966020	113125	467160
广　东	258807	111951	2763833	1845767	155681	621487
广　西	218643	144013	655853	465392	47029	295581
海　南	35199	29017	33380	19804	12789	77165
重　庆	152670	116826	1067646	669640	86231	658656
四　川	271455	135692	1595799	1019797	86507	394706
贵　州	100283	26810	214171	172639	18097	126010
云　南	235322	117801	526626	320433	36775	245753
西　藏	2049	2563	3299	383	2907	9962
陕　西	107974	168003	635495	358233	52465	206840
甘　肃	83759	76957	509850	296720	40733	188499
青　海	12581	6127	20686	12925	4415	17421
宁　夏	11919	19920	82195	76821	5207	88674
新　疆	73072	61594	284308	215474	33510	167810

3-25 各地区地方建筑业企业施工机械设备情况

地 区	年末自有施工机械设备总台数(台)	年末自有施工机械设备总功率(千瓦)	年末自有施工机械设备净值(万元)	技术装备率(元/人)	动力装备率(千瓦/人)
全国总计	**10526530**	**215142038**	**48835852**	**11433**	**5.0**
北 京	87679	2384156	492605	15552	7.5
天 津	80103	2497235	480963	17613	9.1
河 北	824880	9991494	1527302	14070	9.2
山 西	184382	3970702	819424	16210	7.9
内蒙古	99791	2238246	488489	12729	5.8
辽 宁	368926	15796749	2256352	12481	8.7
吉 林	65900	2278121	508798	11679	5.2
黑龙江	108587	2240406	637041	16212	5.7
上 海	125066	2343629	574403	7944	3.2
江 苏	1766789	46631565	6863414	9110	6.2
浙 江	1020744	19985268	4402748	6472	2.9
安 徽	468756	10385465	1577056	9461	6.2
福 建	284914	6889605	1489925	6676	3.1
江 西	174043	4191298	903881	7260	3.4
山 东	722829	15464800	2869491	10984	5.9
河 南	738499	12463114	2062989	9178	5.5
湖 北	1099019	8987735	1859174	11573	5.6
湖 南	508442	10707409	1529446	11678	8.2
广 东	526108	9634498	2219070	12296	5.3
广 西	145811	2175437	442162	6063	3.0
海 南	8365	180315	31181	4009	2.3
重 庆	176864	3865699	790310	4810	2.4
四 川	243201	4658767	985266	4287	2.0
贵 州	53189	1456426	202174	5540	4.0
云 南	139257	4256276	11035295	135739	5.2
西 藏	4084	123368	41979	16600	4.9
陕 西	234177	3526140	717585	9588	4.7
甘 肃	149977	2934106	489886	8515	5.1
青 海	16093	318353	110705	12849	3.7
宁 夏	29109	701296	135375	12848	6.7
新 疆	70946	1864360	291362	11102	7.1

3-26 各地区地方建筑业企业主要生产效益指标

地　区	建筑业企业个数(个)	直接从事生产经营活动的平均人数(人)	按总产值计算的劳动生产率(元/人)	人均竣工产值(元/人)	人均施工面积(平方米/人)	人均竣工面积(平方米/人)
全国总计	**77631**	**45665492**	**292712**	**183353**	**220.3**	**83.4**
北　京	2932	475285	738764	388415	368.3	77.5
天　津	1517	570033	369604	188623	119.6	45.0
河　北	2340	1145311	392867	209265	296.1	109.1
山　西	2129	790932	257598	119254	134.1	45.6
内蒙古	866	527193	280460	167442	158.7	67.1
辽　宁	5785	2230005	340837	223197	172.4	86.7
吉　林	1823	526072	382761	267440	233.3	119.1
黑龙江	1983	954886	236823	120487	84.9	45.5
上　海	2758	956105	365523	218063	207.4	58.5
江　苏	9060	7672248	275808	212285	253.3	89.4
浙　江	5820	6709336	298324	184547	275.7	91.7
安　徽	2621	1644175	256378	151245	197.7	86.6
福　建	2602	2363891	214495	133969	192.5	57.4
江　西	1603	1053343	297434	196539	214.3	111.6
山　东	5648	2813147	262190	151913	216.6	82.2
河　南	4667	2150981	250851	161111	183.0	82.7
湖　北	3146	1479643	357481	244271	245.0	142.4
湖　南	1951	1677056	254176	171599	213.8	85.1
广　东	4255	1795318	345376	190225	213.6	70.2
广　西	1052	679025	311853	177418	266.1	84.7
海　南	143	71350	399879	282218	307.7	128.2
重　庆	2380	1503542	285090	153100	188.0	76.5
四　川	3273	2339876	239871	147484	185.1	74.8
贵　州	587	323417	320337	137101	278.9	60.9
云　南	2215	945522	285120	165283	163.6	70.2
西　藏	168	25084	306953	165482	80.4	49.2
陕　西	1330	885593	308194	151869	206.8	68.3
甘　肃	1199	560482	278173	153363	180.2	70.0
青　海	370	109803	227654	126198	83.8	40.3
宁　夏	507	197853	263677	205978	227.3	94.6
新　疆	901	488985	281024	198214	183.5	86.5

3-27 各地区地方建筑业企业营业额

单位：万元

地区	企业营业额	在境外完成的营业额	企业总产值	#建筑业总产值
全国总计	**1760665995**	**12945079**	**1747720916**	**1336684487**
北京	42835294	1034863	41800431	35112352
天津	22311020	148123	22162897	21068644
河北	46579832	163898	46415934	44995479
山西	21322288	52019	21270268	20374279
内蒙古	15048846	180594	14868252	14785635
辽宁	77751896	103205	77648690	76006857
吉林	20601106	60844	20540262	20135984
黑龙江	23366026	451796	22914230	22613932
上海	42466513	380334	42086179	34947872
江苏	578532742	3706349	574826393	211606481
浙江	204460510	611752	203848759	200155304
安徽	44559368	1134872	43424496	42153019
福建	51239853	113385	51126468	50704295
江西	32460616	372191	32088424	31329957
山东	80000889	754375	79246514	73757884
河南	56520500	253394	56267106	53957590
湖北	54750122	737432	54012690	52894492
湖南	43766827	357153	43409674	42626663
广东	65840878	131074	65709804	62005922
广西	21814791	164260	21650531	21175570
海南	3041679	11588	3030091	2853134
重庆	45006882	269818	44737064	42864532
四川	58535786	808415	57727371	56126786
贵州	10480772	38894	10441878	10360238
云南	28220462	419953	27800509	26958742
西藏	821525	1938	819587	769961
陕西	28123851	272419	27851432	27293471
甘肃	17859445	156590	17702854	15591112
青海	2617033	32443	2584591	2499715
宁夏	5325084		5325084	5216921
新疆	14403564	21111	14382453	13741664

3-28 各地区地方建筑业企业资产构成

单位：万元

地区	资产合计	#流动资产合计	#存货	#非流动资产合计	#固定资产合计
全国总计	**978709560**	**777090600**	**171841347**	**201618960**	**105717135**
北京	47641878	39429257	8717703	8212621	2236281
天津	24108327	20611076	3690532	3497251	1832136
河北	30211309	23961114	4542478	6250195	4361411
山西	21717978	15886568	3127041	5831410	2183224
内蒙古	16880429	13158937	2037157	3721492	2146552
辽宁	45217034	35802177	6059668	9414858	5667239
吉林	17593227	14332016	1740771	3261211	2153668
黑龙江	15114179	12102765	2180368	3011414	2058687
上海	53675388	45313438	8573604	8361950	2747762
江苏	126777930	104385309	24931473	22392621	13113608
浙江	96105447	77361306	21251200	18744141	9691607
安徽	28901890	22613017	4498617	6288874	3776418
福建	28625764	23074632	5387834	5551132	3556421
江西	17426066	13006307	2955792	4419759	2643852
山东	69853234	55859098	13037191	13994137	8389734
河南	33112634	24373467	5702503	8739167	5848596
湖北	30825025	23512558	5666360	7312467	4651550
湖南	21808528	15852718	3197743	5955810	3597393
广东	71075556	57112615	12315673	13962941	5607140
广西	12277675	9544740	1879079	2732934	1452034
海南	2054140	1571488	236767	482652	160681
重庆	36352719	28811095	7920312	7541624	3301506
四川	45491448	33820181	9171310	11671267	3767986
贵州	12126286	9874899	3366567	2251388	765559
云南	23840391	17575035	2692359	6265356	3100569
西藏	981351	568398	59796	412954	267296
陕西	18966973	14895378	2933575	4071595	2617869
甘肃	11672789	8086081	1723500	3586708	2131630
青海	2736627	2017823	285936	718804	353761
宁夏	4921252	4056579	800789	864673	532556
新疆	10616085	8520530	1157652	2095555	1002410

3-29 各地区地方建筑业企业固定资产情况

单位：万元

地 区	固定资产合计	固定资产原价	固定资产折旧	#本年折旧	在建工程
全国总计	**105717135**	**131615563**	**48242480**	**8458255**	**12899513**
北 京	2236281	3630257	1674646	247362	320586
天 津	1832136	2575825	1038501	167110	114113
河 北	4361411	5170743	1756580	289749	465150
山 西	2183224	2956630	1133442	191197	231760
内蒙古	2146552	3005330	1047728	261704	107053
辽 宁	5667239	7412495	2817769	451591	570608
吉 林	2153668	2363370	809580	139752	233852
黑龙江	2058687	2587909	951474	117980	181499
上 海	2747762	4037410	1833426	239553	295333
江 苏	13113608	16319617	6048018	1061523	1615409
浙 江	9691607	13036839	4825232	816238	1041975
安 徽	3776418	4406973	1494699	287816	495660
福 建	3556421	4477107	1400104	267507	297075
江 西	2643852	2959882	899522	185170	300828
山 东	8389734	10425251	3743702	667223	744728
河 南	5848596	7063096	2323751	420955	663425
湖 北	4651550	5634650	1911153	401887	543799
湖 南	3597393	4486477	1640382	255054	359119
广 东	5607140	7412553	3100228	610647	854358
广 西	1452034	1596940	546384	84295	175897
海 南	160681	124402	53981	7273	69718
重 庆	3301506	3281777	1164198	218127	668200
四 川	3767986	4235497	1623560	263056	801651
贵 州	765559	773751	289411	66623	194889
云 南	3100569	3563323	1357120	227457	601142
西 藏	267296	255742	84426	10487	37580
陕 西	2617869	2930761	990145	229338	392072
甘 肃	2131630	2325615	632914	100707	277732
青 海	353761	502592	208406	28570	40744
宁 夏	532556	673607	260789	40997	89972
新 疆	1002410	1389143	581211	101308	113586

3-30 各地区地方建筑业企业负债及所有者权益

单位：万元

地 区	负债合计	#流动负债	#应付账款	所有者权益	#实收资本
全国总计	**626401646**	**569834413**	**155518669**	**352201747**	**204008622**
北 京	36859632	34457074	11067712	10779237	7167030
天 津	18745565	17171604	6279025	5342230	3313806
河 北	18997408	17313579	6114787	11213901	6444679
山 西	14846909	12759919	5120073	6871069	4321341
内蒙古	10882808	9930448	2632605	5997621	2618017
辽 宁	28496532	24438518	7033080	16699376	8543653
吉 林	9858732	8643486	2720214	7734495	5306854
黑龙江	9916297	9173856	3103857	5197882	3726455
上 海	39358392	37128993	9003198	14315993	7935513
江 苏	76668008	72350402	20482271	50109987	23074803
浙 江	58741415	55063822	11086405	37364032	19481068
安 徽	18393559	15779307	3416983	10478631	6846298
福 建	15969641	14836732	2578457	12655655	8819052
江 西	9350260	8412554	1461300	8075806	4990274
山 东	46235099	42870462	12114589	23618136	13491969
河 南	17490153	15564811	4192744	15622481	9875178
湖 北	17362483	14653560	4650730	13462542	7846874
湖 南	11332281	9625051	2418913	10476247	5764913
广 东	46830587	41500568	10365305	24217802	13749892
广 西	8073997	7073108	1147040	4203678	2865809
海 南	1240519	1172455	232421	813621	542355
重 庆	25525273	22586941	6255272	10827446	6302208
四 川	29632184	26856510	6791156	15858618	11931020
贵 州	7986795	7122974	1678399	4139491	1675697
云 南	15389664	13612012	3305070	8447922	5370931
西 藏	451321	394919	127333	530031	374092
陕 西	11856351	10966184	3980748	7110623	5260656
甘 肃	7401607	6665589	2225261	4271406	2584654
青 海	1635704	1522669	436331	1100924	851167
宁 夏	3414794	3271633	1079821	1506459	947827
新 疆	7457678	6914675	2417571	3158407	1984539

3-31 各地区地方建筑业企业实收资本

单位：万元

地 区	合计	国家资本	集体资本	法人资本	个人资本	港澳台资本	外商资本
全国总计	**204008622**	**20920407**	**11711958**	**62005090**	**107908881**	**794443**	**667844**
北 京	7167030	1030242	341906	2876496	2751910	87081	79395
天 津	3313806	456960	250232	1116075	1466845	11028	12665
河 北	6444679	799916	490577	1678014	3473090	2655	428
山 西	4321341	794584	238697	1342510	1938136	6539	875
内蒙古	2618017	181715	144106	635225	1656590	200	182
辽 宁	8543653	915097	543216	2703409	4096264	233526	52142
吉 林	5306854	307037	188172	3011373	1785460	14737	75
黑龙江	3726455	551593	373874	1054301	1732515	1233	12940
上 海	7935513	970718	482907	2480673	3759132	138391	103692
江 苏	23074803	1140137	776982	6719153	14229761	72815	135954
浙 江	19481068	549979	478307	4907644	13485225	36139	23774
安 徽	6846298	654224	284115	1479349	4419371	6046	3193
福 建	8819052	531333	268190	1998951	5982682	32150	5746
江 西	4990274	857189	384843	1244572	2489517	3002	11151
山 东	13491969	1334707	1332078	4863991	5929011	19059	13123
河 南	9875178	919046	737979	2526601	5676056	12104	3392
湖 北	7846874	896600	474514	2194026	4254136	25298	2299
湖 南	5764913	918381	545816	1509796	2777932	7261	5726
广 东	13749892	1125696	786856	5626739	6018818	56584	135199
广 西	2865809	480409	227303	940379	1210261	6361	1096
海 南	542355	106199	71638	202852	161520	147	
重 庆	6302208	656814	215729	1826130	3539477	8832	55227
四 川	11931020	1219067	523855	3105299	7076030	5745	1024
贵 州	1675697	745813	135176	395691	399017		
云 南	5370931	1129322	311037	1570406	2352792	4576	2798
西 藏	374092	27350	30069	193839	122834		
陕 西	5260656	752028	588646	1750493	2163650	614	5226
甘 肃	2584654	360941	251626	864958	1104407	2259	463
青 海	851167	152095	70286	333679	295108		
宁 夏	947827	123927	42348	239747	541805		
新 疆	1984539	231289	120881	612719	1019531	60	59

3-32 各地区地方建筑业企业收入情况

单位：万元

地区	主营业务收入	#主营业务成本	#主营业务税金及附加	其他业务收入	#其他业务成本	#其他业务利润
全国总计	**1209610183**	**1053317949**	**41794107**	**11137759**	**21978791**	**1701794**
北京	40343643	36228721	1152682	346370	232300	124799
天津	22761282	19677073	625565	213150	886406	35768
河北	39496643	34390741	1337842	800138	1076313	37408
山西	19068909	16937751	609991	602276	606611	59331
内蒙古	14634739	12019023	540936	82907	379601	32185
辽宁	67235641	56512190	2343267	298127	2291469	40548
吉林	18674852	15430015	644346	125307	1032082	15177
黑龙江	15628226	13371410	553395	104881	381299	5726
上海	44551758	40353759	1105544	491830	691730	181292
江苏	172880650	151054773	6133169	1829513	1615808	158937
浙江	160968953	145183556	5480695	1098421	1304055	177137
安徽	35744238	30381771	1217934	445472	1329526	38330
福建	46071648	40783384	1720915	195765	430158	40212
江西	29301187	25652916	1050513	210655	369235	35476
山东	67483709	57614045	2297457	916263	1308722	119341
河南	49460206	41636743	1883812	379210	968180	82267
湖北	49587894	42009365	2021134	210760	590795	42625
湖南	39604087	34118083	1646127	208638	620186	23080
广东	70761793	61730243	2291064	524172	682169	144553
广西	18784768	16827963	649414	170805	353290	26880
海南	2741340	2449217	92388	41878	43865	1196
重庆	41042119	35330848	1401043	269774	1333796	52167
四川	49073783	41888063	1708776	511120	1490553	70729
贵州	9566116	8486299	366974	82721	195988	18119
云南	23400777	20061649	837841	435016	611452	65972
西藏	691716	563031	24958	7102	8659	1605
陕西	23672322	20492252	817979	112583	335549	11599
甘肃	14438572	12397188	504353	207353	431528	26075
青海	2664143	2366140	82879	13219	44850	1703
宁夏	5291601	4785612	167980	66423	58003	14297
新疆	13982868	12584126	483136	135912	274613	17261

3-33 各地区地方建筑业企业费用情况

单位：万元

地区	管理费用	#税金	销售费用	财务费用	#利息收入	#利息支出
全国总计	**38117596**	**2029345**	**5689243**	**8564153**	**1214815**	**7849023**
北京	1836552	29649	290576	252371	34918	376407
天津	736009	23615	79302	144559	114366	154577
河北	1023858	45728	110109	198668	31678	151265
山西	807153	33508	87732	120006	13233	76103
内蒙古	536538	24228	23607	157276	3317	123027
辽宁	2626287	196308	254540	364905	42818	267511
吉林	611797	39031	57234	110365	2442	69927
黑龙江	636950	40628	66883	68752	9226	54469
上海	1751323	29424	131839	197280	40052	178608
江苏	5078501	239639	694510	1399155	187499	1372741
浙江	3148125	145121	446174	1205468	190548	1206394
安徽	1086578	55041	211156	290020	38546	247712
福建	1251631	74715	182693	163286	43801	152399
江西	756606	44681	152521	145465	15807	112247
山东	2260301	158260	319876	549102	30143	452179
河南	1832431	141258	368771	406044	26553	244715
湖北	1748978	127158	419590	328097	23573	292978
湖南	1296742	95484	264214	231472	25403	171924
广东	2604993	109399	389611	564027	31750	560285
广西	549562	23270	49397	136837	7708	102776
海南	60601	3810	5659	3722	571	2187
重庆	1266462	69230	199283	386586	54959	329839
四川	1584064	111439	398585	455797	184000	539205
贵州	249099	8984	13824	81373	8803	70505
云南	782133	37271	186062	241430	20256	212124
西藏	40478	1632	11037	3291	1711	1925
陕西	810283	60298	129280	138917	16233	120034
甘肃	525295	34250	83919	118007	13350	97599
青海	86641	3982	19406	9883	-2261	11130
宁夏	151399	7800	7810	42167	753	37691
新疆	380227	14505	34044	49825	3059	58541

3-34 各地区地方建筑业企业利润及税金情况

单位：万元

地区	利润总额	#应交所得税	税金总额	主营业务税金及附加	管理费用中的税金
全国总计	**51391870**	**11670163**	**43823452**	**41794107**	**2029345**
北京	901345	200559	1182331	1152682	29649
天津	773518	198638	649180	625565	23615
河北	1508907	346880	1383570	1337842	45728
山西	501524	130104	643499	609991	33508
内蒙古	1051874	243367	565164	540936	24228
辽宁	2996417	766067	2539575	2343267	196308
吉林	900876	226933	683377	644346	39031
黑龙江	619128	142299	594023	553395	40628
上海	1126322	242981	1134969	1105544	29424
江苏	8695990	1880796	6372808	6133169	239639
浙江	5184373	1218361	5625816	5480695	145121
安徽	1613147	310185	1272974	1217934	55041
福建	1758205	579560	1795629	1720915	74715
江西	1255521	307569	1095195	1050513	44681
山东	3838660	757126	2455717	2297457	158260
河南	2807403	615182	2025069	1883812	141258
湖北	2779281	631598	2148292	2021134	127158
湖南	1633590	320241	1741611	1646127	95484
广东	3077550	758612	2400463	2291064	109399
广西	449464	129087	672684	649414	23270
海南	127341	54521	96198	92388	3810
重庆	2193971	441168	1470274	1401043	69230
四川	1961644	429079	1820215	1708776	111439
贵州	249757	56052	375958	366974	8984
云南	1119426	211377	875112	837841	37271
西藏	48405	6903	26590	24958	1632
陕西	1052914	190372	878278	817979	60298
甘肃	604987	108841	538603	504353	34250
青海	67900	12021	86861	82879	3982
宁夏	144967	50066	175780	167980	7800
新疆	347462	103617	497641	483136	14505

3-35 各地区地方建筑业企业应收工程款及企业亏损情况

地区	应收工程款(万元)	企业个数(个)		亏损企业的比重(%)
			#亏损企业个数	
全国总计	**209106698**	**77631**	**9377**	**12.1**
北京	7320709	2932	609	20.8
天津	5696832	1517	241	15.9
河北	8271439	2340	266	11.4
山西	6562738	2129	408	19.2
内蒙古	4536520	866	110	
辽宁	10399188	5785	736	12.7
吉林	5003167	1823	269	14.8
黑龙江	3800460	1983	439	22.1
上海	8964192	2758	527	19.1
江苏	34091179	9060	434	4.8
浙江	16807299	5820	581	10.0
安徽	6345483	2621	235	9.0
福建	4360935	2602	299	11.5
江西	3214961	1603	116	7.2
山东	18286530	5648	496	8.8
河南	5393181	4667	347	7.4
湖北	7158689	3146	270	8.6
湖南	4472426	1951	156	8.0
广东	11619021	4255	667	15.7
广西	1953814	1052	213	20.2
海南	306285	143	27	18.9
重庆	8067764	2380	278	11.7
四川	7515755	3273	401	12.3
贵州	1592256	587	111	18.9
云南	5085318	2215	329	14.9
西藏	219603	168	20	11.9
陕西	4563153	1330	172	12.9
甘肃	2914384	1199	189	15.8
青海	535267	370	115	31.1
宁夏	1413343	507	96	18.9
新疆	2634806	901	220	24.4

3-36 各地区地方建筑业企业主要经济效益指标

地　区	产值利润率(%)	产值利税率(%)	资本利润率(%)	资本利税率(%)	人均利润(元/人)	人均利税(元/人)	资产负债率(%)
全国总计	**3.8**	**7.1**	**25.2**	**46.7**	**11254**	**20851**	**64.0**
北　京	2.6	5.9	12.6	29.1	18964	43841	77.4
天　津	3.7	6.8	23.3	42.9	13570	24958	77.8
河　北	3.4	6.4	23.4	44.9	13175	25255	62.9
山　西	2.5	5.6	11.6	26.5	6341	14477	68.4
内蒙古	7.1	10.9	40.2	61.8	19952	30673	64.5
辽　宁	3.9	7.3	35.1	64.8	13437	24825	63.0
吉　林	4.5	7.9	17.0	29.9	17125	30115	56.0
黑龙江	2.7	5.4	16.6	32.6	6484	12705	65.6
上　海	3.2	6.5	14.2	28.5	11780	23651	73.3
江　苏	4.1	7.1	37.7	65.3	11334	19641	60.5
浙　江	2.6	5.4	26.6	55.5	7727	16112	61.1
安　徽	3.8	6.8	23.6	42.2	9811	17554	63.6
福　建	3.5	7.0	19.9	40.3	7438	15034	55.8
江　西	4.0	7.5	25.2	47.1	11919	22317	53.7
山　东	5.2	8.5	28.5	46.7	13645	22375	66.2
河　南	5.2	9.0	28.4	48.9	13052	22466	52.8
湖　北	5.3	9.3	35.4	62.8	18783	33302	56.3
湖　南	3.8	7.9	28.3	58.5	9741	20126	52.0
广　东	5.0	8.8	22.4	39.8	17142	30513	65.9
广　西	2.1	5.3	15.7	39.2	6619	16526	65.8
海　南	4.5	7.8	23.5	41.2	17847	31330	60.4
重　庆	5.1	8.5	34.8	58.1	14592	24371	70.2
四　川	3.5	6.7	16.4	31.7	8384	16163	65.1
贵　州	2.4	6.0	14.9	37.3	7722	19347	65.9
云　南	4.2	7.4	20.8	37.1	11839	21095	64.6
西　藏	6.3	9.7	12.9	20.0	19297	29897	46.0
陕　西	3.9	7.1	20.0	36.7	11889	21807	62.5
甘　肃	3.9	7.3	23.4	44.2	10794	20404	63.4
青　海	2.7	6.2	8.0	18.2	6184	14094	59.8
宁　夏	2.8	6.1	15.3	33.8	7327	16211	69.4
新　疆	2.5	6.1	17.5	42.6	7106	17283	70.2

四、按资质等级分组的建筑业企业

4-1 各地区总承包建筑业企业签订合同情况

单位：万元

地区	合同总额	上年结转合同额	本年新签合同额
全国总计	**2671488960**	**1085036657**	**1586452302**
北京	169742967	83575901	86167066
天津	63776255	28642039	35134216
河北	80151680	31899242	48252439
山西	53926067	24902323	29023744
内蒙古	22244111	10571607	11672505
辽宁	106412318	36928562	69483756
吉林	31160590	12270706	18889884
黑龙江	29310281	10405181	18905100
上海	114410914	55115815	59295099
江苏	308580709	115977123	192603586
浙江	324249853	132072779	192177074
安徽	76866094	28703167	48162927
福建	93449424	35481482	57967942
江西	59367876	19533375	39834501
山东	123681848	44129157	79552691
河南	114123479	44354783	69768696
湖北	149386732	54953217	94433515
湖南	109708613	47473009	62235604
广东	149893329	69790611	80102718
广西	45046149	18735400	26310750
海南	5483257	2521542	2961716
重庆	80844897	31725096	49119802
四川	128657535	54457047	74200488
贵州	31676370	13692619	17983751
云南	46062963	18486567	27576396
西藏	1078580	290288	788292
陕西	77224859	32968279	44256580
甘肃	26602070	8731090	17870980
青海	7567321	3032636	4534685
宁夏	9054277	3047976	6006301
新疆	31747541	10568042	21179500

4-2 各地区总承包建筑业企业承包工程完成情况

单位：万元

地　区	直接从建设单位承揽工程完成的产值	自行完成施工产值	分包出去工程的产值	从建设单位以外承揽工程完成的产值
全国总计	**1430402214**	**1392525134**	**37877081**	**43390283**
北　京	66530248	56701459	9828789	6374857
天　津	31159596	29673071	1486525	1438170
河　北	48116429	47938479	177950	1122035
山　西	27215613	27147130	68483	90189
内蒙古	14685800	14659942	25858	189972
辽　宁	70580475	70299132	281343	814826
吉　林	19804380	19626622	177758	105260
黑龙江	20556655	20364753	191902	29647
上　海	47323222	40011978	7311244	3532438
江　苏	189034683	188360196	674487	9495812
浙　江	184563796	182644177	1919619	3563390
安　徽	44546884	44090500	456384	1023366
福　建	49063871	48779445	284427	814888
江　西	31526215	30859136	667079	1062983
山　东	76557259	75658893	898366	989892
河　南	62280085	61938792	341294	790046
湖　北	77842245	77174260	667985	1752443
湖　南	48506044	48368195	137849	1345096
广　东	64884006	58584103	6299903	1895985
广　西	21599902	21526447	73455	434622
海　南	2765797	2726300	39497	16923
重　庆	43517088	42412076	1105013	1218803
四　川	64479098	63491825	987274	2358419
贵　州	13177975	13139702	38274	86583
云　南	25938288	25842745	95543	414397
西　藏	756150	736357	19793	11151
陕　西	38787645	35908310	2879335	1457138
甘　肃	16148660	16021667	126992	272379
青　海	3660648	3591803	68845	298452
宁　夏	5259777	5105219	154559	158745
新　疆	19533681	19142422	391259	231378

4-3 各地区总承包建筑业总产值和竣工产值

单位：万元

地 区	建筑业总产值	#装饰装修产 值	#在外省完成的产值	按构成分组 建筑工程产值	安装工程产值	其他产值	竣工产值
全国总计	**1435915416**	**42415959**	**464126640**	**1310379888**	**89207078**	**36328450**	**838420456**
北 京	63076316	5281942	41433941	60681518	1846855	547943	30206702
天 津	31111242	221548	11290932	28288779	2236561	585902	14060948
河 北	49060514	1789994	16101043	42634112	3864041	2562361	25558462
山 西	27237319	523038	8104577	23904837	2493875	838607	12383259
内蒙古	14849914	236911	817577	13419508	633971	796434	8627765
辽 宁	71113958	4159901	7886998	63764434	5007385	2342139	43568202
吉 林	19731882	630246	1913259	17736692	1261415	733775	12743536
黑龙江	20394400	235129	1771606	17160508	2677997	555894	11135281
上 海	43544416	2115908	22154681	38170782	4573135	800499	23078170
江 苏	197856007	2180837	82301172	188203518	8067845	1584644	149375032
浙 江	186207567	7265655	95523126	172407495	9844713	3955359	115227430
安 徽	45113866	842777	9610890	40371723	2712734	2029409	23590990
福 建	49594333	923467	18244485	47347129	1950891	296314	30504956
江 西	31922119	1030977	10761677	28137619	2073235	1711265	19858543
山 东	76648784	2442939	13406802	67122314	7914562	1611908	41623817
河 南	62728838	1488281	16296905	56835540	4612008	1281290	35225367
湖 北	78926703	2203240	30029367	70976875	6184923	1764906	40178575
湖 南	49713290	1369195	16040054	44177675	2367347	3168268	32834153
广 东	60480088	2044607	12332950	55096664	3932300	1451124	31082201
广 西	21961069	643221	4039237	19197198	1726912	1036959	12754582
海 南	2743222	202488	165814	2400583	118182	224458	1963972
重 庆	43630879	887969	9526888	40696182	1637975	1296722	23595316
四 川	65850244	1394838	14098076	59735801	4121879	1992563	35912908
贵 州	13226285	217669	2317254	11757303	834566	634415	5701443
云 南	26257142	219221	1527581	24418687	1278705	559750	14364129
西 藏	747508	23613	89	634043	28895	84570	397052
陕 西	37365447	1160810	11697853	34183489	2329195	852763	16148879
甘 肃	16294047	378971	2488558	14532332	1322893	438821	8598906
青 海	3890255	38838	981706	3372405	313045	204805	1577940
宁 夏	5263964	38236	371332	5043217	179292	41455	4064605
新 疆	19373800	223496	890211	17970925	1059747	343128	12477337

4-4 各地区总承包建筑业企业房屋建筑面积

地 区	房屋建筑施工面积(万平方米)	#本年新开工	#实行投标承包面积	#本年新开工	房屋建筑竣工面积(万平方米)	房屋建筑面积竣工率(%)
全国总计	**1115811.0**	**506673.9**	**893481.0**	**416889.2**	**393281.3**	**35.2**
北 京	49132.5	16660.1	44013.7	15984.5	8924.8	18.2
天 津	12953.0	4973.9	11685.9	4419.5	3507.0	27.1
河 北	35928.7	16875.3	30738.3	14679.3	12567.1	35.0
山 西	12956.9	4613.3	11142.2	3668.9	3663.3	28.3
内蒙古	8764.6	4515.7	7328.1	3845.5	3601.8	41.1
辽 宁	41728.6	23934.4	30690.8	17852.4	19389.6	46.5
吉 林	11959.5	7513.8	8300.6	5780.2	6078.1	50.8
黑龙江	8088.5	4689.2	5974.4	3676.4	4372.1	54.1
上 海	29809.0	10536.2	26853.8	9386.9	6978.9	23.4
江 苏	195898.2	85860.7	174706.7	77164.9	68597.1	35.0
浙 江	180429.5	76327.4	150263.2	65076.3	58712.9	32.5
安 徽	35942.6	17179.4	27431.5	13956.2	14619.7	40.7
福 建	47695.3	19101.1	35887.6	14156.8	13628.1	28.6
江 西	22832.6	13258.5	16624.1	10118.1	11694.7	51.2
山 东	63258.3	31535.0	51282.1	26773.4	22955.5	36.3
河 南	42581.3	22744.5	34872.1	19720.3	17767.3	41.7
湖 北	48010.1	26210.9	34453.5	21378.7	22243.5	46.3
湖 南	43436.0	19410.4	34625.0	15971.0	15825.3	36.4
广 东	51391.2	20899.9	29533.0	12874.4	14344.7	27.9
广 西	18209.0	7417.9	15257.1	6308.5	5758.9	31.6
海 南	2192.2	773.6	1835.7	668.8	912.1	41.6
重 庆	29640.2	13415.6	18787.2	9022.0	12140.4	41.0
四 川	46525.1	21261.5	30636.2	14733.7	17697.4	38.0
贵 州	12168.5	5169.8	9041.5	3830.8	2464.7	20.3
云 南	15286.2	8119.4	10613.6	5539.1	6522.8	42.7
西 藏	197.8	165.7	150.3	138.9	120.7	61.0
陕 西	20345.1	8122.4	17065.9	6906.9	6271.9	30.8
甘 肃	10166.8	5488.9	7791.7	4393.5	3891.9	38.3
青 海	1139.4	451.7	813.2	344.5	447.8	39.3
宁 夏	4664.5	2153.4	4356.1	1984.0	1930.5	41.4
新 疆	12479.7	7294.1	10725.7	6534.9	5650.7	45.3

4-5 各地区按主要用途分的总承包建筑业企业房屋建筑竣工面积

单位：万平方米

地　区	总计	住宅房屋	商业及服务用房屋	商厦房屋(批发和零售用房)	宾馆用房屋(住宿用房)	餐饮用房屋(餐饮用房)
全国总计	**393281.3**	**265258.2**	**25555.8**	**11342.4**	**3603.2**	**1161.5**
北　京	8924.8	5268.2	1433.1	1093.5	138.8	14.7
天　津	3507.0	2092.3	229.0	121.8	19.7	2.5
河　北	12567.1	9026.2	566.3	263.0	74.7	13.5
山　西	3663.3	2682.3	177.1	43.2	42.1	8.6
内蒙古	3601.8	2679.5	214.6	54.6	34.4	6.4
辽　宁	19389.6	14508.6	812.1	323.1	74.9	74.3
吉　林	6078.1	4582.5	199.4	76.2	20.0	1.9
黑龙江	4372.1	3554.2	209.5	43.2	15.3	12.1
上　海	6978.9	3505.7	929.8	494.0	90.9	4.7
江　苏	68597.1	48829.7	3118.8	1439.8	679.3	242.6
浙　江	58712.9	33134.8	5011.2	2512.7	764.2	230.3
安　徽	14619.7	9596.3	730.5	319.8	65.6	21.1
福　建	13628.1	9285.0	694.5	234.3	80.3	27.3
江　西	11694.7	7629.7	834.0	276.7	125.6	45.9
山　东	22955.5	16420.1	1325.4	539.6	99.6	53.8
河　南	17767.3	12571.7	982.0	275.4	182.7	82.6
湖　北	22243.5	14870.0	1543.7	759.4	267.1	37.3
湖　南	15825.3	11180.4	1015.8	536.8	137.5	18.1
广　东	14344.7	8567.4	1112.9	455.0	100.8	47.6
广　西	5758.9	3740.1	253.9	69.1	68.5	8.3
海　南	912.1	546.8	107.5	44.0	19.6	6.6
重　庆	12140.4	9137.5	716.8	191.6	42.7	46.9
四　川	17697.4	13228.9	1229.1	381.3	208.0	57.5
贵　州	2464.7	1483.2	233.3	101.7	18.4	3.1
云　南	6522.8	4372.2	620.9	189.7	81.2	19.4
西　藏	120.7	72.4	7.7	5.6	0.7	0.1
陕　西	6271.9	4445.8	411.2	143.3	73.7	28.9
甘　肃	3891.9	2852.5	209.5	76.4	17.8	9.6
青　海	447.8	292.5	23.4	3.4	3.4	0.5
宁　夏	1930.5	1111.1	186.9	102.3	3.9	6.9
新　疆	5650.7	3990.6	416.1	171.9	51.7	28.3

4-5 续表 1

单位：万平方米

地区	商务会展用房屋	其他商业及服务用房屋(居民服务业用房)	办公用房屋	科研、教育和医疗用房屋	科学研究用房屋	教育用房屋
全国总计	**1415.5**	**8033.3**	**23094.7**	**16386.5**	**1686.2**	**10953.6**
北京	46.1	140.0	772.7	448.3	161.5	187.4
天津	5.0	80.0	192.4	108.1	9.4	65.9
河北	18.2	196.9	751.2	588.4	65.7	434.5
山西	14.4	68.8	277.8	243.4	11.6	200.8
内蒙古	11.2	108.1	197.8	158.2	4.9	131.5
辽宁	8.5	331.3	741.5	419.4	20.4	288.0
吉林	18.3	83.0	248.2	147.1	8.6	108.6
黑龙江	5.2	133.7	142.9	126.7	4.1	70.7
上海	70.3	269.8	420.8	264.2	42.9	153.0
江苏	328.2	428.9	3423.5	1974.3	236.3	1302.3
浙江	334.8	1169.2	4411.0	1806.2	260.5	1143.0
安徽	19.5	304.4	1068.6	700.3	20.6	538.1
福建	45.8	306.8	751.7	537.8	72.0	384.7
江西	25.0	360.9	849.2	591.3	63.7	426.7
山东	71.9	560.5	1126.0	915.3	65.0	590.3
河南	58.9	382.4	1300.9	1057.5	108.7	715.5
湖北	60.4	419.4	1405.7	1040.1	128.8	529.3
湖南	43.1	280.3	886.5	786.4	55.0	522.3
广东	63.4	446.0	813.8	603.3	77.9	395.4
广西	9.2	98.8	424.3	557.6	34.9	374.8
海南	10.9	26.4	61.3	89.2	7.4	59.5
重庆	35.9	399.7	420.5	347.9	33.5	220.5
四川	69.9	512.4	664.4	686.9	54.9	468.7
贵州	4.3	105.8	179.2	325.3	19.8	243.9
云南	12.8	317.8	373.3	559.6	31.7	388.4
西藏	0.1	1.1	22.7	9.0	1.4	6.9
陕西	6.5	158.8	365.2	392.3	31.8	266.2
甘肃	3.0	102.8	172.1	300.3	30.7	220.1
青海	2.0	14.1	47.9	46.3	0.1	37.9
宁夏	4.2	69.6	194.3	206.5	2.4	197.4
新疆	8.4	155.8	387.3	349.4	20.0	281.4

4-5 续表 2

单位：万平方米

地区	医疗用房屋（卫生医疗用房）	文化、体育和娱乐用房屋	厂房及建筑物	#厂房	仓库	其他未列明的房屋建筑物
全国总计	**3746.7**	**3415.1**	**49105.3**	**33370.4**	**2519.6**	**7946.1**
北京	99.4	91.5	681.6	566.3	34.5	194.8
天津	32.8	39.3	671.0	476.8	48.7	126.2
河北	88.2	86.8	1094.2	728.3	40.4	413.6
山西	31.0	27.2	177.1	116.8	17.7	60.8
内蒙古	21.7	14.4	153.4	119.5	6.7	177.2
辽宁	110.9	76.8	2228.2	1177.3	147.4	455.7
吉林	29.9	37.7	620.6	281.8	22.1	220.5
黑龙江	51.9	21.2	228.5	129.8	16.5	72.6
上海	68.2	64.2	1583.1	1220.3	79.9	131.2
江苏	435.7	475.5	9556.3	7700.0	378.7	840.2
浙江	402.6	598.4	12498.3	8865.0	483.7	769.5
安徽	141.6	116.9	1926.3	1231.5	64.0	416.7
福建	81.2	129.5	2042.1	1223.4	83.5	104.0
江西	100.9	178.1	1288.9	690.9	69.7	253.9
山东	260.0	194.9	2423.4	1532.4	205.0	345.5
河南	233.3	145.0	1295.4	684.1	124.3	290.7
湖北	382.0	278.8	2557.2	1371.4	153.8	394.3
湖南	209.2	134.3	1335.0	872.1	67.9	419.0
广东	130.0	84.7	2556.2	1689.2	127.7	478.7
广西	147.9	110.8	437.9	289.5	35.3	198.9
海南	22.4	19.0	22.6	15.3	11.7	54.0
重庆	93.9	99.1	955.5	618.1	53.7	409.4
四川	163.2	142.6	1337.3	855.0	105.4	302.7
贵州	61.6	23.3	121.1	82.1	6.5	92.8
云南	139.4	72.1	321.9	189.1	20.5	182.3
西藏	0.7	2.3	1.9	0.1	1.2	3.5
陕西	94.3	44.8	423.8	219.3	36.6	152.3
甘肃	49.5	35.7	215.7	137.4	15.3	90.7
青海	8.3	5.9	19.5	6.3	2.2	10.0
宁夏	6.8	15.5	89.0	85.3	11.0	116.2
新疆	48.0	48.9	242.4	196.1	48.1	167.9

4-6 各地区按主要用途分的总承包建筑业企业房屋建筑竣工价值

单位：万元

地区	总计	住宅房屋	商业及服务用房屋	商厦房屋(批发和零售用房)	宾馆用房屋(住宿用房)	餐饮用房屋(餐饮用房)
全国总计	**577108812**	**380311750**	**42370566**	**18440598**	**6180831**	**1858176**
北京	20622522	10411944	3424156	2309724	495603	25951
天津	6894804	3948598	435185	249638	39853	6587
河北	17551783	11774029	907750	470173	98885	19408
山西	5300561	3568035	277327	45765	69565	16307
内蒙古	5307216	3701695	352577	86188	58433	13128
辽宁	27936169	20340965	1107926	449976	90097	100564
吉林	8392769	6269502	328582	128434	27606	2773
黑龙江	6701172	5291876	332131	67008	20331	17539
上海	14193937	6242235	2080036	786491	246585	24684
江苏	110535806	77624641	5490276	2472176	1228446	440003
浙江	88422712	52106203	8246694	4079665	1283248	404669
安徽	17307423	11580942	936017	439494	113844	24949
福建	20374958	14284546	1127626	350940	161723	38982
江西	13319430	8508643	1035600	302408	207770	54859
山东	30002000	20399402	1892226	727507	143280	78246
河南	20838323	14439025	1177618	342434	193845	87875
湖北	29968751	19312932	2939039	1403821	413041	44549
湖南	20884143	14347244	1517472	783213	231554	24270
广东	22122753	13599215	2067571	725137	156285	55484
广西	7628754	4826784	340907	81254	87609	11541
海南	1375305	847664	152681	62257	26994	7973
重庆	17015862	12623108	1053777	278324	51379	69603
四川	24266733	17858473	1888523	560174	300463	130726
贵州	3502521	1975903	425892	225887	40263	3652
云南	9290396	5998431	982055	281603	124366	34157
西藏	257065	149384	17562	13366	1748	249
陕西	9592361	6522707	597467	214836	139257	48893
甘肃	6388006	4333470	383405	144093	37426	19459
青海	713193	453123	37487	6403	5544	1252
宁夏	2477951	1469454	234504	146258	4931	12714
新疆	7923434	5501579	580500	205953	80860	37131

4-6 续表 1

单位：万元

地　区	商务会展用房屋	其他商业及服务用房屋(居民服务业用房)	办公用房　屋	科研、教育和医疗用房屋	科学研究用房屋	教育用房　屋
全国总计	**2601945**	**13289015**	**38137954**	**26998269**	**3250747**	**16842887**
北　京	168806	424072	2338267	1396087	511774	585626
天　津	10511	128595	493461	263599	19997	149991
河　北	22985	296300	1040286	1007736	149252	712156
山　西	22757	122932	486721	414866	19133	341505
内蒙古	17900	176929	413809	286768	8933	222562
辽　宁	16383	450905	1255962	755758	49121	460989
吉　林	24946	144823	389008	237440	12447	152383
黑龙江	11031	216222	256699	236018	12018	120108
上　海	262910	759367	1393486	769228	131338	385113
江　苏	517503	832148	6267557	3900688	571539	2331345
浙　江	575760	1903352	7305582	3052133	415964	1819859
安　徽	29158	328572	1373225	821975	24334	631639
福　建	74995	500986	1146575	865036	140777	588746
江　西	24959	445604	1045129	741975	88907	508620
山　东	124157	819036	1749906	1491735	140757	868034
河　南	73973	479491	1639821	1354764	142211	875466
湖　北	167549	910079	1975248	1414812	133043	732152
湖　南	59808	418627	1357737	1084979	73874	683791
广　东	139450	991215	1373161	1034052	153106	615949
广　西	9283	151220	561170	754335	38704	496988
海　南	11928	43530	84892	137874	7079	95597
重　庆	47264	607207	568114	535861	47484	325656
四　川	119001	778158	1041078	1046713	85505	684137
贵　州	5519	150571	222514	471936	51525	320185
云　南	20371	521558	538182	899951	55781	609623
西　藏	209	1990	51790	19599	3053	14496
陕　西	12363	182119	583628	577600	55830	384731
甘　肃	5569	176858	313835	541453	75952	383532
青　海	4248	20040	80365	75446	199	62666
宁　夏	9709	60893	251894	276302	3803	260580
新　疆	10940	245616	538855	531555	27310	418665

4-6 续表 2

单位：万元

地 区	医疗用房屋(卫生医疗用房)	文化、体育和娱乐用房屋	厂房及建筑物	#厂房	仓 库	其他未列明的房屋建筑物
全国总计	**6904635**	**6711070**	**66284897**	**46364744**	**3296920**	**12997386**
北 京	298688	454875	1744789	1489012	77134	775270
天 津	93611	167411	1101721	792577	71917	412912
河 北	146328	133436	1812273	1307285	56170	820103
山 西	54229	70831	364822	252290	28007	89953
内蒙古	55274	36844	238026	179177	10921	266576
辽 宁	245648	170880	3485733	1946142	163777	655169
吉 林	72610	54049	848308	379931	27223	238657
黑龙江	103892	35776	418523	245450	23028	107122
上 海	252778	189496	3117826	2538433	148795	252837
江 苏	997804	1120757	13841737	11134979	580576	1709575
浙 江	816309	1085193	14860495	10769182	547429	1218984
安 徽	166003	144915	1982168	1199202	63366	404816
福 建	135513	244117	2420676	1470389	135292	151091
江 西	144448	215663	1453690	810471	65826	252903
山 东	482944	494846	3088328	1986600	258811	626746
河 南	337087	194224	1569146	809068	128711	335015
湖 北	549617	498951	3073547	1682881	156458	597765
湖 南	327314	224777	1651262	1116032	113125	587548
广 东	264997	135295	3040642	2086722	163408	709409
广 西	218643	143723	649170	463882	46908	305757
海 南	35199	29017	33222	19646	12789	77165
重 庆	162722	166987	1330462	948584	85511	652042
四 川	277070	209611	1712737	1145907	106165	403433
贵 州	100225	30610	232288	178536	18097	125282
云 南	234547	117522	475462	277880	33573	245219
西 藏	2049	2563	3299	383	2907	9962
陕 西	137039	163247	686187	398231	50065	411459
甘 肃	81969	72444	512034	297987	36767	194598
青 海	12581	6127	39760	12925	4415	16471
宁 夏	11919	23003	114855	109480	14096	93843
新 疆	85580	73880	381708	315481	65653	249704

4-7 各地区总承包建筑业企业施工机械设备情况

地　区	年末自有施工机械设备总台数(台)	年末自有施工机械设备总功率(千瓦)	年末自有施工机械设备净值(万元)	技术装备率(元/人)	动力装备率(千瓦/人)
全国总计	**9878809**	**222608291**	**55689194**	**13685**	**5.5**
北　京	87396	3599030	890933	27001	10.9
天　津	77310	3522023	1449065	57641	14.0
河　北	839435	10601874	1660907	15584	9.9
山　西	178561	5391397	1064206	20360	10.3
内蒙古	99930	2313908	489462	13246	6.3
辽　宁	310226	11967718	2031172	13005	7.7
吉　林	66339	2196497	499685	12596	5.5
黑龙江	122388	2668749	716940	20602	7.7
上　海	117413	3363924	1150997	17751	5.2
江　苏	1401642	41417388	6250964	9019	6.0
浙　江	899291	18129249	4041613	6381	2.9
安　徽	429269	10191997	1609887	10111	6.4
福　建	248433	6489905	1421048	6878	3.1
江　西	168540	4074369	897366	7292	3.3
山　东	674231	15385657	2964130	11484	6.0
河　南	673808	14703427	2578563	12462	7.1
湖　北	1231342	12987422	3118745	18068	7.5
湖　南	441695	10018834	1681218	13226	7.9
广　东	452770	9855122	2827495	17152	6.0
广　西	146607	2673226	481778	6560	3.6
海　南	7540	176193	28997	3852	2.3
重　庆	160428	4109339	889719	5603	2.6
四　川	286501	7406458	3226487	14324	3.3
贵　州	63562	1738613	256428	6393	4.3
云　南	144535	4749568	11112755	146085	6.2
西　藏	3967	120663	39336	16356	5.0
陕　西	256676	5183032	1110306	13176	6.2
甘　肃	147385	3226997	501720	8906	5.7
青　海	24609	742364	174059	17808	7.6
宁　夏	26658	622455	122181	12837	6.5
新　疆	90322	2980893	401032	12732	9.5

4-8 各地区总承包建筑业企业主要生产效益指标

地　区	建筑业企业个数（个）	直接从事生产经营活动的平均人数（人）	按总产值计算的劳动生产率（元/人）	人均竣工产值（元/人）	人均施工面积（平方米/人）	人均竣工面积（平方米/人）
全国总计	**46167**	**45221961**	**317526**	**185401**	**246.7**	**87.0**
北　京	891	644113	979274	468966	762.8	138.6
天　津	449	689420	451267	203953	187.9	50.9
河　北	1646	1136262	431771	224935	316.2	110.6
山　西	1034	920330	295952	134552	140.8	39.8
内蒙古	710	502581	295473	171669	174.4	71.7
辽　宁	2409	1994364	356575	218457	209.2	97.2
吉　林	1042	493901	399511	258018	242.1	123.1
黑龙江	1309	848351	240400	131258	95.3	51.5
上　海	1311	997838	436388	231282	298.7	69.9
江　苏	5013	7012769	282137	213004	279.3	97.8
浙　江	3636	6262693	297328	183990	288.1	93.8
安　徽	1689	1579434	285633	149364	227.6	92.6
福　建	1614	2247314	220683	135740	212.2	60.6
江　西	1289	1060839	300914	187197	215.2	110.2
山　东	3796	2790687	274659	149153	226.7	82.3
河　南	2429	2253858	278318	156289	188.9	78.8
湖　北	1953	1587120	497295	253154	302.5	140.2
湖　南	1457	1841781	269920	178274	235.8	85.9
广　东	2487	1585115	381550	196088	324.2	90.5
广　西	785	687555	319408	185506	264.8	83.8
海　南	111	69093	397033	284251	317.3	132.0
重　庆	1517	1496772	291500	157641	198.0	81.1
四　川	2242	2510861	262262	143030	185.3	70.5
贵　州	448	369798	357662	154177	329.1	66.6
云　南	1476	886522	296182	162028	172.4	73.6
西　藏	152	24013	311293	165349	82.4	50.2
陕　西	1178	1137167	328584	142010	178.9	55.2
甘　肃	808	547254	297742	157128	185.8	71.1
青　海	260	120581	322626	130861	94.5	37.1
宁　夏	336	196939	267289	206389	236.8	98.0
新　疆	690	726636	266623	171714	171.7	77.8

4-9 各地区总承包建筑业企业营业额

单位：万元

地　区	企业营业额	在境外完成的营业额	企业总产值	#建筑业总产值
全国总计	**1899625781**	**33166432**	**1866459348**	**1435915416**
北　京	77941315	9161171	68780144	63076316
天　津	33256628	941797	32314831	31111242
河　北	51925657	431778	51493879	49060514
山　西	28330316	183779	28146536	27237319
内蒙古	15187905	180594	15007312	14849914
辽　宁	78992669	466140	78526529	71113958
吉　林	20390079	254702	20135377	19731882
黑龙江	21792402	484316	21308087	20394400
上　海	52643378	901905	51741473	43544416
江　苏	564868001	4166705	560701296	197856007
浙　江	190688352	626265	190062087	186207567
安　徽	48324875	1606542	46718333	45113866
福　建	50235584	285502	49950082	49594333
江　西	33204644	409254	32795390	31922119
山　东	85694808	2353008	83341801	76648784
河　南	67016907	1106426	65910481	62728838
湖　北	87117843	3013806	84104037	78926703
湖　南	51497043	1043486	50453557	49713290
广　东	64566959	935320	63631639	60480088
广　西	22989996	318299	22671697	21961069
海　南	2903562	7477	2896086	2743222
重　庆	45890218	259657	45630562	43630879
四　川	73342044	1489309	71852736	65850244
贵　州	13406526	76927	13329598	13226285
云　南	27969197	951404	27017793	26257142
西　藏	798838	1938	796900	747508
陕　西	40332967	796451	39536516	37365447
甘　肃	17624252	156446	17467806	16294047
青　海	4145959	110575	4035384	3890255
宁　夏	5351825	1736	5350089	5263964
新　疆	21195033	443720	20751313	19373800

4-10 各地区总承包建筑业企业资产构成

单位：万元

地区	资产合计	#流动资产合计	#存货	#非流动资产合计	#固定资产合计
全国总计	**1133634622**	**884034752**	**203348672**	**249599870**	**111259572**
北京	123095974	83233647	16121193	39862328	3425578
天津	36440678	29439006	5925348	7001672	3031084
河北	34551677	27570818	5838146	6980859	4639380
山西	30328946	23053474	4062227	7275472	2194296
内蒙古	16782351	13079561	2160750	3702790	2125821
辽宁	43132505	34876894	6902152	8255611	4858013
吉林	17007586	13888427	1887682	3119159	2055953
黑龙江	15800354	12919968	2302749	2880386	2040897
上海	63846988	51344191	10692294	12502797	3424400
江苏	114302787	94433532	23700475	19869255	11298473
浙江	82440374	67409693	18912442	15030681	8198004
安徽	32332989	25410851	5224759	6922138	3676423
福建	26731206	21502585	5053386	5228621	3217091
江西	17291881	13027273	2985709	4264608	2570369
山东	73055959	58875082	14573298	14180877	8434946
河南	42975354	33511690	7953439	9463664	6085567
湖北	58460031	44040353	13076010	14419679	9352126
湖南	27181057	20117674	4523114	7063383	3614091
广东	67817776	52778415	11684271	15039361	5785917
广西	12832507	10008289	2290576	2824218	1487332
海南	1871193	1430119	182621	441075	147197
重庆	36046769	28578765	7721811	7468004	3315481
四川	54364458	42010158	12243855	12354301	4114539
贵州	13522132	11334854	4035168	2187278	815094
云南	23151389	17035857	2873473	6115532	3001038
西藏	946548	546231	57386	400317	259503
陕西	31723481	25529830	5082299	6193650	3322400
甘肃	12349760	8753250	1903647	3596510	2064880
青海	3837243	2771034	524406	1066210	719491
宁夏	4634684	3850970	790452	783714	489639
新疆	14777987	11672262	2063536	3105725	1494549

4-11 各地区总承包建筑业企业固定资产情况

单位：万元

地 区	固定资产合计	固定资产原价	固定资产折旧	#本年折旧	在建工程
全国总计	**111259572**	**143164220**	**56199971**	**9897540**	**12327102**
北 京	3425578	5664686	2651539	494834	341965
天 津	3031084	4421097	1900202	381072	155339
河 北	4639380	5751446	2046487	346592	490172
山 西	2194296	3292681	1452750	247272	194541
内蒙古	2125821	2987325	1048189	260027	107151
辽 宁	4858013	6644895	2723788	395920	469970
吉 林	2055953	2362942	871961	178202	219544
黑龙江	2040897	2754886	1116146	131234	172932
上 海	3424400	5336784	2593084	299063	355927
江 苏	11298473	14768395	5754234	942189	1404047
浙 江	8198004	11095503	4094061	683013	811223
安 徽	3676423	4538681	1597902	313302	439350
福 建	3217091	4086715	1269031	230323	252714
江 西	2570369	2892334	925811	187192	334158
山 东	8434946	10530340	4095381	728216	706964
河 南	6085567	8131169	3065885	580250	618037
湖 北	9352126	9652514	3848342	800143	696328
湖 南	3614091	4727506	1842411	296434	370579
广 东	5785917	7770937	3191399	573549	813182
广 西	1487332	1723721	669825	94562	209089
海 南	147197	105629	44769	5710	67316
重 庆	3315481	3434695	1244204	219635	659715
四 川	4114539	5495688	2371815	419915	699814
贵 州	815094	959819	394801	78492	165300
云 南	3001038	3563544	1354294	227107	563814
西 藏	259503	247471	82470	10128	36285
陕 西	3322400	4551170	1898102	416577	406709
甘 肃	2064880	2308340	663317	101947	253968
青 海	719491	680156	317108	48126	44899
宁 夏	489639	613257	236326	36361	86696
新 疆	1494549	2069896	834342	170155	179376

4-12 各地区总承包建筑业企业负债及所有者权益

单位：万元

地 区	负债合计	#流动负债	#应付账款	所有者权益	#实收资本
全国总计	**777459061**	**701752464**	**223849597**	**356099899**	**199262943**
北 京	88365277	76125079	29217635	34728593	16126428
天 津	29416346	26798921	11695492	7015670	4602707
河 北	23361815	21355973	8118268	11189862	6578388
山 西	23322419	21003246	8682392	7006527	4264385
内蒙古	11035584	10094637	2690641	5746767	2509298
辽 宁	29635178	25850638	8744832	13487935	7092278
吉 林	10088635	8935863	3004687	6918950	5016259
黑龙江	11309160	10536238	3990644	4491194	3466043
上 海	49017617	45813435	13377138	14829370	8449751
江 苏	71157859	67349006	18924496	43144973	19398224
浙 江	49839776	46694503	9431765	32600598	16699697
安 徽	22370904	19820112	5918576	9934352	5578252
福 建	15665192	14685934	2914281	11065546	7697365
江 西	9709776	8848535	1933704	7582104	4651614
山 东	51090668	47451898	14972323	21965292	12618740
河 南	28279005	25721692	8950902	14696349	9113087
湖 北	41790659	34687484	14286415	16669372	8415017
湖 南	16433479	14421770	5045279	10747578	5777385
广 东	48086103	42203078	11841790	19707139	10703685
广 西	8754680	7759799	1483909	4077827	2766798
海 南	1119222	1053998	216494	751971	497651
重 庆	25717496	22889482	6845749	10329273	5747410
四 川	38337863	35211738	8881496	16026585	11819753
贵 州	9265650	8466120	2341145	4256482	1664580
云 南	15337963	13540676	3376510	7810621	4808299
西 藏	438750	382537	123630	507798	354342
陕 西	22908128	20823219	8645190	8815353	6538905
甘 肃	8395947	7636904	2675584	3953813	2451362
青 海	2562725	2258450	847008	1274518	852872
宁 夏	3389259	3264464	1124330	1245425	788993
新 疆	11255924	10067036	3547292	3522062	2213378

4-13 各地区总承包建筑业企业实收资本

单位：万元

地区	合计	国家资本	集体资本	法人资本	个人资本	港澳台资本	外商资本
全国总计	**199262943**	**34975570**	**9911286**	**66725387**	**86893207**	**334868**	**422627**
北京	16126428	7694876	284878	5649322	2420042	34065	43246
天津	4602707	990172	194755	2713587	699008	5185	
河北	6578388	1038385	441285	2114321	2982396	2000	
山西	4264385	1171535	174786	1571945	1342074	3579	465
内蒙古	2509298	184823	117363	666469	1540261	200	182
辽宁	7092278	1487152	419917	2334864	2820439	898	29009
吉林	5016259	327374	149341	3100117	1424937	14414	75
黑龙江	3466043	623660	285805	1074438	1471051	150	10940
上海	8449751	1561441	449882	3802370	2477463	97457	61138
江苏	19398224	1514289	583949	5511919	11665274	35976	86816
浙江	16699697	609639	354483	4066175	11638062	14499	16839
安徽	5578252	933585	211585	1495725	2931739	5483	136
福建	7697365	542738	174673	1854146	5102187	19390	4231
江西	4651614	939062	347981	1130131	2221420	1869	11151
山东	12618740	1845212	1146239	4596185	5012715	14077	4311
河南	9113087	1315245	640941	2893935	4251094	10584	1288
湖北	8415017	1601328	400885	2865179	3529097	18028	500
湖南	5777385	910691	493709	1890924	2481392	670	
广东	10703685	1335253	700388	4918866	3625827	33006	90345
广西	2766798	598915	209177	894627	1056867	6116	1096
海南	497651	106116	68340	184097	138952	147	
重庆	5747410	955814	209060	1651622	2868588	8409	53917
四川	11819753	2199531	432803	2933046	6250285	3771	317
贵州	1664580	846266	124619	362751	330945		
云南	4808299	1195240	284756	1350322	1973742	2838	1400
西藏	354342	26170	27251	183933	116989		
陕西	6538905	1116944	571787	2818778	2026171		5226
甘肃	2451362	547735	223652	766454	911463	2059	
青海	852872	161688	55316	390302	245565		
宁夏	788993	105023	38835	227306	417829		
新疆	2213378	489669	92845	711531	919333		

4-14 各地区总承包建筑业企业收入情况

单位：万元

地区	主营业务收入	#主营业务成本	#主营业务税金及附加	其他业务收入	#其他业务成本	#其他业务利润
全国总计	**1340513495**	**1184990811**	**44749664**	**11348474**	**21651887**	**1685987**
北京	79209598	72715835	1897557	529212	919570	162421
天津	33858247	30064790	944425	172348	783943	33510
河北	43869120	38479641	1432728	844833	1114294	38082
山西	26761606	24043673	806006	574499	576927	50772
内蒙古	14807294	12231113	542617	65965	352527	30641
辽宁	64018458	54804555	2211130	205316	2110962	25820
吉林	18317851	15418361	613492	189014	1022728	10482
黑龙江	16148430	14139707	526539	101490	341548	8632
上海	54067391	49593556	1379076	466668	584436	176421
江苏	161211616	141918362	5697890	1480342	1327830	116211
浙江	148548530	134675148	5140927	871767	998760	143897
安徽	39485897	34221555	1328421	439757	1276468	34784
福建	45217077	40363031	1686875	138063	375156	25233
江西	30119352	26619000	1069095	187620	355212	34018
山东	72390335	62978685	2383336	893032	1231017	111535
河南	61029856	53125689	2129124	361470	887026	80114
湖北	78264457	68116468	2960926	835532	1086580	97542
湖南	45971262	40247808	1800985	214245	618517	29787
广东	66226058	58774691	2072442	383988	542561	112550
广西	19612638	17676954	667139	157202	334087	27851
海南	2612936	2335138	88991	41177	43308	957
重庆	41899109	36428936	1433066	195265	1202597	36092
四川	59193260	51399774	1995507	776819	1591694	128693
贵州	12280228	11026603	461065	92322	189061	16870
云南	22992911	19836318	806318	387407	570702	59489
西藏	672422	548118	24289	5851	7457	1453
陕西	37431301	33378382	1234302	151244	297245	25929
甘肃	15291402	13347754	510698	223215	448528	22709
青海	4079086	3641835	111072	32063	58122	7177
宁夏	5339248	4894611	168995	47269	34848	14565
新疆	19586518	17944724	624631	283481	368179	21751

4-15 各地区总承包建筑业企业费用情况

单位：万元

地区	管理费用	#税金	销售费用	财务费用	#利息收入	#利息支出
全国总计	**37499684**	**1940805**	**4107190**	**9174052**	**2727914**	**9662057**
北京	2429075	36059	68294	538257	791078	1290951
天津	1006211	48157	34906	266187	157833	302382
河北	1194585	45791	105919	241049	38466	198131
山西	1005123	30006	56705	153813	71551	165343
内蒙古	502892	24118	21273	170870	3243	124765
辽宁	2017762	158755	134241	333461	44448	273796
吉林	521678	33857	48768	110409	6102	70003
黑龙江	570801	46995	58845	72788	12940	55089
上海	1625890	29542	66894	272815	185578	375622
江苏	4210243	200321	467549	1298154	190838	1159681
浙江	2534312	114564	323852	1018339	173121	1020551
安徽	1108280	47193	145066	230746	83083	250079
福建	1023925	60714	129180	158315	40831	148301
江西	702193	40152	140260	133297	17079	110364
山东	2211513	142034	237880	516859	108457	510439
河南	1994495	115336	289135	407982	113067	374923
湖北	2576858	128524	436060	556791	113462	556486
湖南	1371019	91239	231924	253232	79164	234801
广东	1871252	88570	135816	599906	51048	610559
广西	540769	21901	40319	148888	9869	113698
海南	53313	3675	5243	2908	667	1439
重庆	1157586	62410	152685	376399	53754	323005
四川	1847119	200789	358808	501923	226940	590598
贵州	287571	9146	12135	91568	7142	77372
云南	685399	32537	152873	232315	27009	207769
西藏	38457	1603	10801	3220	1707	1732
陕西	1144379	60706	132213	194936	89416	251997
甘肃	502402	32419	74703	126013	13626	106869
青海	142377	2806	8148	24244	670	18930
宁夏	131335	6979	6721	42059	566	31411
新疆	490873	23905	19975	96310	15159	104973

4-16　各地区总承包建筑业企业利润及税金情况

单位：万元

地　区	利润总额	#应交所得税	税金总额	主营业务税金及附加	管理费用中的税金
全国总计	**52443227**	**11295466**	**46690469**	**44749664**	**1940805**
北　京	3121133	427277	1933615	1897557	36059
天　津	993671	227983	992583	944425	48157
河　北	1487275	348647	1478520	1432728	45791
山　西	783669	128158	836013	806006	30006
内蒙古	1032226	240210	566735	542617	24118
辽　宁	2481442	632641	2369886	2211130	158755
吉　林	779181	202787	647350	613492	33857
黑龙江	539185	123648	573534	526539	46995
上　海	1677490	271911	1408618	1379076	29542
江　苏	7754223	1685457	5898211	5697890	200321
浙　江	4648042	1104888	5255491	5140927	114564
安　徽	1579459	325777	1375615	1328421	47193
福　建	1639428	550649	1747589	1686875	60714
江　西	1154664	281852	1109247	1069095	40152
山　东	3571969	706963	2525369	2383336	142034
河　南	2518797	577917	2244460	2129124	115336
湖　北	3486392	706497	3089450	2960926	128524
湖　南	1726360	331923	1892224	1800985	91239
广　东	2618352	622945	2161012	2072442	88570
广　西	416840	130008	689041	667139	21901
海　南	124721	52784	92666	88991	3675
重　庆	2119667	427148	1495476	1433066	62410
四　川	2319522	426908	2196296	1995507	200789
贵　州	300849	67491	470211	461065	9146
云　南	1091518	203273	838855	806318	32537
西　藏	46977	6714	25892	24289	1603
陕　西	1280888	203080	1295008	1234302	60706
甘　肃	535816	105005	543117	510698	32419
青　海	134379	18649	113878	111072	2806
宁　夏	101543	45046	175974	168995	6979
新　疆	377552	111230	648536	624631	23905

4-17 各地区总承包建筑业企业应收工程款及企业亏损情况

地　区	应收工程款(万元)	企业个数(个)	#亏损企业个数	亏损企业的比重(%)
全国总计	**225214035**	**46167**	**4477**	**9.7**
北　京	14247401	891	164	18.4
天　津	8822564	449	47	10.5
河　北	9268333	1646	165	10.0
山　西	7976410	1034	163	15.8
内蒙古	4556476	710	85	12.0
辽　宁	10109261	2409	279	11.6
吉　林	4894205	1042	134	12.9
黑龙江	3658199	1309	247	18.9
上　海	10573099	1311	209	15.9
江　苏	29735110	5013	152	3.0
浙　江	13781028	3636	276	7.6
安　徽	7299903	1689	127	7.5
福　建	3963781	1614	168	10.4
江　西	3084183	1289	67	5.2
山　东	19027310	3796	320	8.4
河　南	7175815	2429	123	5.1
湖　北	10595759	1953	87	4.5
湖　南	5473944	1457	79	5.4
广　东	9782325	2487	341	13.7
广　西	1987242	785	150	19.1
海　南	283442	111	18	16.2
重　庆	7967854	1517	114	7.5
四　川	8458428	2242	232	10.3
贵　州	2090990	448	75	16.7
云　南	4801883	1476	148	10.0
西　藏	212316	152	15	9.9
陕　西	6744857	1178	140	11.9
甘　肃	3130675	808	80	9.9
青　海	721257	260	70	26.9
宁　夏	1387622	336	59	17.6
新　疆	3402366	690	143	20.7

4-18 各地区总承包建筑业企业主要经济效益指标

地 区	产值利润率 (%)	产值利税率 (%)	资本利润率 (%)	资本利税率 (%)	人均利润 (元/人)	人均利税 (元/人)	资产负债率 (%)
全国总计	**3.7**	**6.9**	**26.3**	**49.8**	**11597**	**21922**	**68.6**
北 京	4.9	8.0	19.4	31.3	48456	78476	71.8
天 津	3.2	6.4	21.6	43.2	14413	28811	80.7
河 北	3.0	6.0	22.6	45.1	13089	26101	67.6
山 西	2.9	5.9	18.4	38.0	8515	17599	76.9
内蒙古	7.0	10.8	41.1	63.7	20538	31815	65.8
辽 宁	3.5	6.8	35.0	68.4	12442	24325	68.7
吉 林	3.9	7.2	15.5	28.4	15776	28883	59.3
黑龙江	2.6	5.5	15.6	32.1	6356	13116	71.6
上 海	3.9	7.1	19.9	36.5	16811	30928	76.8
江 苏	3.9	6.9	40.0	70.4	11057	19468	62.3
浙 江	2.5	5.3	27.8	59.3	7422	15814	60.5
安 徽	3.5	6.6	28.3	53.0	10000	18710	69.2
福 建	3.3	6.8	21.3	44.0	7295	15071	58.6
江 西	3.6	7.1	24.8	48.7	10884	21341	56.2
山 东	4.7	8.0	28.3	48.3	12800	21849	69.9
河 南	4.0	7.6	27.6	52.3	11175	21134	65.8
湖 北	4.4	8.3	41.4	78.1	21967	41433	71.5
湖 南	3.5	7.3	29.9	62.6	9373	19647	60.5
广 东	4.3	7.9	24.5	44.7	16518	30152	70.9
广 西	1.9	5.0	15.1	40.0	6063	16084	68.2
海 南	4.5	7.9	25.1	43.7	18051	31463	59.8
重 庆	4.9	8.3	36.9	62.9	14162	24153	71.3
四 川	3.5	6.9	19.6	38.2	9238	17985	70.5
贵 州	2.3	5.8	18.1	46.3	8135	20851	68.5
云 南	4.2	7.4	22.7	40.1	12312	21775	66.3
西 藏	6.3	9.7	13.3	20.6	19563	30345	46.4
陕 西	3.4	6.9	19.6	39.4	11264	22652	72.2
甘 肃	3.3	6.6	21.9	44.0	9791	19715	68.0
青 海	3.5	6.4	15.8	29.1	11144	20588	66.8
宁 夏	1.9	5.3	12.9	35.2	5156	14092	73.1
新 疆	1.9	5.3	17.1	46.4	5196	14121	76.2

4-19 各地区按资质等级划分的总承包建筑业企业单位数

单位：个

地　区	合计	特级	一级	二级	三级及以下
全国总计	**46167**	**311**	**5234**	**16816**	**23806**
北　京	891	35	256	267	333
天　津	449	8	117	140	184
河　北	1646	7	180	691	768
山　西	1034	5	87	329	613
内蒙古	710	2	67	216	425
辽　宁	2409	31	223	641	1514
吉　林	1042	2	65	319	656
黑龙江	1309	3	119	515	672
上　海	1311	14	155	477	665
江　苏	5013	32	534	1746	2701
浙　江	3636	40	680	1156	1760
安　徽	1689	3	160	681	845
福　建	1614	3	176	527	908
江　西	1289	1	128	505	655
山　东	3796	15	330	1427	2024
河　南	2429	17	255	937	1220
湖　北	1953	12	259	807	875
湖　南	1457	11	187	511	748
广　东	2487	35	377	629	1446
广　西	785	2	55	243	485
海　南	111	2	22	49	38
重　庆	1517	2	177	635	703
四　川	2242	10	193	1119	920
贵　州	448	2	44	137	265
云　南	1476	3	71	510	892
西　藏	152	1	3	94	54
陕　西	1178	5	169	680	324
甘　肃	808	5	59	312	432
青　海	260	1	11	117	131
宁　夏	336	1	13	115	207
新　疆	690	1	62	284	343

4-20 各地区按资质等级划分的总承包建筑业企业从业人员

单位：人

地区	合计	特级	一级	二级	三级及以下
全国总计	**40693809**	**4044727**	**16190055**	**12695347**	**7763680**
北京	329964	79149	192007	32358	26450
天津	251395	14912	121545	78809	36129
河北	1065756	62901	307691	477079	218085
山西	522693	38320	191729	171257	121387
内蒙古	369527	4741	136562	129857	98367
辽宁	1561822	100101	353051	553691	554979
吉林	396690	18280	65828	137902	174680
黑龙江	348001	42084	98318	108491	99108
上海	648395	59983	307865	205722	74825
江苏	6931120	1213991	2580606	1876100	1260423
浙江	6333663	1232841	3228960	1260496	611366
安徽	1592219	63990	690300	549542	288387
福建	2066159	54363	1080477	588256	343063
江西	1230633	47904	558477	368395	255857
山东	2581059	191378	906894	890119	592668
河南	2069209	153521	631818	776176	507694
湖北	1726073	196420	660001	604881	264771
湖南	1271150	59277	389398	470682	351793
广东	1648445	113120	781637	419132	334556
广西	734362	86640	372728	168881	106113
海南	75281	1471	41976	22446	9388
重庆	1587877	2082	698161	570556	317078
四川	2252528	61171	703678	1061634	426045
贵州	401123	39438	207375	87553	66757
云南	760706	25693	190724	316648	227641
西藏	24050	85	258	18209	5498
陕西	842651	25146	399050	321910	96545
甘肃	563346	35109	147604	212773	167860
青海	97744	16781	7519	54354	19090
宁夏	95177	1968	16008	44714	32487
新疆	314991	1867	121810	116724	74590

4-21 各地区按资质等级划分的总承包建筑业总产值

单位：万元

地区	合计	特级	一级	二级	三级及以下
全国总计	**1435915416**	**256694668**	**673549051**	**320729498**	**184942199**
北京	63076316	25958820	32480444	3169144	1467908
天津	31111242	6704029	17703481	4862131	1841601
河北	49060514	9079184	22524626	12351882	5104824
山西	27237319	4394521	15822879	4292860	2727059
内蒙古	14849914	446125	6481903	4740387	3181498
辽宁	71113958	5990442	23128093	20765800	21229622
吉林	19731882	688573	5795443	6510149	6737717
黑龙江	20394400	1958568	8970479	5282283	4183070
上海	43544416	15703168	17961209	7490445	2389594
江苏	197856007	48208245	81545365	41909619	26192779
浙江	186207567	47072769	97193529	28632056	13309213
安徽	45113866	3686584	23773312	11950966	5703005
福建	49594333	1972414	28241544	12792061	6588315
江西	31922119	559330	17795468	8662157	4905163
山东	76648784	8769270	37999907	18697429	11182178
河南	62728838	14328576	23767217	14892270	9740775
湖北	78926703	20807644	35834564	16169564	6114930
湖南	49713290	10706326	21095013	10531350	7380601
广东	60480088	8260481	35328192	9438169	7453246
广西	21961069	2397467	12562957	4202386	2798258
海南	2743222	49112	1573067	763728	357316
重庆	43630879	1095213	21794773	13687422	7053472
四川	65850244	9182739	25271956	21866001	9529548
贵州	13226285	1001480	9187821	1772724	1264260
云南	26257142	2340837	9059816	9464353	5392137
西藏	747508	586	40888	604874	101160
陕西	37365447	2184180	23956218	8774995	2450055
甘肃	16294047	1593343	6827960	4636286	3236458
青海	3890255	1256093	625866	1620855	387441
宁夏	5263964	43022	1476182	2386771	1357989
新疆	19373800	255527	7728881	7808382	3581011

4-22 各地区按资质等级划分的总承包建筑业企业签订的合同额

单位：万元

地区	合计	特级	一级	二级	三级及以下
全国总计	**2671488960**	**625816412**	**1326198913**	**480853078**	**238620558**
北京	169742967	89093591	72228819	5986352	2434206
天津	63776255	15010209	39136127	7390459	2239461
河北	80151680	14916386	42871193	16268072	6096029
山西	53926067	11327695	33739909	5634107	3224356
内蒙古	22244111	1745466	9649690	6817937	4031019
辽宁	106412318	14342594	39735506	26329670	26004548
吉林	31160590	1738169	11172445	9943250	8306726
黑龙江	29310281	3222319	13221315	8542368	4324279
上海	114410914	59588052	38727558	13032383	3062921
江苏	308580709	81678675	135448387	59148627	32305020
浙江	324249853	87806853	169413822	46942872	20086306
安徽	76866094	6235724	44512828	18645650	7471892
福建	93449424	4030992	59884844	20312080	9221507
江西	59367876	1604200	38014135	12960781	6788760
山东	123681848	19664636	64534983	25788621	13693609
河南	114123479	35567523	47607970	19532586	11415400
湖北	149386732	44277057	74462640	22784511	7862524
湖南	109708613	38320040	44917560	17200144	9270869
广东	149893329	32063709	88797018	17434412	11598190
广西	45046149	7531286	27163999	6604670	3746195
海南	5483257	49870	3468205	1482586	482596
重庆	80844897	2969671	46465792	22834611	8574823
四川	128657535	24136512	57558780	34332807	12629435
贵州	31676370	2026695	24144369	3321360	2183946
云南	46062963	7467080	18773234	13470620	6352030
西藏	1078580	586	70190	879149	128656
陕西	77224859	12081937	49441287	12364396	3337240
甘肃	26602070	3970844	12296573	6384212	3950441
青海	7567321	2572451	1463920	3000059	530891
宁夏	9054277	188541	2818632	3817762	2229342
新疆	31747541	587050	14457184	11665965	5037342

4-23 各地区按资质等级划分的总承包建筑业企业竣工产值

单位：万元

地区	合计	特级	一级	二级	三级及以下
全国总计	**838420456**	**130102875**	**358632216**	**216423824**	**133261542**
北京	30206702	11226532	15845586	2146008	988576
天津	14060948	2003305	8079717	2429685	1548241
河北	25558462	2843411	11271844	7889647	3553560
山西	12383259	2655091	5721669	2308270	1698230
内蒙古	8627765	217964	3036139	3032130	2341532
辽宁	43568202	3046700	11571714	14252431	14697358
吉林	12743536	251623	2769325	4454638	5267951
黑龙江	11135281	866852	3824352	3069130	3374948
上海	23078170	8636067	8599078	4419478	1423547
江苏	149375032	34959858	58933902	34149064	21332208
浙江	115227430	28873873	57268046	19683978	9401533
安徽	23590990	879363	10971577	7603107	4136943
福建	30504956	1322161	17103555	7988865	4090375
江西	19858543	255628	9182760	6488492	3931662
山东	41623817	3990255	18461424	11693003	7479136
河南	35225367	5467288	12194090	10202489	7361500
湖北	40178575	5986689	17653729	12054495	4483663
湖南	32834153	7067786	12232648	7802218	5731501
广东	31082201	3239404	17208303	5813241	4821254
广西	12754582	1533638	6656514	2765609	1798821
海南	1963972	29845	1124066	539213	270849
重庆	23595316	176732	10265352	8308354	4844878
四川	35912908	2180140	12813871	14477436	6441461
贵州	5701443	499891	3371589	966855	863107
云南	14364129	576951	3835710	6057450	3894018
西藏	397052	586	1965	311974	82528
陕西	16148879	460114	9701945	4770296	1216524
甘肃	8598906	513657	2842309	3118667	2124273
青海	1577940	68186	390307	854463	264984
宁夏	4064605	47477	1346114	1633755	1037259
新疆	12477337	225811	4353017	5139386	2759123

4-24 各地区按资质等级划分的总承包建筑业企业房屋施工面积

单位：万平方米

地区	合计	特级	一级	二级	三级及以下
全国总计	**1115811.0**	**228949.1**	**509765.7**	**243103.3**	**133993.0**
北京	49132.5	23755.8	23637.3	1270.9	468.5
天津	12953.0	2584.8	8408.8	1535.9	423.6
河北	35928.7	6750.1	14879.8	10033.2	4265.7
山西	12956.9	668.5	8583.8	2322.0	1382.7
内蒙古	8764.6	471.0	3454.2	2691.3	2148.1
辽宁	41728.6	5304.2	10217.4	12793.9	13413.1
吉林	11959.5	544.6	2612.9	4340.2	4461.7
黑龙江	8088.5	614.3	3271.0	2244.0	1959.2
上海	29809.0	13873.2	10800.4	4220.5	914.9
江苏	195898.2	56601.7	78588.7	37551.5	23156.3
浙江	180429.5	55120.0	90065.9	24435.9	10807.7
安徽	35942.6	920.4	19722.4	10836.8	4462.9
福建	47695.3	2780.1	29721.6	10741.2	4452.5
江西	22832.6	738.7	10592.0	7152.2	4349.8
山东	63258.3	8216.3	28020.7	17043.5	9977.7
河南	42581.3	7994.5	16505.7	10986.6	7094.4
湖北	48010.1	8742.0	22248.5	12421.1	4598.5
湖南	43436.0	11873.5	15113.7	10219.2	6229.6
广东	51391.2	10940.5	26060.7	8783.3	5606.7
广西	18209.0	1986.9	10525.8	3656.1	2040.4
海南	2192.2	18.2	1494.9	460.2	218.9
重庆	29640.2	856.6	16876.4	7836.2	4071.0
四川	46525.1	4205.3	19885.5	16018.5	6415.8
贵州	12168.5	359.0	9454.9	1275.8	1078.9
云南	15286.2	840.8	6096.5	5374.7	2974.3
西藏	197.8	0.0	2.3	173.8	21.6
陕西	20345.1	690.8	12327.9	5968.9	1357.5
甘肃	10166.8	897.4	4556.0	2769.7	1943.7
青海	1139.4	189.6	222.7	546.3	180.9
宁夏	4664.5	17.7	1506.5	1970.0	1170.3
新疆	12479.7	392.6	4310.8	5430.0	2346.2

4-25 各地区按资质等级划分的总承包建筑业企业房屋竣工面积

单位：万平方米

地　区	合计	特级	一级	二级	三级及以下
全国总计	**393281.3**	**55755.9**	**151418.2**	**112252.8**	**73854.4**
北　京	8924.8	4038.9	4387.6	386.7	111.6
天　津	3507.0	401.1	2210.2	678.1	217.6
河　北	12567.1	1166.0	4208.2	4948.5	2244.3
山　西	3663.3	180.7	1787.7	968.8	726.0
内蒙古	3601.8	88.0	1022.9	1278.1	1212.8
辽　宁	19389.6	1379.2	3535.6	6806.9	7667.9
吉　林	6078.1	188.6	1020.4	2062.8	2806.3
黑龙江	4372.1	111.6	1430.6	1212.0	1617.8
上　海	6978.9	2202.3	2817.3	1509.1	450.2
江　苏	68597.1	16772.5	24707.4	15798.8	11318.4
浙　江	58712.9	14936.2	28850.4	10401.6	4524.8
安　徽	14619.7	202.4	6195.3	5340.3	2881.6
福　建	13628.1	768.9	7175.7	3925.2	1758.2
江　西	11694.7	129.6	3963.6	4532.1	3069.5
山　东	22955.5	2079.2	8312.6	7344.7	5219.1
河　南	17767.3	2480.7	5135.0	5634.5	4517.1
湖　北	22243.5	2791.9	9318.3	7205.1	2928.1
湖　南	15825.3	2565.3	4645.4	4775.4	3839.2
广　东	14344.7	1329.6	6961.4	3181.4	2872.3
广　西	5758.9	388.7	2597.3	1601.0	1171.9
海　南	912.1	16.2	518.8	252.9	124.2
重　庆	12140.4	55.5	5644.3	3902.9	2537.7
四　川	17697.4	819.7	5119.8	7817.4	3940.5
贵　州	2464.7	70.5	1418.5	398.2	577.4
云　南	6522.8	103.1	1876.1	2651.0	1892.6
西　藏	120.7	0.0	0.1	105.1	15.4
陕　西	6271.9	141.9	3061.8	2455.1	613.2
甘　肃	3891.9	226.9	1223.0	1410.0	1032.0
青　海	447.8		71.1	266.5	110.2
宁　夏	1930.5	4.1	682.4	723.4	520.6
新　疆	5650.7	116.3	1519.4	2679.2	1335.8

4-26 各地区按资质等级划分的总承包建筑业企业自有施工机械设备台数

单位：台

地 区	合计	特级	一级	二级	三级及以下
全国总计	**9878809**	**844470**	**3493247**	**3618292**	**1922800**
北 京	87396	9093	61067	11080	6156
天 津	77310	6569	45796	16866	8079
河 北	839435	109298	405667	198710	125760
山 西	178561	7093	62972	57934	50562
内蒙古	99930	3569	27864	48036	20461
辽 宁	310226	14980	108155	91799	95292
吉 林	66339	5096	27289	18334	15620
黑龙江	122388	18284	41680	35228	27196
上 海	117413	21828	44936	37720	12929
江 苏	1401642	204049	521371	421468	254754
浙 江	899291	100441	423143	247529	128178
安 徽	429269	17009	130894	158241	123125
福 建	248433	11366	84454	98884	53729
江 西	168540	1	62468	57698	48373
山 东	674231	35118	222008	231517	185588
河 南	673808	81795	223210	221632	147171
湖 北	1231342	82868	238246	832020	78208
湖 南	441695	34469	104578	154540	148108
广 东	452770	11010	180962	131294	129504
广 西	146607	2602	49312	55585	39108
海 南	7540	120	4240	1751	1429
重 庆	160428	225	70105	67263	22835
四 川	286501	23012	103911	114696	44882
贵 州	63562	3826	36199	12414	11123
云 南	144535	18350	28674	52261	45250
西 藏	3967	4	29	2993	941
陕 西	256676	9616	101022	130377	15661
甘 肃	147385	3081	36009	55152	53143
青 海	24609	8897	4976	7705	3031
宁 夏	26658	150	4179	11609	10720
新 疆	90322	651	37831	35956	15884

4-27 各地区按资质等级划分的总承包建筑业企业自有施工机械设备总功率

单位：万千瓦

地区	合计	特级	一级	二级	三级及以下
全国总计	**22260.8**	**3046.8**	**8955.9**	**6355.5**	**3902.6**
北京	359.9	74.5	238.4	33.7	13.4
天津	352.2	54.2	232.8	45.7	19.5
河北	1060.2	228.8	412.3	291.1	128.0
山西	539.1	119.6	208.8	113.8	96.9
内蒙古	231.4	5.6	68.5	116.1	41.2
辽宁	1196.8	106.9	490.8	269.5	329.6
吉林	219.6	11.3	110.3	50.4	47.7
黑龙江	266.9	44.0	106.4	73.5	43.0
上海	336.4	81.3	162.4	73.4	19.2
江苏	4141.7	684.9	1363.7	1423.8	669.3
浙江	1812.9	189.5	848.8	465.5	309.2
安徽	1019.2	14.7	410.3	306.4	287.8
福建	649.0	13.1	246.6	231.6	157.7
江西	407.4		211.8	119.8	75.8
山东	1538.6	107.3	642.3	444.5	344.5
河南	1470.3	412.8	500.0	377.2	180.4
湖北	1298.7	345.5	407.2	379.7	166.4
湖南	1001.9	140.1	319.2	292.5	250.0
广东	985.5	56.6	454.8	231.1	243.0
广西	267.3	7.1	114.3	89.1	56.8
海南	17.6	0.2	11.6	3.1	2.6
重庆	410.9	1.7	200.3	159.4	49.5
四川	740.6	120.5	329.5	210.7	80.0
贵州	173.9	27.8	94.7	24.2	27.1
云南	475.0	86.3	115.2	152.8	120.7
西藏	12.1		0.3	9.2	2.5
陕西	518.3	52.9	285.0	153.6	26.8
甘肃	322.7	14.8	165.5	84.5	57.9
青海	74.2	41.4	7.6	19.9	5.3
宁夏	62.2	0.3	8.8	31.0	22.2
新疆	298.1	2.8	187.7	78.8	28.8

4-28 各地区按资质等级划分的总承包建筑业企业实收资本

单位：万元

地 区	合计	特级	一级	二级	三级及以下
全国总计	**199262943**	**25997287**	**70200386**	**62026191**	**41039079**
北 京	16126428	9836465	4577981	1073169	638814
天 津	4602707	1147167	2487913	668171	299456
河 北	6578388	274100	2930734	2355416	1018138
山 西	4264385	595670	1409438	1145484	1113793
内蒙古	2509298	68965	785886	918542	735905
辽 宁	7092278	623594	2290733	2009064	2168887
吉 林	5016259	60000	973828	1070579	2911851
黑龙江	3466043	277114	908571	1449680	830679
上 海	8449751	1919228	3540806	2100941	888776
江 苏	19398224	1450845	6206312	6737247	5003820
浙 江	16699697	1532538	7492546	4597485	3077127
安 徽	5578252	379940	1754142	2148897	1295273
福 建	7697365	121818	3110520	2538945	1926082
江 西	4651614	52175	1758720	1769207	1071512
山 东	12618740	708513	4670673	3999928	3239625
河 南	9113087	1295662	2632105	3127879	2057441
湖 北	8415017	1104305	2929126	2871014	1510573
湖 南	5777385	637546	2043168	1842177	1254493
广 东	10703685	987690	5050557	2657280	2008159
广 西	2766798	95485	936801	1054327	680185
海 南	497651	685	262126	171310	63530
重 庆	5747410	200300	2172676	2305607	1068827
四 川	11819753	1114658	2768890	5862199	2074006
贵 州	1664580	140382	796591	424156	303451
云 南	4808299	158622	1380787	1753673	1515217
西 藏	354342	1700	10553	270015	72075
陕 西	6538905	814254	2830280	2366131	528240
甘 肃	2451362	193600	560344	1018194	679224
青 海	852872	94300	111593	454719	192260
宁 夏	788993	28218	88886	373607	298282
新 疆	2213378	81748	727100	891148	513382

4-29 各地区按资质等级划分的总承包建筑业企业资产

单位：万元

地 区	合计	特级	一级	二级	三级及以下
全国总计	**1133634622**	**257606956**	**500590471**	**240316206**	**135120989**
北 京	123095974	74181492	40936454	5019822	2958205
天 津	36440678	9442782	20318255	4549708	2129933
河 北	34551677	3988483	18933791	7895147	3734257
山 西	30328946	9939536	13322682	4157014	2909714
内蒙古	16782351	630628	6494359	6314816	3342547
辽 宁	43132505	4559115	18484365	10144847	9944178
吉 林	17007586	570686	5609368	5187177	5640355
黑龙江	15800354	2543693	5672862	5251744	2332055
上 海	63846988	20343848	28357258	11149397	3996484
江 苏	114302787	17577391	45270179	30420032	21035185
浙 江	82440374	16406318	39985959	16499506	9548591
安 徽	32332989	5612857	14926266	7804494	3989372
福 建	26731206	691833	14212822	7755557	4070994
江 西	17291881	628343	8727515	5195357	2740666
山 东	73055959	10135299	34415497	18157263	10347901
河 南	42975354	11463580	16692847	9522614	5296314
湖 北	58460031	22176434	22105139	9966243	4212215
湖 南	27181057	7069844	10700622	5845583	3565008
广 东	67817776	9909044	37983912	12293081	7631740
广 西	12832507	1078254	5791437	3969566	1993250
海 南	1871193	45457	1126661	518327	180748
重 庆	36046769	2703935	18605680	9906745	4830409
四 川	54364458	13259143	20424955	15063825	5616536
贵 州	13522132	1172746	9424894	1832055	1092436
云 南	23151389	2033563	9282075	7575516	4260235
西 藏	946548	1700	39797	765648	139403
陕 西	31723481	6374491	17499362	6247667	1601960
甘 肃	12349760	1198545	5935322	3069346	2146546
青 海	3837243	1173918	603048	1579514	480763
宁 夏	4634684	101800	1320462	1847263	1365159
新 疆	14777987	592198	7386627	4811331	1987831

4-30 各地区按资质等级划分的总承包建筑业企业所有者权益

单位：万元

地　区	合计	特级	一级	二级	三级及以下
全国总计	**356099899**	**65112494**	**129352930**	**98339175**	**63295300**
北　京	34728593	25356551	7170763	1407852	793426
天　津	7015670	1662891	3581742	1092861	678177
河　北	11189862	841455	4824451	3786279	1737678
山　西	7006527	1822916	2123913	1609627	1450071
内蒙古	5746767	87222	1948100	2236501	1474944
辽　宁	13487935	1426651	4497330	3818869	3745085
吉　林	6918950	84252	1599584	1634275	3600840
黑龙江	4491194	292790	1255146	1848667	1094590
上　海	14829370	4313241	5597622	3489511	1428997
江　苏	43144973	5546605	14840588	12909107	9848674
浙　江	32600598	5522823	15123829	7559067	4394879
安　徽	9934352	836694	3604620	3498547	1994491
福　建	11065546	273379	4870924	3473537	2447706
江　西	7582104	88179	2892195	2941604	1660126
山　东	21965292	1978317	8303968	6866188	4816819
河　南	14696349	2311735	4498314	4783031	3103269
湖　北	16669372	3703415	5867213	4798396	2300349
湖　南	10747578	1585822	3971008	3081324	2109423
广　东	19707139	1976488	10090545	4594924	3045182
广　西	4077827	239669	1386564	1505952	945642
海　南	751971	35243	365994	261507	89227
重　庆	10329273	320082	4290682	3884764	1833745
四　川	16026585	2412833	4812510	5907748	2893493
贵　州	4256482	162536	3122611	544054	427280
云　南	7810621	451068	2095984	3073065	2190504
西　藏	507798	1700	23176	387284	95638
陕　西	8815353	1118908	3713023	3227944	755478
甘　肃	3953813	260166	1204263	1498139	991244
青　海	1274518	270526	160052	618997	224944
宁　夏	1245425	35430	210642	581003	418350
新　疆	3522062	92909	1305574	1418551	705028

4-31 各地区按资质等级划分的总承包建筑业企业负债

单位：万元

地区	合计	特级	一级	二级	三级及以下
全国总计	**777459061**	**192494452**	**371237540**	**141943733**	**71783337**
北京	88365277	48824941	33765691	3611970	2162675
天津	29416346	7779891	16736514	3450474	1449468
河北	23361815	3147028	14109340	4108868	1996579
山西	23322419	8116621	11198769	2547387	1459644
内蒙古	11035584	543406	4546260	4078315	1867603
辽宁	29635178	3132465	13987035	6319259	6196421
吉林	10088635	486434	4009784	3552902	2039515
黑龙江	11309160	2250903	4417715	3403077	1237465
上海	49017617	16030607	22759636	7659887	2567487
江苏	71157859	12030786	30429592	17510970	11186511
浙江	49839776	10883495	24862130	8940439	5153711
安徽	22370904	4776163	11321646	4294739	1978356
福建	15665192	418454	9341898	4282020	1622820
江西	9709776	540164	5835320	2253753	1080540
山东	51090668	8156982	26111528	11291075	5531083
河南	28279005	9151845	12194533	4739583	2193045
湖北	41790659	18473019	16237926	5167848	1911867
湖南	16433479	5484022	6729614	2764258	1455585
广东	48086103	7932557	27893366	7689116	4571066
广西	8754680	838585	4404873	2463614	1047608
海南	1119222	10214	760667	256820	91521
重庆	25717496	2383853	14314997	6021981	2996664
四川	38337863	10846299	15612445	9156077	2723042
贵州	9265650	1010210	6302283	1288001	665156
云南	15337963	1582496	7186091	4502451	2066924
西藏	438750		16621	378364	43765
陕西	22908128	5255583	13786339	3019724	846482
甘肃	8395947	938379	4731058	1571207	1155302
青海	2562725	903393	442996	960517	255820
宁夏	3389259	66369	1109821	1266260	946809
新疆	11255924	499289	6081053	3392780	1282803

4-32 各地区按资质等级划分的总承包建筑业企业营业收入

单位：万元

地区	合计	特级	一级	二级	三级及以下
全国总计	**1351861970**	**256188926**	**633450294**	**295667963**	**166554786**
北 京	79738810	34235804	39228096	3996254	2278656
天 津	34030595	7380548	19467476	5266868	1915703
河 北	44713953	8659473	20716273	10836782	4501425
山 西	27336105	4914663	15695325	4098537	2627580
内蒙古	14873259	547753	6309501	4984058	3031947
辽 宁	64223774	5155385	22426356	18913268	17728765
吉 林	18506865	772507	5861417	6134755	5738186
黑龙江	16249920	2146337	6470242	4107648	3525693
上 海	54534059	20149157	20943559	10368570	3072773
江 苏	162691958	38311296	67214238	35007810	22158614
浙 江	149420297	36216378	76328925	24998996	11875999
安 徽	39925654	3517417	20931957	10415926	5060354
福 建	45355140	1587369	25925257	11823940	6018574
江 西	30306972	562530	16823508	8300913	4620021
山 东	73283367	8700238	36627814	17598424	10356891
河 南	61391327	14957164	23539579	14026605	8867979
湖 北	79099989	23293280	35022090	14978144	5806474
湖 南	46185507	9508375	20044613	9799336	6833182
广 东	66610046	9734759	39241690	10013704	7619893
广 西	19769840	2235722	11027872	4008597	2497649
海 南	2654113	31089	1553907	774086	295031
重 庆	42094374	1850620	21042013	12742324	6459417
四 川	59970080	9544002	24222513	18679739	7523826
贵 州	12372551	978006	8501296	1678317	1214932
云 南	23380318	2375520	8697541	7771474	4535784
西 藏	678272	586	42310	533898	101479
陕 西	37582545	5438981	22169513	7892848	2081203
甘 肃	15514618	1663994	6793889	4184005	2872729
青 海	4111149	1387636	636073	1642246	445194
宁 夏	5386517	74210	1539047	2328442	1444819
新 疆	19869999	258129	8406406	7761449	3444015

4-33 各地区按资质等级划分的总承包建筑业企业利税总额

单位：万元

地 区	合计	特级	一级	二级	三级及以下
全国总计	**99133696**	**17425834**	**39347512**	**25467103**	**16893246**
北 京	5054748	3039768	1728032	211777	75171
天 津	1986254	437879	959948	376029	212397
河 北	2965795	496755	1123548	882243	463250
山 西	1619681	421997	691907	301805	203972
内蒙古	1598960	17217	580075	594264	407405
辽 宁	4851327	415620	1283659	1645243	1506806
吉 林	1426530	20985	366463	465008	574075
黑龙江	1112719	84072	295972	312922	419753
上 海	3086109	1102684	1216299	592635	174491
江 苏	13652434	3092976	5252171	3073975	2233311
浙 江	9903533	2218721	4981416	1769031	934366
安 徽	2955074	245918	1351641	845919	511596
福 建	3387017	111039	1733018	1003535	539426
江 西	2263911	53249	987763	731401	491498
山 东	6097338	577633	2493624	1777013	1249068
河 南	4763257	761873	1404636	1453914	1142834
湖 北	6575842	1395895	2754343	1638555	787050
湖 南	3618585	605283	1370099	901680	741523
广 东	4779364	583762	2443938	913564	838101
广 西	1105881	95583	517323	281828	211147
海 南	217387	2239	105210	77840	32097
重 庆	3615143	58482	1422647	1317728	816287
四 川	4515818	924267	1322911	1509485	759156
贵 州	771059	20935	503872	146603	99649
云 南	1930372	151432	500428	751586	526926
西 藏	72869	268	6654	51122	14824
陕 西	2575896	299020	1222627	816106	238143
甘 肃	1078934	64494	283128	370164	361148
青 海	248257	108668	33682	75968	29939
宁 夏	277517	3489	52674	127262	94092
新 疆	1026088	13632	357809	450899	203749

4-34 各地区按资质等级划分的总承包建筑业企业利润总额

单位：万元

地 区	合计	特级	一级	二级	三级及以下
全国总计	**52443227**	**9682448**	**18746141**	**14182098**	**9832541**
北 京	3121133	2287311	723572	104069	6181
天 津	993671	212536	438149	191769	151217
河 北	1487275	226351	509163	463867	287894
山 西	783669	318083	200102	156109	109375
内蒙古	1032226	199	348678	410298	273050
辽 宁	2481442	254762	544476	902569	779636
吉 林	779181	-206	189121	245880	344385
黑龙江	539185	32897	103640	158628	244021
上 海	1677490	588582	672189	329165	87554
江 苏	7754223	1708847	2968893	1731178	1345304
浙 江	4648042	965221	2305417	887523	489881
安 徽	1579459	145796	673362	454704	305598
福 建	1639428	60589	797404	505898	275537
江 西	1154664	34638	477223	379199	263604
山 东	3571969	308371	1338457	1099501	825640
河 南	2518797	323666	636077	845857	713197
湖 北	3486392	628808	1401048	968362	488174
湖 南	1726360	301314	591816	441665	391566
广 东	2618352	360351	1224769	543575	489657
广 西	416840	18938	164841	131146	101915
海 南	124721	390	51362	53158	19811
重 庆	2119667	31861	747548	825993	514266
四 川	2319522	528449	539716	807546	443810
贵 州	300849	6104	172565	82379	39801
云 南	1091518	92132	217361	454576	327448
西 藏	46977	246	5150	31515	10066
陕 西	1280888	137591	488442	506610	148244
甘 肃	535816	25371	76713	212789	220942
青 海	134379	77131	16369	26449	14430
宁 夏	101543	1291	2363	54823	43066
新 疆	377552	4830	120153	175298	77271

4-35 各地区按资质等级划分的总承包建筑业企业税金总额

单位：万元

地区	合计	特级	一级	二级	三级及以下
全国总计	**46690469**	**7743386**	**20601372**	**11285005**	**7060706**
北京	1933615	752457	1004460	107708	68990
天津	992583	225344	521799	184260	61180
河北	1478520	270404	614385	418376	175355
山西	836013	103914	491805	145696	94597
内蒙古	566735	17018	231396	183965	134355
辽宁	2369886	160859	739183	742674	727170
吉林	647350	21191	177341	219127	229690
黑龙江	573534	51176	192332	154294	175732
上海	1408618	514102	544110	263470	86937
江苏	5898211	1384129	2283278	1342797	888007
浙江	5255491	1253500	2675999	881508	444484
安徽	1375615	100122	678279	391216	205998
福建	1747589	50450	935613	497637	263889
江西	1109247	18612	510540	352202	227894
山东	2525369	269262	1155167	677512	423428
河南	2244460	438207	768559	608057	429637
湖北	3089450	767087	1353295	670193	298876
湖南	1892224	303969	778283	460015	349957
广东	2161012	223410	1219169	369989	348444
广西	689041	76645	352482	150682	109232
海南	92666	1850	53848	24682	12286
重庆	1495476	26622	675099	491735	302020
四川	2196296	395817	783195	701939	315345
贵州	470211	14831	331307	64224	59848
云南	838855	59300	283067	297010	199478
西藏	25892	22	1504	19607	4758
陕西	1295008	161429	734184	309496	89899
甘肃	543117	39123	206415	157375	140205
青海	113878	31538	17313	49519	15509
宁夏	175974	2199	50311	72439	51027
新疆	648536	8802	237655	275601	126478

4-36 各地区按资质等级划分的总承包建筑业企业主营业务收入

单位：万元

地　区	合计	特级	一级	二级	三级及以下
全国总计	**1340513495**	**253416419**	**628218365**	**293664898**	**165213813**
北　京	79209598	33940302	39056155	3952344	2260798
天　津	33858247	7346472	19381635	5235278	1894861
河　北	43869120	8079608	20537445	10779017	4473050
山　西	26761606	4892214	15200123	4059813	2609456
内蒙古	14807294	546232	6292525	4946509	3022028
辽　宁	64018458	5142733	22366643	18862764	17646319
吉　林	18317851	756788	5829061	6026784	5705219
黑龙江	16148430	2142306	6411802	4089350	3504973
上　海	54067391	20120070	20704005	10195031	3048285
江　苏	161211616	38207753	66245592	34856308	21901963
浙　江	148548530	35850558	76093458	24793388	11811126
安　徽	39485897	3480416	20573356	10389278	5042848
福　建	45217077	1587369	25823425	11794581	6011702
江　西	30119352	559964	16697303	8261263	4600822
山　东	72390335	8547642	36088917	17502878	10250898
河　南	61029856	14899447	23420966	13904745	8804698
湖　北	78264457	22719854	34841265	14942910	5760429
湖　南	45971262	9483726	19896266	9771803	6819467
广　东	66226058	9675694	39065436	9962439	7522490
广　西	19612638	2232432	10977385	3932657	2470165
海　南	2612936	31089	1539754	747220	294873
重　庆	41899109	1835371	21001320	12709644	6352774
四　川	59193260	9238509	24043589	18498870	7412292
贵　州	12280228	968085	8447389	1669243	1195511
云　南	22992911	2366803	8509369	7636287	4480452
西　藏	672422	586	41130	530759	99947
陕　西	37431301	5417844	22100307	7845708	2067441
甘　肃	15291402	1657580	6637639	4148163	2848020
青　海	4079086	1363909	633573	1639010	442595
宁　夏	5339248	73554	1528254	2297526	1439914
新　疆	19586518	251512	8233281	7683326	3418398

4-37 各地区按资质等级划分的总承包建筑业企业管理费用

单位：万元

地　区	合计	特级	一级	二级	三级及以下
全国总计	**37499684**	**5950380**	**15069093**	**9778703**	**6701508**
北　京	2429075	873126	1211006	190103	154839
天　津	1006211	283878	522686	127367	72280
河　北	1194585	67177	674150	307894	145364
山　西	1005123	166204	527761	192659	118499
内蒙古	502892	17936	211863	144844	128250
辽　宁	2017762	91902	635700	587734	702426
吉　林	521678	15540	108684	191435	206019
黑龙江	570801	47467	192546	202869	127919
上　海	1625890	550204	556198	351454	168034
江　苏	4210243	682234	1430083	1170329	927597
浙　江	2534312	313869	1149560	637125	433758
安　徽	1108280	170140	435226	308066	194848
福　建	1023925	23936	428052	336864	235074
江　西	702193	6440	308128	229496	158129
山　东	2211513	227903	990594	579673	413343
河　南	1994495	456510	658742	536255	342988
湖　北	2576858	799820	917772	589301	269965
湖　南	1371019	270421	473128	350906	276563
广　东	1871252	173824	992677	372993	331758
广　西	540769	35552	240873	152920	111425
海　南	53313	957	25149	17756	9450
重　庆	1157586	24133	407105	463702	262646
四　川	1847119	362774	550463	630408	303474
贵　州	287571	13448	162835	63822	47467
云　南	685399	46483	216601	246698	175616
西　藏	38457	2	2888	26365	9201
陕　西	1144379	135073	585966	333218	90122
甘　肃	502402	30316	177479	152786	141820
青　海	142377	52577	17640	54473	17687
宁　夏	131335	1387	36747	51329	41872
新　疆	490873	9146	220792	177860	83076

4-38 各地区按资质等级划分的总承包建筑业企业财务费用

单位：万元

地 区	合计	特级	一级	二级	三级及以下
全国总计	**9174052**	**1805979**	**4388065**	**1993471**	**986537**
北 京	538257	309861	223571	2452	2373
天 津	266187	69095	182596	11874	2622
河 北	241049	14419	143412	55151	28067
山 西	153813	27745	90717	23531	11820
内蒙古	170870	15607	71180	57924	26159
辽 宁	333461	39502	119877	115054	59029
吉 林	110409	3320	53247	28595	25248
黑龙江	72788	4208	27989	23733	16858
上 海	272815	130289	101860	23639	17027
江 苏	1298154	269970	571447	295589	161148
浙 江	1018339	220346	547106	178774	72113
安 徽	230746	-10633	135629	76124	29626
福 建	158315	5652	91426	47709	13529
江 西	133297	7208	63431	40467	22191
山 东	516859	51313	259842	133696	72008
河 南	407982	107100	151832	88272	60778
湖 北	556791	221411	197336	94361	43684
湖 南	253232	51420	109171	50461	42181
广 东	599906	137209	338138	75805	48755
广 西	148888	23331	61556	51095	12905
海 南	2908	333	1196	849	531
重 庆	376399	21136	200642	107318	47303
四 川	501923	67088	195881	175192	63762
贵 州	91568	13231	63703	8683	5950
云 南	232315	12197	100403	82726	36989
西 藏	3220	1	-6	2454	771
陕 西	194936	-20551	137598	61517	16372
甘 肃	126013	2649	64231	30997	28136
青 海	24244	10636	5769	7207	631
宁 夏	42059	-77	15046	17840	9251
新 疆	96310	964	62243	24384	8719

4-39 各地区按资质等级划分的总承包建筑业企业应收工程款

单位：万元

地区	合计	特级	一级	二级	三级及以下
全国总计	**225214035**	**38775819**	**108512015**	**49630852**	**28295349**
北京	14247401	6461050	6904209	533586	348556
天津	8822564	1656146	5683388	1023374	459657
河北	9268333	1975156	4755034	1793191	744952
山西	7976410	1429747	4684539	1140861	721263
内蒙古	4556476	182125	2272549	1402256	699546
辽宁	10109261	1267280	4211511	2240702	2389767
吉林	4894205	264413	2144681	1444659	1040452
黑龙江	3658199	246523	1671424	1283445	456807
上海	10573099	3756387	4890682	1297544	628486
江苏	29735110	3889784	12162548	8416554	5266224
浙江	13781028	3074083	6263394	2679227	1764325
安徽	7299903	1265341	3644989	1607689	781884
福建	3963781	122695	1861666	1170897	808523
江西	3084183	209811	1796510	656008	421855
山东	19027310	2985443	9426642	4004575	2610650
河南	7175815	1970597	2951236	1484965	769017
湖北	10595759	2914214	4773368	2074337	833840
湖南	5473944	1057272	2332655	1200488	883528
广东	9782325	986435	5976887	1527288	1291716
广西	1987242	158553	1018774	521382	288532
海南	283442	1071	138567	116122	27683
重庆	7967854	590750	3773279	2632574	971251
四川	8458428	677355	3797741	2854099	1129233
贵州	2090990	97674	1439290	358497	195530
云南	4801883	337894	1934513	1654372	875104
西藏	212316	586	16314	167683	27733
陕西	6744857	586758	4541189	1323763	293147
甘肃	3130675	341092	1310158	861405	618020
青海	721257	190406	111187	331743	87922
宁夏	1387622	8191	421890	622891	334650
新疆	3402366	70988	1601201	1204678	525499

4-40 各地区专业承包建筑业企业签订合同情况

单位：万元

地 区	合同总额	上年结转合同额	本年新签合同额
全国总计	**222743621**	**59622216**	**163121406**
北 京	16264458	5275568	10988891
天 津	7736968	2262722	5474246
河 北	3722444	793946	2928498
山 西	3819143	1140020	2679124
内蒙古	1030568	320081	710487
辽 宁	18362233	4525010	13837223
吉 林	2570229	412614	2157615
黑龙江	3719546	478713	3240832
上 海	11365308	3659020	7706288
江 苏	24849069	5572078	19276991
浙 江	22441591	6644820	15796771
安 徽	5917523	1171080	4746443
福 建	7193305	1729970	5463334
江 西	3709120	1005515	2703605
山 东	9760227	1859238	7900989
河 南	8811725	1750510	7061215
湖 北	7832709	2048159	5784551
湖 南	4674679	1172057	3502622
广 东	29168794	8721456	20447338
广 西	1893872	659860	1234013
海 南	174435	41638	132797
重 庆	5758071	1839541	3918531
四 川	9423690	3665442	5758248
贵 州	605959	190846	415113
云 南	3590229	724718	2865511
西 藏	31153	9182	21972
陕 西	3797499	898083	2899416
甘 肃	1138887	239137	899750
青 海	305041	65862	239179
宁 夏	618902	145641	473261
新 疆	2456245	599691	1856554

4-41 各地区专业承包建筑业企业承包工程完成情况

单位：万元

地区	直接从建设单位承揽工程完成的产值	自行完成施工产值	分包出去工程的产值	从建设单位以外承揽工程完成的产值
全国总计	**157226826**	**153801712**	**3425114**	**13943505**
北 京	9288180	8791003	497176	2776289
天 津	5984979	5491975	493004	341145
河 北	3289433	3214299	75134	174197
山 西	3068931	3055975	12956	50362
内蒙古	846251	843152	3099	18553
辽 宁	15149889	14989896	159993	188055
吉 林	2347284	2311270	36014	71256
黑龙江	4314946	4305924	9023	19036
上 海	7240829	7018010	222820	1496790
江 苏	18888096	18766312	121785	3313779
浙 江	14437430	14155273	282157	1637402
安 徽	4512707	4442513	70194	98769
福 建	4641447	4580859	60589	442309
江 西	2759726	2727051	32676	50594
山 东	7894377	7774042	120336	253921
河 南	7011590	6946867	64724	356309
湖 北	5569476	5463925	105551	262062
湖 南	3064177	3013098	51079	112038
广 东	17586344	16908773	677571	1250185
广 西	857045	844363	12682	93378
海 南	119679	115287	4393	4565
重 庆	3451140	3358699	92441	322589
四 川	6063723	5992494	71229	256342
贵 州	547067	537898	9169	27343
云 南	2752808	2720266	32542	88623
西 藏	22707	22233	474	221
陕 西	2551422	2486572	64850	151616
甘 肃	889077	865850	23227	48732
青 海	245367	243340	2027	3515
宁 夏	428309	422464	5845	2773
新 疆	1402388	1392032	10356	30756

4-42 各地区专业承包建筑业总产值和竣工产值

单位：万元

地　区	建筑业总产值	#装饰装修产　值	#在外省完成的产值	按构成分组 建筑工程产值	安装工程产值	其他产值	竣工产值
全国总计	**167745217**	**53681907**	**42973492**	**111113726**	**44619584**	**12011907**	**98341248**
北　京	11567293	5679624	5213349	10573939	897555	95799	5590212
天　津	5833120	779231	296771	2747147	2215063	870910	2464151
河　北	3388496	703000	700581	1675093	1108976	604427	1949438
山　西	3106337	369497	541040	1988229	796055	322054	1553448
内蒙古	861705	27353	28793	507400	262182	92123	454822
辽　宁	15177951	4669977	1300550	8109481	5624119	1444351	10257700
吉　林	2382526	361265	97989	1405830	789285	187411	1827427
黑龙江	4324960	469827	408250	2902620	1264346	157994	1467947
上　海	8514800	3726970	2797953	5938871	2187266	388663	4229393
江　苏	22080091	9460842	6709748	16941617	4836406	302068	17047935
浙　江	15792675	5008010	5233310	11180225	3912007	700443	9374983
安　徽	4541282	965605	1033498	2120245	1458326	962711	3011048
福　建	5023168	1337796	1769770	3515349	1440405	67415	2928230
江　西	2777645	1152588	982322	1924204	358489	494952	1695354
山　东	8027963	2212065	915817	4654542	2512498	860922	4738235
河　南	7303176	1624783	1191290	4170819	2224747	907610	4417098
湖　北	5725987	1343030	1371904	3531337	1385332	809318	3616060
湖　南	3125136	654148	874633	1504036	1057586	563515	2018238
广　东	18158958	10385732	8215429	13322466	4109909	726584	9363846
广　西	937741	169205	10296	508118	299287	130336	519961
海　南	119851	20256	7542	42554	57071	20226	49650
重　庆	3681288	792838	663820	2138077	1240060	303151	1777415
四　川	6248837	870129	1725817	4231855	1583516	433466	3343957
贵　州	565241	95696	23785	350476	159425	55341	231726
云　南	2808888	323372	129576	1756184	840343	212362	1589488
西　藏	22453	1300		8375	13048	1031	18043
陕　西	2638188	191639	565167	1587261	973266	77661	1011776
甘　肃	914582	126505	68611	598330	216875	99377	510459
青　海	246855	14515	32269	114246	81866	50743	119035
宁　夏	425237	72892	34922	340518	82218	2501	312725
新　疆	1422788	72218	28691	724282	632061	66446	851446

4-43 各地区专业承包建筑业企业房屋建筑面积

地　区	房屋建筑施工面积(万平方米)	#本年新开工	#实行投标承包面积	#本年新开工	房屋建筑竣工面积(万平方米)	房屋建筑面积竣工率(%)
全国总计	**16191.8**	**10125.3**	**8639.1**	**5783.3**	**8239.6**	**50.9**
北　京	126.6	56.3	68.9	41.0	25.1	19.8
天　津	47.8	21.9	11.9	8.2	128.5	268.6
河　北	531.3	368.3	215.8	93.7	241.1	45.4
山　西	150.3	94.9	47.9	8.1	58.9	39.2
内蒙古	75.0	30.4	29.2	23.0	28.8	38.4
辽　宁	560.3	473.2	316.5	267.2	396.7	70.8
吉　林	559.3	341.6	243.8	167.2	266.0	47.6
黑龙江	86.2	53.6	49.2	21.3	18.0	20.8
上　海	248.9	134.6	74.5	55.4	95.0	38.2
江　苏	875.6	512.5	569.6	360.1	396.0	45.2
浙　江	4588.0	2979.0	2216.4	1584.7	2836.5	61.8
安　徽	331.5	248.3	210.3	182.2	231.4	69.8
福　建	558.7	382.2	249.0	200.8	232.9	41.7
江　西	311.8	185.6	129.4	104.4	186.5	59.8
山　东	1331.6	852.4	619.4	412.2	781.7	58.7
河　南	827.4	582.3	416.9	305.4	411.8	49.8
湖　北	927.9	510.5	663.9	384.3	530.2	57.1
湖　南	92.2	46.9	42.2	19.3	65.6	71.2
广　东	1006.0	704.7	842.7	621.6	94.4	9.4
广　西	107.0	16.4	35.7	5.3	28.7	26.8
海　南	3.2	1.5	1.6	0.4	2.6	81.8
重　庆	244.4	124.3	82.6	47.2	99.9	40.9
四　川	852.5	573.5	347.7	316.7	514.5	60.3
贵　州	99.0	66.7	21.1	10.6	7.8	7.9
云　南	416.6	193.7	159.3	74.5	195.2	46.9
西　藏	3.8	2.5	1.1	0.8	2.8	72.3
陕　西	435.1	201.4	340.5	183.1	132.1	30.4
甘　肃	152.6	84.3	34.6	27.0	84.8	55.6
青　海	18.9	18.3	0.0	0.0	18.8	99.5
宁　夏	12.0	7.0	5.0	5.0	9.1	75.5
新　疆	610.3	256.5	592.4	252.9	118.3	19.4

4-44 各地区按主要用途分的专业承包建筑业企业房屋建筑竣工面积

单位：万平方米

地区	总计	住宅房屋	商业及服务用房屋	商厦房屋(批发和零售用房)	宾馆用房屋(住宿用房)	餐饮用房屋(餐饮用房)
全国总计	**8239.6**	**2477.8**	**368.7**	**122.6**	**49.6**	**29.5**
北京	25.1	4.6	0.5	0.1	0.2	0.1
天津	128.5	103.9	2.7	1.8	0.2	0.3
河北	241.1	157.6	6.4			6.4
山西	58.9	7.6	0.1			0.1
内蒙古	28.8	28.0				
辽宁	396.7	130.8	20.2	8.3	1.8	3.4
吉林	266.0	167.5	33.6	16.5	13.2	1.9
黑龙江	18.0	9.8	0.2			
上海	95.0	22.3	13.5	11.5	1.1	
江苏	396.0	167.6	26.6	4.1	6.1	2.6
浙江	2836.5	73.8	74.4	18.0	1.2	0.7
安徽	231.4	86.8	10.4	5.4	0.7	0.7
福建	232.9	16.9	9.8	2.6	1.1	1.7
江西	186.5	98.3	10.1	1.5	2.2	1.1
山东	781.7	202.7	19.3	14.2		
河南	411.8	92.4	29.9	6.5	5.0	6.2
湖北	530.2	312.8	18.3	0.6	3.0	2.2
湖南	65.6	51.1	3.4	0.3		0.1
广东	94.4	27.7	8.6	3.7	3.7	0.2
广西	28.7	18.5	0.1	0.1		
海南	2.6	0.8	0.8		0.5	0.2
重庆	99.9	33.4	8.5	0.4		0.3
四川	514.5	309.0	41.9	17.3	0.1	0.1
贵州	7.8	6.0	0.4		0.3	0.1
云南	195.2	102.3	17.0	7.7	7.4	0.7
西藏	2.8	1.9				
陕西	132.1	100.0	7.0		0.6	
甘肃	84.8	51.3	3.6	2.0	0.4	0.2
青海	18.8	14.5				
宁夏	9.1	0.8	0.2	0.2		
新疆	118.3	77.1	1.0		0.7	0.2

4-44 续表 1

单位：万平方米

地 区	商务会展用房屋	其他商业及服务用房屋(居民服务业用房)	办公用房屋	科研、教育和医疗用房屋	科学研究用房屋	教育用房屋
全国总计	**26.2**	**140.9**	**232.8**	**145.9**	**9.4**	**91.8**
北 京		0.1	9.9	0.2	0.2	
天 津	0.2	0.3	0.8	1.0	0.3	0.7
河 北			10.0	6.2		6.2
山 西			1.3	1.3		1.3
内蒙古			0.8			
辽 宁	1.0	5.7	2.9	6.3	1.3	4.5
吉 林		2.1	6.4	2.9		2.6
黑龙江		0.2	4.1			
上 海		0.9	0.5	1.3		1.3
江 苏	2.6	11.2	10.3	6.2	0.1	2.6
浙 江	9.5	45.1	7.8	22.7	0.9	2.2
安 徽		3.6	16.3	1.1		1.1
福 建		4.5	4.0	0.2		0.2
江 西	3.9	1.4	5.2	1.2	0.1	1.0
山 东		5.0	7.2	14.3	1.3	10.7
河 南	4.2	8.0	4.5	18.3	3.8	12.3
湖 北	0.7	11.7	41.5	21.3		17.7
湖 南		3.1	1.2			
广 东		0.9	1.9	1.7		1.7
广 西			1.2			
海 南	0.1	0.1	0.5			
重 庆	0.1	7.7	1.7	5.8		1.6
四 川	0.7	23.8	40.3	8.9	0.2	7.4
贵 州		0.1	0.1	0.4		0.2
云 南	0.5	0.7	3.4	15.8	1.0	12.6
西 藏			0.5	0.4		0.4
陕 西	2.4	4.0	12.9	3.4		0.2
甘 肃	0.2	0.8	15.7	3.9	0.2	2.6
青 海			3.4	0.4		0.4
宁 夏						
新 疆			16.6	0.6		0.4

4-44 续表 2

单位：万平方米

地 区	医疗用房屋(卫生医疗用房)	文化、体育和娱乐用房屋	厂房及建筑物	#厂房	仓 库	其他未列明的房屋建筑物
全国总计	**44.6**	**155.4**	**4370.6**	**3114.8**	**123.3**	**365.1**
北 京		0.2	5.7	4.9	0.1	3.8
天 津		0.2	18.2	12.9	0.6	1.1
河 北			49.7	13.7	0.6	10.6
山 西			48.0	27.0		0.5
内蒙古						
辽 宁	0.5	1.8	220.8	160.6	0.3	13.6
吉 林	0.2	3.1	44.4	34.9	0.1	8.0
黑龙江		2.0	1.9	1.9		
上 海			50.6	8.2	6.3	0.5
江 苏	3.5	0.7	165.8	127.8	0.7	18.1
浙 江	19.6	116.8	2328.9	1912.5	62.2	149.8
安 徽	0.1	0.1	94.5	25.1	13.2	8.9
福 建		3.5	192.8	85.7	5.7	
江 西	0.1	5.6	64.1	51.6		2.0
山 东	2.3	3.9	512.7	324.0	15.6	6.0
河 南	2.2	6.1	249.4	134.2	2.8	8.5
湖 北	3.6	4.8	54.4	42.5	1.7	75.4
湖 南			9.9	5.5		0.1
广 东		0.4	51.6	28.7	0.3	2.0
广 西		0.2	8.4	4.2	0.3	
海 南			0.5	0.5		
重 庆	4.2		47.2	18.9	0.7	2.4
四 川	1.3	0.6	70.8	40.1	2.4	40.7
贵 州	0.3		0.2			0.6
云 南	2.2	0.8	43.5	24.7	6.0	6.6
西 藏						
陕 西	3.2	1.8	2.0	1.9	1.0	3.9
甘 肃	1.1	2.6	3.9	0.1	2.7	1.1
青 海			0.2			0.2
宁 夏			8.0	8.0		
新 疆	0.2	0.1	22.4	14.7	0.1	0.3

4-45 各地区按主要用途分的专业承包建筑业企业房屋建筑竣工价值

单位：万元

地区	总计	住宅房屋	商业及服务用房屋	商厦房屋(批发和零售用房)	宾馆用房屋(住宿用房)	餐饮用房屋(餐饮用房)
全国总计	**7566918**	**2820037**	**372020**	**117422**	**32441**	**30063**
北京	63902	7090	2052	530	610	494
天津	56804	26980	2266	1180	53	534
河北	277066	196031	5360			5360
山西	38282	5048	360			60
内蒙古	37816	36376				
辽宁	426185	175473	30119	16411	2615	6373
吉林	250674	178356	11596	6062	1131	2201
黑龙江	25872	12039	101			
上海	82349	12814	5622	3900	243	
江苏	373492	152183	33692	7324	12207	2619
浙江	2100065	91180	77687	4027	1427	736
安徽	196577	83003	8621	4022	387	304
福建	167982	20467	12258	3622	2279	1972
江西	158529	94779	7055	987	1636	844
山东	605426	196098	48609	32736	19	10
河南	310330	95971	23546	5748	3418	5601
湖北	702592	370530	14324	897	300	1621
湖南	75886	59904	4789	210		130
广东	78428	31080	5194	2575	1455	80
广西	32379	20485	72	58	10	3
海南	1079	265	459		317	85
重庆	94261	33574	9941	500		55
四川	592622	385052	40531	15402	29	16
贵州	6502	3903	436		250	30
云南	220181	131165	13678	10031	2556	140
西藏	3889	2100				
陕西	255621	193723	9752		125	
甘肃	123524	69874	1757	652	490	192
青海	30117	24623	30			
宁夏	11739	1620	512	512		
新疆	166748	108254	1603	38	884	605

4-45 续表 1

单位：万元

地　区	商务会展用房屋	其他商业及服务用房屋(居民服务业用房)	办公用房　屋	科研、教育和医疗用房屋	科学研究用房屋	教育用房　屋
全国总计	**23353**	**168742**	**334651**	**151307**	**8499**	**98298**
北　京		418	25516	529	529	
天　津	216	283	371	2297	891	1366
河　北			7399	8397		8397
山　西		300	730	1083		1083
内蒙古			1440			
辽　宁	825	3896	4631	2650	738	1292
吉　林		2202	6500	6741	15	5632
黑龙江		101	8542			
上　海		1479	300	2472		2472
江　苏	558	10984	13378	10146	145	4103
浙　江	11712	59785	7017	12567	1747	2625
安　徽	27	3882	18045	598		498
福　建		4385	4162	269		250
江　西	2449	1139	6117	663	43	546
山　东	25	15819	3984	17615	2185	13378
河　南	2349	6430	3495	11257	1833	8365
湖　北	330	11176	59317	29548	14	22518
湖　南		4449	1386			
广　东		1083	2892	2884		2884
广　西		1	3766	65		65
海　南	39	18	197			
重　庆	16	9370	1042	8315		1946
四　川	255	24830	54896	12294	50	10062
贵　州		156	249	367		136
云　南	87	864	3361	4579	61	3743
西　藏			889	900		900
陕　西	4206	5421	29525	6716		338
甘　肃	192	232	28630	5777	192	3795
青　海	30		3391	699		699
宁　夏						
新　疆	38	38	33484	1880	57	1205

4-45 续表 2

单位：万元

地 区	医疗用房屋(卫生医疗用房)	文化、体育和娱乐用房屋	厂房及建筑物	#厂房	仓 库	其他未列明的房屋建筑物
全国总计	**44510**	**196005**	**3034422**	**2110074**	**74266**	**584210**
北 京		951	7395	6999	25	20346
天 津	40	137	21072	7634	529	3154
河 北			33318	8501	186	26374
山 西			29243	18672	9	1808
内蒙古						
辽 宁	620	1169	187713	121536	659	23771
吉 林	1094	4704	38866	28181	143	3769
黑龙江		3500	1601	1601		90
上 海			54420	6852	6150	572
江 苏	5897	5587	116612	83534	295	41600
浙 江	8195	140780	1523026	1254046	35370	212438
安 徽	100	139	61277	17021	4633	20260
福 建	19	3177	124989	63553	2630	31
江 西	75	6068	41451	32402		2398
山 东	2052	6991	313154	181406	10009	8967
河 南	1060	3868	165906	93823	1346	4941
湖 北	7016	8021	50375	40968	900	169578
湖 南			9735	4774		72
广 东		361	33955	22246	141	1921
广 西		290	7581	2408	121	
海 南			158	158		
重 庆	6369		34056	17351	720	6614
四 川	2182	356	78693	29485	644	20157
贵 州	231		267	43		1281
云 南	775	279	58091	42553	3202	5827
西 藏						
陕 西	6378	4925	3949	3779	2400	4631
甘 肃	1790	4513	6834	30	3965	2174
青 海			423			950
宁 夏			9608	9608		
新 疆	617	191	20657	10911	191	488

4-46 各地区专业承包建筑业企业施工机械设备情况

地　区	年末自有施工机械设备总台数(台)	年末自有施工机械设备总功率(千瓦)	年末自有施工机械设备净值(万元)	技术装备率(元/人)	动力装备率(千瓦/人)
全国总计	**1588471**	**31631475**	**5252542**	**11444**	**6.9**
北　京	38191	844525	187145	12043	5.4
天　津	36407	852260	284053	31090	9.3
河　北	30313	693529	156081	15968	7.1
山　西	33852	705532	168210	15575	6.5
内蒙古	4770	178032	43870	18169	7.4
辽　宁	109815	5689263	557736	14755	15.1
吉　林	10710	339549	70042	9933	4.8
黑龙江	12128	166273	53080	6329	2.0
上　海	42272	656771	132676	9269	4.6
江　苏	425946	6730720	932775	13427	9.7
浙　江	137650	2241869	513708	10544	4.6
安　徽	61004	958608	159436	9205	5.5
福　建	48188	721606	146488	7416	3.7
江　西	13238	356901	62930	9633	5.5
山　东	83798	1674610	373814	14761	6.6
河　南	127313	1643850	292107	9848	5.5
湖　北	47588	1214435	200010	12484	7.6
湖　南	107864	2044561	108303	10209	19.3
广　东	101424	1392880	248438	6360	3.6
广　西	15635	126596	21298	7645	4.5
海　南	825	4122	2184	7968	1.5
重　庆	26173	503041	115082	10147	4.4
四　川	27192	539690	136033	6118	2.4
贵　州	2603	51401	6338	3564	2.9
云　南	12887	367470	118352	15743	4.9
西　藏	117	2705	2643	21330	2.2
陕　西	9133	464672	61429	12258	9.3
甘　肃	10902	187684	32647	8241	4.7
青　海	1515	20900	5915	5262	1.9
宁　夏	3753	109025	23478	15682	7.3
新　疆	5265	148395	36243	9978	4.1

4-47 各地区专业承包建筑业企业主要生产效益指标

地　区	建筑业企业个数（个）	直接从事生产经营活动的平均人数（人）	按总产值计算的劳动生产率（元/人）	人均竣工产值（元/人）	人均施工面积（平方米/人）	人均竣工面积（平方米/人）
全国总计	**32752**	**5043432**	**332601**	**194989**	**32.1**	**16.3**
北　京	2218	182471	633925	306362	6.9	1.4
天　津	1124	127293	458244	193581	3.8	10.1
河　北	738	96516	351081	201981	55.0	25.0
山　西	1147	133428	232810	116426	11.3	4.4
内蒙古	163	34112	252610	133332	22.0	8.4
辽　宁	3488	410106	370098	250123	13.7	9.7
吉　林	816	63500	375201	287784	88.1	41.9
黑龙江	699	170888	253087	85901	5.0	1.1
上　海	1503	183680	463567	230259	13.5	5.2
江　苏	4082	812118	271883	209919	10.8	4.9
浙　江	2203	470308	335794	199337	97.6	60.3
安　徽	957	178459	254472	168725	18.6	13.0
福　建	1009	211487	237517	138459	26.4	11.0
江　西	335	62101	447279	272999	50.2	30.0
山　东	1912	256535	312938	184701	51.9	30.5
河　南	2305	268823	271672	164313	30.8	15.3
湖　北	1258	149232	383697	242311	62.2	35.5
湖　南	526	132004	236746	152892	7.0	5.0
广　东	1844	456931	397411	204929	22.0	2.1
广　西	280	22852	410354	227534	46.8	12.6
海　南	33	2450	489188	202653	13.1	10.7
重　庆	888	108265	340026	164173	22.6	9.2
四　川	1092	200824	311160	166512	42.5	25.6
贵　州	158	16251	347819	142592	60.9	4.8
云　南	748	103993	270104	152846	40.1	18.8
西　藏	16	1071	209649	168467	35.6	25.8
陕　西	212	68805	383430	147050	63.2	19.2
甘　肃	416	34617	264200	147459	44.1	24.5
青　海	119	11145	221494	106806	16.9	16.8
宁　夏	177	16061	264764	194711	7.5	5.6
新　疆	286	57106	249149	149099	106.9	20.7

4-48 各地区专业承包建筑业企业营业额

单位：万元

地区	企业营业额	在境外完成的营业额	企业总产值	#建筑业总产值
全国总计	**181055884**	**1633454**	**179422431**	**167745217**
北京	14797807	236661	14561146	11567293
天津	6591751	41289	6550462	5833120
河北	3496243	30487	3465756	3388496
山西	3213806	26127	3187679	3106337
内蒙古	885812		885812	861705
辽宁	15560185	35699	15524486	15177951
吉林	2436524	2399	2434125	2382526
黑龙江	4494801	85335	4409466	4324960
上海	9308794	88463	9220331	8514800
江苏	23380947	287909	23093038	22080091
浙江	16339295	39295	16300000	15792675
安徽	4760147	52512	4707635	4541282
福建	5130608		5130608	5023168
江西	2928587	31097	2897490	2777645
山东	8566713	54741	8511972	8027963
河南	8385609	95673	8289936	7303176
湖北	6128128	267320	5860808	5725987
湖南	3261776	25481	3236295	3125136
广东	19178055	49436	19128618	18158958
广西	1009708	2166	1007542	937741
海南	148057	4111	143945	119851
重庆	4012261	15435	3996826	3681288
四川	6472740	87654	6385086	6248837
贵州	578121		578121	565241
云南	2994493	5306	2989186	2808888
西藏	22687		22687	22453
陕西	2774895	39166	2735729	2638188
甘肃	1895944	912	1895032	914582
青海	307353	28370	278983	246855
宁夏	455920		455920	425237
新疆	1538122	410	1537712	1422788

4-49 各地区专业承包建筑业企业资产构成

单位：万元

地区	资产合计	#流动资产合计	#存货	#非流动资产合计	#固定资产合计
全国总计	**167309850**	**133351038**	**27923603**	**33958812**	**19210827**
北京	13735660	11334658	2145264	2401002	1293357
天津	8424396	5908819	1198273	2515577	1478882
河北	3369420	2653813	624693	715606	502393
山西	3873315	3097089	573633	776227	544766
内蒙古	1104550	886265	171026	218285	132900
辽宁	11900283	9395078	1538399	2505204	1466594
吉林	2285443	1830558	247668	454885	285745
黑龙江	2232698	1781755	395684	450943	252878
上海	8905025	7824679	1674047	1080346	624606
江苏	19934949	16008117	3036515	3926831	2421327
浙江	15883779	11766724	2879424	4117054	1745253
安徽	4208099	3303574	648357	904525	571802
福建	4541827	3717831	844263	823996	520692
江西	2020591	1623359	409902	397232	256408
山东	8718730	6745361	1258915	1973369	1385622
河南	6497350	4839329	1015009	1658021	1051410
湖北	5058788	4006333	945286	1052455	694594
湖南	2623986	2026534	368718	597453	355100
广东	20397815	17777801	4045008	2620014	1146520
广西	1006564	809223	152759	197341	113513
海南	193375	151149	54146	42227	13914
重庆	4210002	3387553	791708	822448	438699
四川	6598914	5108146	1481155	1490768	697311
贵州	996521	704065	65449	292456	69598
云南	2773568	2130110	328775	643458	431178
西藏	34804	22166	2410	12637	7793
陕西	2114154	1768066	554858	346088	239184
甘肃	1269521	886701	150600	382820	187480
青海	333290	248219	34648	85071	50596
宁夏	643904	521133	125343	122770	75765
新疆	1418532	1086830	161668	331702	154947

4-50 各地区专业承包建筑业企业固定资产情况

单位：万元

地　区	固定资产合计	固定资产原价	固定资产折旧	#本年折旧	在建工程
全国总计	**19210827**	**25782973**	**10287340**	**1852247**	**2204795**
北　京	1293357	1727028	704696	119630	242381
天　津	1478882	2025189	713765	110058	124673
河　北	502393	698698	277779	45368	31623
山　西	544766	789048	316258	56142	46340
内蒙古	132900	209901	82529	15711	2522
辽　宁	1466594	2145046	877880	138176	136635
吉　林	285745	381765	152320	27908	24375
黑龙江	252878	346278	130345	16786	24603
上　海	624606	1012327	459589	70289	54225
江　苏	2421327	2991453	1197474	211973	274906
浙　江	1745253	2424672	987188	166227	244630
安　徽	571802	670261	240193	42658	69543
福　建	520692	716431	288785	58248	57393
江　西	256408	334687	115522	17334	15002
山　东	1385622	1811158	633074	116414	90368
河　南	1051410	1268874	413344	86070	96984
湖　北	694594	891489	336318	71107	96121
湖　南	355100	466611	200089	34530	35632
广　东	1146520	1677747	802823	203748	172249
广　西	113513	170302	69147	10325	4707
海　南	13914	19458	9468	1655	2403
重　庆	438699	553394	214303	40763	47586
四　川	697311	902723	408986	61176	134762
贵　州	69598	65101	29145	5789	31617
云　南	431178	545191	221663	48155	42317
西　藏	7793	8270	1956	359	1294
陕　西	239184	256291	118837	22740	56624
甘　肃	187480	241093	90711	18793	25654
青　海	50596	78640	34696	4818	2088
宁　夏	75765	121210	53116	9807	3873
新　疆	154947	232636	105345	19491	11663

4-51 各地区专业承包建筑业企业负债及所有者权益

单位：万元

地区	负债合计	#流动负债	#应付账款	所有者权益	#实收资本
全国总计	**102129565**	**95006163**	**29809638**	**65149778**	**41574786**
北京	9531093	9134406	2940969	4203662	3126961
天津	5057855	4610653	1629344	3354672	1659203
河北	1866770	1774091	593613	1502650	926112
山西	2327734	2202376	908855	1545581	1153904
内蒙古	713820	685470	211759	390730	209015
辽宁	7153115	6437371	1828461	4735433	2638139
吉林	1217785	1023457	411762	1067659	664729
黑龙江	1263942	1237779	318958	968756	600140
上海	5299140	5072614	1562508	3604882	2045663
江苏	11460140	10832436	4043403	8474828	4520075
浙江	10560665	9965872	2453877	5323113	3067811
安徽	2513130	2331745	600702	1693001	1941181
福建	2472896	2265610	560066	2068931	1450264
江西	1232179	1128817	333792	788412	558658
山东	5317127	4989589	1359544	3401603	1969731
河南	2841102	2611942	861857	3656218	2430244
湖北	3047341	2824891	857585	2011447	1393410
湖南	1543892	1378032	445122	1080094	685284
广东	12559112	11511471	4182413	7836070	5180391
广西	615047	549170	103374	391517	287614
海南	125227	122387	19705	68148	47704
重庆	3010636	2677917	698334	1199366	1075411
四川	4264924	3926994	1044944	2333354	1524616
贵州	707865	590657	161608	288656	227484
云南	1767216	1630061	418106	1006353	718371
西藏	12571	12381	3703	22233	19749
陕西	1490442	1456219	430277	623712	433610
甘肃	640571	587344	184554	629173	397779
青海	196938	179421	62790	136352	119546
宁夏	377603	348437	116775	266300	185682
新疆	941689	906555	460881	476843	316306

4-52 各地区专业承包建筑业企业实收资本

单位：万元

地　区	合计	国家资本	集体资本	法人资本	个人资本	港澳台资本	外商资本
全国总计	**41574786**	**2626549**	**1923784**	**13647195**	**22637798**	**493091**	**246371**
北　京	3126961	238477	66683	1225214	1504527	55786	36274
天　津	1659203	52130	55725	580072	952768	5844	12665
河　北	926112	78373	66035	289869	490753	655	428
山　西	1153904	95039	64721	394411	596362	2960	410
内蒙古	209015	19055	26973	46658	116329		
辽　宁	2638139	193219	146342	722476	1319902	233068	23134
吉　林	664729	39369	45485	212030	367523	324	
黑龙江	600140	58726	91235	185633	261464	1083	2000
上　海	2045663	139926	38790	501148	1281812	40934	43054
江　苏	4520075	177495	195433	1472378	2588792	36839	49138
浙　江	3067811	58495	135434	995595	1847163	24190	6935
安　徽	1941181	94270	72531	282591	1488170	563	3056
福　建	1450264	56977	93517	404999	880495	12761	1516
江　西	558658	68841	39560	171691	277432	1133	
山　东	1969731	93812	186749	741650	933725	4983	8812
河　南	2430244	100394	97038	801251	1427937	1520	2104
湖　北	1393410	147587	74629	434471	727654	7270	1799
湖　南	685284	130858	52107	192599	297040	6591	6088
广　东	5180391	252072	86634	2340632	2404698	51335	45021
广　西	287614	46134	18126	69715	153394	245	
海　南	47704	83	3298	21755	22568		
重　庆	1075411	66153	31770	282037	693718	422	1310
四　川	1524616	185613	94174	339441	902708	1974	707
贵　州	227484	9789	11166	137752	68777		
云　南	718371	52023	26530	257632	379050	1738	1398
西　藏	19749	1180	2818	9907	5845		
陕　西	433610	34267	18819	240795	139116	614	
甘　肃	397779	36814	27974	139384	192944	200	463
青　海	119546	12307	14970	42727	49543		
宁　夏	185682	32844	7672	21190	123976		
新　疆	316306	54229	30849	89495	141615	60	59

4-53 各地区专业承包建筑业企业收入情况

单位：万元

地区	主营业务收入	#主营业务成本	#主营业务税金及附加	其他业务收入	#其他业务成本	#其他业务利润
全国总计	**170467016**	**142728745**	**5136962**	**2331990**	**3590157**	**413319**
北京	14049896	12272563	400688	142255	113711	45832
天津	6337326	5242941	151154	90121	183222	14043
河北	3230451	2705533	103279	15014	41784	3355
山西	3103563	2620221	79260	62516	66213	13037
内蒙古	840494	666968	29710	21694	31156	1678
辽宁	13612413	11119299	422302	141359	321962	20918
吉林	2270455	1769097	78450	21000	92987	4021
黑龙江	2128881	1726565	70342	13792	44513	2044
上海	9914927	8462399	258894	101526	168504	18412
江苏	20965419	17565277	690168	395673	327168	47107
浙江	14966069	12742248	397268	239206	313939	36828
安徽	4248313	3348251	130896	51620	191682	10429
福建	4931684	4150725	164467	80339	75412	16801
江西	2763466	2392586	86162	30437	23212	3111
山东	7843705	6345422	236660	108578	156032	19968
河南	7249403	5515169	243761	73941	373304	19284
湖北	5575428	4601825	196467	113300	163265	12960
湖南	3219498	2680207	120293	19556	16720	2324
广东	22903882	19672487	662436	193462	174546	49999
广西	862115	720345	28038	31723	31642	3918
海南	142162	125352	3843	701	558	239
重庆	3819369	3174189	109827	84147	138783	17770
四川	6319773	5358100	194973	137814	281962	23347
贵州	512155	411228	13385	4373	16954	2321
云南	2560766	2173290	79389	53552	44962	7903
西藏	19295	14913	669	1252	1202	152
陕西	2671463	2284026	77295	4410	62013	388
甘肃	968376	788556	32385	15835	15226	3516
青海	365592	309628	12435	7207	8358	450
宁夏	487192	413352	15673	28053	24815	6877
新疆	1583486	1355984	46395	47536	84353	4288

4-54 各地区专业承包建筑业企业费用情况

单位：万元

地区	管理费用	#税金	销售费用	财务费用	#利息收入	#利息支出
全国总计	**10009252**	**391161**	**1902216**	**1171737**	**164563**	**1184859**
北京	819093	13061	252125	38675	22635	53448
天津	359802	15404	56793	46494	15632	45141
河北	183397	5784	25637	20574	2982	19811
山西	242510	7591	35053	14488	1426	14852
内蒙古	61731	1711	2649	6539	334	17719
辽宁	1010420	51906	123278	84238	23799	66674
吉林	169405	12241	16692	10723	403	6254
黑龙江	152185	6725	14906	6264	2110	7379
上海	727423	9007	101984	37503	6333	39625
江苏	1122053	45591	231736	142758	12033	259656
浙江	752913	33636	124191	191659	20731	192105
安徽	245961	11514	70679	26810	3970	19474
福建	325941	15532	54328	25117	4984	21053
江西	135619	5368	13840	9885	1806	7822
山东	447944	25548	96703	65527	1938	48532
河南	450429	34446	93587	115409	5249	40415
湖北	312690	12370	70607	34990	4393	56871
湖南	207722	8928	34361	9735	2235	8207
广东	1123251	28949	257734	134929	13611	126590
广西	72012	2977	10755	4890	-188	4490
海南	8660	173	416	789	-70	747
重庆	234911	9889	61126	32761	8460	29050
四川	321779	12964	60809	53686	2328	42173
贵州	37373	915	2489	7969	4304	11710
云南	149090	5898	34724	22803	1562	19034
西藏	2021	30	236	71	5	193
陕西	114349	4706	10734	9062	2315	6794
甘肃	80907	2876	11129	5591	1392	4571
青海	21653	1732	11460	-2570	-2850	632
宁夏	35662	1565	1728	7674	208	6866
新疆	80347	2127	19731	6693	494	6971

4-55 各地区专业承包建筑业企业利润及税金情况

单位：万元

地 区	利润总额	#应交所得税	税金总额	主营业务税金及附加	管理费用中的税金
全国总计	**8349319**	**1820515**	**5528123**	**5136962**	**391161**
北 京	376347	93129	413749	400688	13061
天 津	437769	86434	166558	151154	15404
河 北	168101	36564	109063	103279	5784
山 西	113650	21667	86852	79260	7591
内蒙古	62616	14363	31420	29710	1711
辽 宁	664798	161258	474208	422302	51906
吉 林	131506	32982	90691	78450	12241
黑龙江	130580	23440	77067	70342	6725
上 海	255420	81960	267901	258894	9007
江 苏	1239039	254793	735758	690168	45591
浙 江	656799	147352	430903	397268	33636
安 徽	297928	45986	142410	130896	11514
福 建	214406	55900	179999	164467	15532
江 西	127733	31850	91529	86162	5368
山 东	595064	117283	262209	236660	25548
河 南	602147	116894	278207	243761	34446
湖 北	310037	69150	208836	196467	12370
湖 南	178789	36371	129221	120293	8928
广 东	1018366	237543	691385	662436	28949
广 西	27378	6739	31015	28038	2977
海 南	3356	1921	4016	3843	173
重 庆	178111	29299	119716	109827	9889
四 川	184777	39534	207937	194973	12964
贵 州	23362	5909	14299	13385	915
云 南	106485	24110	85287	79389	5898
西 藏	1428	189	698	669	30
陕 西	117052	22185	82001	77295	4706
甘 肃	52940	8534	35260	32385	2876
青 海	11951	1565	14167	12435	1732
宁 夏	19925	6102	17238	15673	1565
新 疆	41460	9510	48522	46395	2127

4-56 各地区专业承包建筑业企业应收工程款及企业亏损情况

地　区	应收工程款(万元)	企业个数(个)	#亏损企业个数	亏损企业的比重(%)
全国总计	**37958046**	**32752**	**5026**	**15.3**
北　京	2357691	2218	463	20.9
天　津	1608868	1124	196	17.4
河　北	721043	738	110	14.9
山　西	930353	1147	251	21.9
内蒙古	213203	163	26	16.0
辽　宁	2775012	3488	468	13.4
吉　林	645899	816	144	17.6
黑龙江	469663	699	198	28.3
上　海	1997384	1503	323	21.5
江　苏	5947246	4082	285	7.0
浙　江	3332451	2203	305	13.8
安　徽	898180	957	108	11.3
福　建	898225	1009	131	13.0
江　西	450614	335	50	14.9
山　东	2027580	1912	181	9.5
河　南	1262181	2305	233	10.1
湖　北	1249103	1258	185	14.7
湖　南	511401	526	79	15.0
广　东	5122997	1844	331	18.0
广　西	150516	280	66	23.6
海　南	22843	33	9	27.3
重　庆	868213	888	164	18.5
四　川	1307839	1092	178	16.3
贵　州	229280	158	38	24.1
云　南	620667	748	183	24.5
西　藏	7287	16	5	31.3
陕　西	426160	212	33	15.6
甘　肃	268946	416	113	27.2
青　海	72067	119	46	38.7
宁　夏	159782	177	39	22.0
新　疆	405355	286	85	29.7

4-57 各地区专业承包建筑业企业主要经济效益指标

地　区	产值利润率(%)	产值利税率(%)	资本利润率(%)	资本利税率(%)	人均利润(元/人)	人均利税(元/人)	资产负债率(%)
全国总计	**5.0**	**8.3**	**20.1**	**33.4**	**16555**	**27516**	**61.0**
北　京	3.3	6.8	12.0	25.3	20625	43300	69.4
天　津	7.5	10.4	26.4	36.4	34391	47475	60.0
河　北	5.0	8.2	18.2	29.9	17417	28717	55.4
山　西	3.7	6.5	9.8	17.4	8518	15027	60.1
内蒙古	7.3	10.9	30.0	45.0	18356	27567	64.6
辽　宁	4.4	7.5	25.2	43.2	16210	27773	60.1
吉　林	5.5	9.3	19.8	33.4	20710	34992	53.3
黑龙江	3.0	4.8	21.8	34.6	7641	12151	56.6
上　海	3.0	6.1	12.5	25.6	13906	28491	59.5
江　苏	5.6	8.9	27.4	43.7	15257	24317	57.5
浙　江	4.2	6.9	21.4	35.5	13965	23127	66.5
安　徽	6.6	9.7	15.3	22.7	16694	24674	59.7
福　建	4.3	7.9	14.8	27.2	10138	18649	54.4
江　西	4.6	7.9	22.9	39.2	20569	35307	61.0
山　东	7.4	10.7	30.2	43.5	23196	33417	61.0
河　南	8.2	12.1	24.8	36.2	22399	32748	43.7
湖　北	5.4	9.1	22.3	37.2	20775	34770	60.2
湖　南	5.7	9.9	26.1	44.9	13544	23333	58.8
广　东	5.6	9.4	19.7	33.0	22287	37418	61.6
广　西	2.9	6.2	9.5	20.3	11980	25553	61.1
海　南	2.8	6.2	7.0	15.5	13700	30090	64.8
重　庆	4.8	8.1	16.6	27.7	16451	27509	71.5
四　川	3.0	6.3	12.1	25.8	9201	19555	64.6
贵　州	4.1	6.7	10.3	16.6	14376	23175	71.0
云　南	3.8	6.8	14.8	26.7	10240	18441	63.7
西　藏	6.4	9.5	7.2	10.8	13329	19850	36.1
陕　西	4.4	7.5	27.0	45.9	17012	28930	70.5
甘　肃	5.8	9.6	13.3	22.2	15293	25479	50.5
青　海	4.8	10.6	10.0	21.8	10723	23435	59.1
宁　夏	4.7	8.7	10.7	20.0	12406	23139	58.6
新　疆	2.9	6.3	13.1	28.4	7260	15757	66.4

4-58 各地区按资质等级划分的专业承包建筑业企业单位数

单位：个

地　区	合计	一级	二级	三级及以下
全国总计	**32752**	**3664**	**9239**	**19849**
北　京	2218	376	570	1272
天　津	1124	109	264	751
河　北	738	87	223	428
山　西	1147	57	363	727
内蒙古	163	13	55	95
辽　宁	3488	228	618	2642
吉　林	816	65	191	560
黑龙江	699	80	262	357
上　海	1503	217	375	911
江　苏	4082	418	949	2715
浙　江	2203	333	549	1321
安　徽	957	88	279	590
福　建	1009	140	388	481
江　西	335	40	117	178
山　东	1912	157	598	1157
河　南	2305	215	855	1235
湖　北	1258	166	484	608
湖　南	526	57	108	361
广　东	1844	338	465	1041
广　西	280	31	77	172
海　南	33	12	9	12
重　庆	888	125	293	470
四　川	1092	105	369	618
贵　州	158	12	62	84
云　南	748	69	258	421
西　藏	16	1	9	6
陕　西	212	52	76	84
甘　肃	416	37	180	199
青　海	119	3	44	72
宁　夏	177	10	65	102
新　疆	286	23	84	179

4-59 各地区按资质等级划分的专业承包建筑业企业从业人员

单位：人

地 区	合计	一级	二级	三级及以下
全国总计	**4589742**	**1691123**	**1291436**	**1607183**
北 京	155397	69576	36438	49383
天 津	91365	20914	24780	45671
河 北	97744	29091	30805	37848
山 西	108002	15972	43829	48201
内蒙古	24145	5396	9387	9362
辽 宁	378006	82369	93636	202001
吉 林	70516	11153	19126	40237
黑龙江	83867	9974	23403	50490
上 海	143145	56769	36783	49593
江 苏	694691	274117	175982	244592
浙 江	487205	271654	104662	110889
安 徽	173198	70934	59087	43177
福 建	197521	80524	58815	58182
江 西	65329	26462	20345	18522
山 东	253245	60625	87215	105405
河 南	296609	91028	103681	101900
湖 北	160207	60442	51689	48076
湖 南	106083	15856	32700	57527
广 东	390651	239847	60769	90035
广 西	27861	6326	8655	12880
海 南	2741	1355	804	582
重 庆	113416	41915	34499	37002
四 川	222339	84029	80508	57802
贵 州	17784	2365	7539	7880
云 南	75180	17064	27390	30726
西 藏	1239	8	924	307
陕 西	50112	17773	23779	8560
甘 肃	39613	11767	12382	15464
青 海	11239	1936	3725	5578
宁 夏	14971	2681	7297	4993
新 疆	36321	11201	10802	14318

4-60 各地区按资质等级划分的专业承包建筑业总产值

单位：万元

地 区	合计	一级	二级	三级及以下
全国总计	**167745217**	**83604598**	**40095371**	**44045247**
北 京	11567293	7707095	1948808	1911390
天 津	5833120	2900436	1241776	1690909
河 北	3388496	1405203	1043193	940100
山 西	3106337	874293	1243143	988902
内蒙古	861705	188165	355973	317568
辽 宁	15177951	4533807	3662513	6981631
吉 林	2382526	522961	604487	1255078
黑龙江	4324960	572229	1547225	2205506
上 海	8514800	5272513	1571994	1670293
江 苏	22080091	11567939	4924456	5587696
浙 江	15792675	10297853	2544128	2950694
安 徽	4541282	2065637	1360832	1114813
福 建	5023168	2448192	1295851	1279126
江 西	2777645	1598546	767118	411981
山 东	8027963	2832811	2444820	2750332
河 南	7303176	2813117	2334330	2155730
湖 北	5725987	2975218	1624298	1126471
湖 南	3125136	986069	972335	1166733
广 东	18158958	13659958	1974115	2524885
广 西	937741	341799	322479	273463
海 南	119851	67361	23929	28561
重 庆	3681288	1582464	1090451	1008373
四 川	6248837	2961771	1977778	1309288
贵 州	565241	273485	139661	152096
云 南	2808888	1056931	879996	871962
西 藏	22453	175	16792	5487
陕 西	2638188	1329951	1033896	274341
甘 肃	914582	295607	257634	361341
青 海	246855	38702	91571	116582
宁 夏	425237	112906	172790	139541
新 疆	1422788	321406	627003	474379

4-61 各地区按资质等级划分的专业承包建筑业企业签订的合同额

单位：万元

地区	合计	一级	二级	三级及以下
全国总计	**222743621**	**121192597**	**49078777**	**52472247**
北京	16264458	11582893	2233757	2447808
天津	7736968	3942507	1588160	2206301
河北	3722444	1640200	1076286	1005958
山西	3819143	1166952	1551935	1100256
内蒙古	1030568	326169	390708	313690
辽宁	18362233	6654961	4139053	7568219
吉林	2570229	608662	642152	1319414
黑龙江	3719546	646060	1452833	1620653
上海	11365308	7364116	1908799	2092393
江苏	24849069	13773350	5233650	5842069
浙江	22441591	14756609	3467409	4217573
安徽	5917523	2979702	1558285	1379537
福建	7193305	3497580	1813143	1882582
江西	3709120	2153832	1056199	499089
山东	9760227	3843548	2933309	2983370
河南	8811725	3702939	2706270	2402516
湖北	7832709	4448399	2029727	1354583
湖南	4674679	1837052	1253276	1584351
广东	29168794	22487853	2732901	3948040
广西	1893872	456051	490297	947524
海南	174435	99140	41730	33566
重庆	5758071	3085544	1288008	1384519
四川	9423690	5181813	2840327	1401551
贵州	605959	205010	163991	236958
云南	3590229	1549060	999772	1041397
西藏	31153	276	24619	6259
陕西	3797499	2119723	1398669	279107
甘肃	1138887	356064	323906	458918
青海	305041	42863	128116	134062
宁夏	618902	221266	222800	174836
新疆	2456245	462405	1388690	605150

4-62 各地区按资质等级划分的专业承包建筑业企业竣工产值

单位：万元

地区	合计	一级	二级	三级及以下
全国总计	**98341248**	**44880078**	**24840233**	**28620936**
北京	5590212	3334629	948397	1307186
天津	2464151	940406	579665	944080
河北	1949438	725442	728953	495043
山西	1553448	246782	731144	575522
内蒙古	454822	43097	215334	196392
辽宁	10257700	2701441	2557764	4998495
吉林	1827427	422538	487980	916909
黑龙江	1467947	233304	389921	844723
上海	4229393	2537757	745440	946196
江苏	17047935	8523784	4062679	4461472
浙江	9374983	5714071	1627022	2033891
安徽	3011048	1317477	981656	711916
福建	2928230	1342524	783414	802292
江西	1695354	952525	435131	307698
山东	4738235	1326245	1554287	1857704
河南	4417098	1508237	1465610	1443252
湖北	3616060	1801551	1052153	762357
湖南	2018238	433080	786648	798510
广东	9363846	6954942	1062654	1346250
广西	519961	160274	211839	147849
海南	49650	39104	6731	3815
重庆	1777415	716825	533207	527384
四川	3343957	1295185	1220492	828281
贵州	231726	52048	74434	105245
云南	1589488	530996	552677	505815
西藏	18043	175	13301	4567
陕西	1011776	587361	330602	93813
甘肃	510459	185666	115760	209034
青海	119035	27217	50199	41620
宁夏	312725	87703	139455	85566
新疆	851446	137696	395687	318063

4-63 各地区按资质等级划分的专业承包建筑业企业房屋施工面积

单位：万平方米

地 区	合计	一级	二级	三级及以下
全国总计	**16191.8**	**6428.0**	**5393.8**	**4370.0**
北 京	126.6	81.3	6.5	38.8
天 津	47.8	3.0	12.1	32.8
河 北	531.3	97.7	333.3	100.3
山 西	150.3	18.4	81.4	50.5
内蒙古	75.0		68.6	6.4
辽 宁	560.3	179.7	87.6	293.1
吉 林	559.3	39.5	92.4	427.4
黑龙江	86.2	2.4	73.2	10.7
上 海	248.9	83.3	83.3	82.3
江 苏	875.6	355.9	107.9	411.8
浙 江	4588.0	3264.2	846.8	477.0
安 徽	331.5	61.2	191.7	78.6
福 建	558.7	461.8	67.4	29.5
江 西	311.8		184.2	127.5
山 东	1331.6	370.9	534.4	426.4
河 南	827.4	173.6	363.5	290.3
湖 北	927.9	185.2	441.6	301.1
湖 南	92.2	0.9	45.0	46.3
广 东	1006.0	371.8	107.6	526.6
广 西	107.0	43.0	50.3	13.7
海 南	3.2	3.2		
重 庆	244.4	62.3	78.7	103.4
四 川	852.5	183.1	422.2	247.3
贵 州	99.0		90.0	9.0
云 南	416.6	141.7	155.8	119.1
西 藏	3.8		3.8	
陕 西	435.1	183.4	227.6	24.2
甘 肃	152.6	49.8	55.6	47.1
青 海	18.9		18.0	0.8
宁 夏	12.0		4.7	7.3
新 疆	610.3	10.8	558.7	40.9

4-64 各地区按资质等级划分的专业承包建筑业企业房屋竣工面积

单位：万平方米

地区	合计	一级	二级	三级及以下
全国总计	**8239.6**	**3273.7**	**2744.3**	**2221.6**
北京	25.1	18.3	1.2	5.6
天津	128.5	0.8	14.2	113.5
河北	241.1	25.3	148.2	67.6
山西	58.9	2.4	23.2	33.3
内蒙古	28.8		24.6	4.2
辽宁	396.7	121.7	73.2	201.8
吉林	266.0		49.8	216.2
黑龙江	18.0	2.4	5.0	10.7
上海	95.0	41.9	14.9	38.2
江苏	396.0	115.5	91.5	188.9
浙江	2836.5	1965.8	600.3	270.4
安徽	231.4	40.5	137.0	53.9
福建	232.9	166.2	50.7	16.0
江西	186.5		113.9	72.6
山东	781.7	242.3	301.9	237.6
河南	411.8	108.4	185.7	117.7
湖北	530.2	177.9	154.7	197.6
湖南	65.6	0.8	27.7	37.2
广东	94.4	28.2	21.9	44.4
广西	28.7	9.3	16.3	3.1
海南	2.6	2.6		
重庆	99.9	21.8	51.8	26.3
四川	514.5	64.9	327.8	121.8
贵州	7.8			7.8
云南	195.2	46.8	88.4	60.0
西藏	2.8		2.8	
陕西	132.1	19.8	100.2	12.1
甘肃	84.8	40.5	8.2	36.0
青海	18.8		18.0	0.7
宁夏	9.1		4.7	4.4
新疆	118.3	9.5	86.8	22.1

4-65 各地区按资质等级划分的专业承包建筑业企业自有施工机械设备台数

单位：台

地　区	合计	一级	二级	三级及以下
全国总计	**1588471**	**563436**	**502380**	**522655**
北　京	38191	20257	6965	10969
天　津	36407	15312	12553	8542
河　北	30313	13392	10767	6154
山　西	33852	8155	14541	11156
内蒙古	4770	2545	1082	1143
辽　宁	109815	34715	26465	48635
吉　林	10710	4148	2477	4085
黑龙江	12128	4512	5583	2033
上　海	42272	22158	8725	11389
江　苏	425946	96573	152135	177238
浙　江	137650	65723	39256	32671
安　徽	61004	16518	31788	12698
福　建	48188	20048	14731	13409
江　西	13238	7672	3514	2052
山　东	83798	26353	26905	30540
河　南	127313	64278	34192	28843
湖　北	47588	17633	15710	14245
湖　南	107864	8233	36168	63463
广　东	101424	61793	18661	20970
广　西	15635	3095	10919	1621
海　南	825	807	6	12
重　庆	26173	14063	8576	3534
四　川	27192	16924	5839	4429
贵　州	2603	1237	572	794
云　南	12887	5196	4082	3609
西　藏	117	2	113	2
陕　西	9133	4330	3583	1220
甘　肃	10902	4243	3113	3546
青　海	1515	908	209	398
宁　夏	3753	625	1706	1422
新　疆	5265	1988	1444	1833

4-66 各地区按资质等级划分的专业承包建筑业企业自有施工机械设备总功率

单位：万千瓦

地　区	合计	一级	二级	三级及以下
全国总计	**3163.1**	**1246.5**	**1041.1**	**875.6**
北　京	84.5	51.1	15.3	18.1
天　津	85.2	35.2	23.1	26.9
河　北	69.4	32.2	17.9	19.2
山　西	70.6	15.7	24.2	30.6
内蒙古	17.8	8.7	3.5	5.6
辽　宁	568.9	333.1	90.8	145.0
吉　林	34.0	10.0	11.2	12.8
黑龙江	16.6	6.7	5.8	4.1
上　海	65.7	26.9	16.6	22.2
江　苏	673.1	155.0	293.3	224.7
浙　江	224.2	81.3	93.9	49.0
安　徽	95.9	38.4	32.0	25.4
福　建	72.2	27.0	17.9	27.2
江　西	35.7	21.6	9.1	4.9
山　东	167.5	49.4	47.1	70.9
河　南	164.4	81.9	46.2	36.3
湖　北	121.4	33.9	43.4	44.1
湖　南	204.5	11.5	166.4	26.6
广　东	139.3	85.9	17.5	35.9
广　西	12.7	3.6	4.8	4.2
海　南	0.4	0.4		
重　庆	50.3	38.5	6.9	4.9
四　川	54.0	38.3	8.7	7.0
贵　州	5.1	2.9	0.6	1.6
云　南	36.7	15.0	10.9	10.8
西　藏	0.3		0.3	
陕　西	46.5	23.7	20.3	2.4
甘　肃	18.8	8.7	4.0	6.1
青　海	2.1	0.6	0.2	1.3
宁　夏	10.9	2.3	5.6	3.1
新　疆	14.8	6.9	3.6	4.4

4-67 各地区按资质等级划分的专业承包建筑业企业实收资本

单位：万元

地　区	合计	一级	二级	三级及以下
全国总计	**41574786**	**11911982**	**13622651**	**16040153**
北　京	3126961	1501564	690620	934777
天　津	1659203	718066	334341	606796
河　北	926112	242120	318103	365889
山　西	1153904	129944	435563	588396
内蒙古	209015	44849	67725	96441
辽　宁	2638139	665655	626539	1345946
吉　林	664729	110799	212877	341054
黑龙江	600140	111684	264732	223725
上　海	2045663	596049	423132	1026483
江　苏	4520075	1375751	1216191	1928133
浙　江	3067811	1359538	744928	963345
安　徽	1941181	245024	1341697	354459
福　建	1450264	388389	478704	583172
江　西	558658	130647	187650	240361
山　东	1969731	380454	747695	841582
河　南	2430244	652035	897765	880444
湖　北	1393410	372190	629960	391260
湖　南	685284	136737	218821	329726
广　东	5180391	1484909	1619834	2075648
广　西	287614	64315	112175	111124
海　南	47704	23305	9889	14510
重　庆	1075411	255782	591311	228318
四　川	1524616	315435	539809	669373
贵　州	227484	107091	55136	65256
云　南	718371	150419	251879	316073
西　藏	19749	50	16436	3264
陕　西	433610	200078	152494	81038
甘　肃	397779	66899	179346	151534
青　海	119546	6378	51827	61342
宁　夏	185682	34286	78061	73335
新　疆	316306	41540	127414	147353

4-68 各地区按资质等级划分的专业承包建筑业企业资产

单位：万元

地区	合计	一级	二级	三级及以下
全国总计	**167309850**	**71425963**	**44921574**	**50962313**
北京	13735660	8130816	2712929	2891915
天津	8424396	4067198	1546056	2811143
河北	3369420	1273055	996762	1099603
山西	3873315	746685	1454821	1671810
内蒙古	1104550	214554	365680	524316
辽宁	11900283	3823706	2942247	5134330
吉林	2285443	555253	646825	1083365
黑龙江	2232698	314462	1113148	805089
上海	8905025	3985019	1667542	3252464
江苏	19934949	8735104	4793604	6406240
浙江	15883779	9501775	2690425	3691579
安徽	4208099	1446437	1333301	1428360
福建	4541827	1431929	1541988	1567911
江西	2020591	847197	663528	509866
山东	8718730	2928287	2908122	2882321
河南	6497350	2195145	2298210	2003995
湖北	5058788	2331866	1629110	1097812
湖南	2623986	704766	885121	1034100
广东	20397815	10762339	5079458	4556018
广西	1006564	229883	362608	414073
海南	193375	98864	36550	57962
重庆	4210002	1862245	1249498	1098258
四川	6598914	2461301	2315945	1821668
贵州	996521	448113	199307	349101
云南	2773568	706004	1088593	978971
西藏	34804	194	22439	12171
陕西	2114154	951782	915003	247369
甘肃	1269521	320705	398881	549934
青海	333290	39878	134696	158716
宁夏	643904	105413	310593	227898
新疆	1418532	205991	618584	593957

4-69 各地区按资质等级划分的专业承包建筑业企业所有者权益

单位：万元

地 区	合计	一级	二级	三级及以下
全国总计	**65149778**	**23435570**	**18828419**	**22885790**
北 京	4203662	2200190	852431	1151041
天 津	3354672	1798962	606056	949654
河 北	1502650	463009	481739	557903
山 西	1545581	173153	607378	765050
内蒙古	390730	91863	132013	166854
辽 宁	4735433	1344802	1205801	2184831
吉 林	1067659	246124	302992	518543
黑龙江	968756	144334	382374	442049
上 海	3604882	1145739	728382	1730761
江 苏	8474828	3117067	2171599	3186163
浙 江	5323113	2877695	1103635	1341784
安 徽	1693001	539328	597133	556541
福 建	2068931	656093	671194	741644
江 西	788412	240562	266239	281611
山 东	3401603	782951	1325910	1292742
河 南	3656248	1044436	1364262	1247551
湖 北	2011447	698728	751086	561633
湖 南	1080094	183500	353525	543070
广 东	7836070	3759331	2248520	1828219
广 西	391517	85020	146507	159990
海 南	68148	34951	16944	16253
重 庆	1199366	425945	457301	316120
四 川	2333354	583947	820656	928751
贵 州	288656	123352	72527	92777
云 南	1006353	217475	348299	440579
西 藏	22233	91	16402	5740
陕 西	623712	245598	270680	107435
甘 肃	629173	107998	195835	325340
青 海	136352	9105	54911	72335
宁 夏	266300	36860	137984	91457
新 疆	476843	57364	138107	281373

4-70 各地区按资质等级划分的专业承包建筑业企业负债

单位：万元

地　区	合计	一级	二级	三级及以下
全国总计	**102129565**	**47989636**	**26087524**	**28052406**
北　京	9531093	5930586	1860497	1740010
天　津	5057855	2267434	939048	1851373
河　北	1866770	810046	515024	541700
山　西	2327734	573532	847443	906759
内蒙古	713820	122691	233667	357462
辽　宁	7153115	2478745	1736446	2937924
吉　林	1217785	309129	343833	564823
黑龙江	1263942	170128	730774	363040
上　海	5299140	2839280	938157	1521704
江　苏	11460140	5618057	2622006	3220077
浙　江	10560665	6624080	1586790	2349795
安　徽	2513130	907109	735511	870510
福　建	2472896	775837	870794	826266
江　西	1232179	606635	397289	228256
山　东	5317127	2145336	1582212	1589580
河　南	2841102	1150710	933949	756443
湖　北	3047341	1633138	878024	536179
湖　南	1543892	521266	531596	491030
广　东	12559112	7003008	2828558	2727546
广　西	615047	144863	216100	254083
海　南	125227	63912	19606	41708
重　庆	3010636	1436301	792197	782138
四　川	4264924	1877354	1494653	892917
贵　州	707865	324761	126780	256324
云　南	1767216	488529	740294	538393
西　藏	12571	102	6038	6431
陕　西	1490442	706184	644323	139934
甘　肃	640571	212931	203047	224594
青　海	196938	30772	79785	86381
宁　夏	377603	68554	172609	136441
新　疆	941689	148628	480477	312585

4-71 各地区按资质等级划分的专业承包建筑业企业营业收入

单位：万元

地　区	合计	一级	二级	三级及以下
全国总计	**172799006**	**84845365**	**43603506**	**44350135**
北　京	14192151	9327483	2415805	2448863
天　津	6427447	3125666	1395876	1905904
河　北	3245465	1398952	928382	918131
山　西	3166079	867055	1254911	1044114
内蒙古	862188	194420	337384	330383
辽　宁	13753772	4070680	3342421	6340671
吉　林	2291455	529292	584283	1177880
黑龙江	2142673	362323	760089	1020260
上　海	10016453	5870527	1791633	2354294
江　苏	21361092	11018381	4659860	5682851
浙　江	15205275	9500957	2505278	3199040
安　徽	4299933	1841342	1370544	1088048
福　建	5012023	2348766	1407781	1255476
江　西	2793903	1635114	747157	411632
山　东	7952283	2777812	2467720	2706751
河　南	7323344	3025452	2265758	2032134
湖　北	5688727	2977795	1561256	1149676
湖　南	3239054	999862	1040573	1198619
广　东	23097345	14140171	5993308	2963865
广　西	893838	241542	350150	302147
海　南	142863	92974	28611	21278
重　庆	3903516	1775659	1152122	975735
四　川	6457588	3069468	1995634	1392486
贵　州	516528	180146	148171	188211
云　南	2614318	987977	807202	819139
西　藏	20546	175	15620	4751
陕　西	2675873	1589019	848114	238740
甘　肃	984211	341956	271295	370960
青　海	372800	64092	191735	116972
宁　夏	515245	118295	241288	155662
新　疆	1631022	372015	723545	535462

4-72 各地区按资质等级划分的专业承包建筑业企业利税总额

单位：万元

地区	合计	一级	二级	三级及以下
全国总计	**13877443**	**6288328**	**3537697**	**4051418**
北京	790096	547390	120643	122063
天津	604327	335810	91752	176765
河北	277164	104421	86078	86666
山西	200502	47048	78974	74479
内蒙古	94036	18170	43135	32731
辽宁	1139006	267139	331334	540533
吉林	222197	41284	55741	125172
黑龙江	207647	20715	69458	117474
上海	523321	300511	114177	108633
江苏	1974797	1008669	418790	547339
浙江	1087703	653991	190158	243554
安徽	440338	174226	153218	112895
福建	394405	189311	108477	96617
江西	219262	107875	67536	43851
山东	857273	230044	278378	348851
河南	880354	320472	264131	295751
湖北	518873	225464	158132	135277
湖南	308010	66473	103817	137720
广东	1709751	1104685	328312	276755
广西	58393	14535	21629	22229
海南	7372	3178	2439	1755
重庆	297826	125251	97335	75240
四川	392714	159469	103965	129280
贵州	37661	13128	11124	13410
云南	191773	56721	57083	77969
西藏	2126	-25	1682	469
陕西	199053	90512	87647	20894
甘肃	88200	30927	23147	34126
青海	26118	7060	9813	9245
宁夏	37163	3890	19850	13423
新疆	89982	19986	39743	30253

4-73 各地区按资质等级划分的专业承包建筑业企业利润总额

单位：万元

地 区	合计	一级	二级	三级及以下
全国总计	**8349319**	**3732819**	**2125479**	**2491021**
北 京	376347	286289	45776	44283
天 津	437769	261576	54699	121494
河 北	168101	60946	54316	52839
山 西	113650	28506	42868	42276
内蒙古	62616	8934	32092	21590
辽 宁	664798	140940	210072	313786
吉 林	131506	26312	32094	73100
黑龙江	130580	8557	42942	79081
上 海	255420	145023	62915	47482
江 苏	1239039	644909	250783	343347
浙 江	656799	405457	112012	139331
安 徽	297928	116244	105671	76013
福 建	214406	101344	62412	50650
江 西	127733	58852	42316	26565
山 东	595064	146938	198805	249321
河 南	602147	213520	179117	209510
湖 北	310037	129953	97321	82763
湖 南	178789	27560	67418	83812
广 东	1018366	662219	171187	184960
广 西	27378	5115	10645	11618
海 南	3356	992	1429	935
重 庆	178111	72877	63542	41691
四 川	184777	64870	40711	79196
贵 州	23362	10514	6418	6430
云 南	106485	24485	31831	50169
西 藏	1428	-32	1155	305
陕 西	117052	49684	55720	11648
甘 肃	52940	17287	14812	20842
青 海	11951	4163	2982	4807
宁 夏	19925	-451	12192	8184
新 疆	41460	9240	19227	12993

4-74 各地区按资质等级划分的专业承包建筑业企业税金总额

单位：万元

地 区	合计	一级	二级	三级及以下
全国总计	**5528123**	**2555509**	**1412217**	**1560398**
北 京	413749	261102	74867	77780
天 津	166558	74233	37054	55271
河 北	109063	43475	31761	33827
山 西	86852	18543	36106	32203
内蒙古	31420	9236	11043	11141
辽 宁	474208	126199	121262	226747
吉 林	90691	14973	23646	52072
黑龙江	77067	12158	26516	38393
上 海	267901	155488	51261	61152
江 苏	735758	363760	168007	203992
浙 江	430903	248534	78146	104223
安 徽	142410	57982	47547	36882
福 建	179999	87967	46065	45967
江 西	91529	49024	25220	17286
山 东	262209	83106	79573	99531
河 南	278207	106952	85014	86241
湖 北	208836	95511	60811	52514
湖 南	129221	38913	36400	53908
广 东	691385	442466	157125	91794
广 西	31015	9420	10984	10611
海 南	4016	2186	1010	819
重 庆	119716	52374	33793	33549
四 川	207937	94599	63255	50083
贵 州	14299	2614	4706	6980
云 南	85287	32236	25252	27800
西 藏	698	7	527	164
陕 西	82001	40828	31927	9246
甘 肃	35260	13640	8336	13284
青 海	14167	2897	6831	4439
宁 夏	17238	4341	7658	5239
新 疆	48522	10746	20516	17260

4-75 各地区按资质等级划分的专业承包建筑业企业主营业务收入

单位：万元

地　区	合计	一级	二级	三级及以下
全国总计	**170467016**	**84064416**	**42960201**	**43442399**
北　京	14049896	9252869	2391595	2405432
天　津	6337326	3099804	1367833	1869688
河　北	3230451	1394503	923479	912469
山　西	3103563	865438	1238205	999920
内蒙古	840494	193887	334160	312448
辽　宁	13612413	4056884	3308171	6247357
吉　林	2270455	525654	580878	1163923
黑龙江	2128881	361957	754805	1012118
上　海	9914927	5828029	1777803	2309096
江　苏	20965419	10885572	4589057	5490790
浙　江	14966069	9358978	2466494	3140597
安　徽	4248313	1831026	1343519	1073767
福　建	4931684	2337628	1370482	1223574
江　西	2763466	1634205	725294	403967
山　东	7843705	2753076	2419310	2671319
河　南	7249403	3010599	2219937	2018867
湖　北	5575428	2905638	1553520	1116269
湖　南	3219498	997367	1031909	1190222
广　东	22903882	14036011	5949148	2918724
广　西	862115	234268	332719	295128
海　南	142162	92910	28574	20678
重　庆	3819369	1735839	1120930	962599
四　川	6319773	3042910	1956593	1320271
贵　州	512155	179629	146671	185855
云　南	2560766	975445	797211	788110
西　藏	19295	175	14453	4667
陕　西	2671463	1585827	847142	238494
甘　肃	968376	338830	265393	364152
青　海	365592	62041	188299	115253
宁　夏	487192	118181	224731	144280
新　疆	1583486	369236	691884	522366

4-76 各地区按资质等级划分的专业承包建筑业企业管理费用

单位：万元

地区	合计	一级	二级	三级及以下
全国总计	**10009252**	**3540295**	**2795020**	**3673937**
北京	819093	370772	192383	255939
天津	359802	139283	82357	138162
河北	183397	71333	54054	58010
山西	242510	56971	92710	92829
内蒙古	61731	7758	29770	24203
辽宁	1010420	321794	216433	472193
吉林	169405	33388	58397	77621
黑龙江	152185	16479	52885	82822
上海	727423	235413	154219	337792
江苏	1122053	400997	281671	439385
浙江	752913	325178	146942	280793
安徽	245961	77637	91417	76907
福建	325941	106704	111339	107898
江西	135619	69700	39466	26453
山东	447944	117840	146838	183266
河南	450429	134860	173046	142523
湖北	312690	142100	95256	75334
湖南	207722	43943	80888	82891
广东	1123251	517303	303371	302577
广西	72012	15472	24675	31865
海南	8660	5440	1755	1464
重庆	234911	87370	62050	85491
四川	321779	87485	113509	120785
贵州	37373	6652	12365	18356
云南	149090	35963	51100	62027
西藏	2021	41	1548	433
陕西	114349	49992	46252	18105
甘肃	80907	41334	19926	19647
青海	21653	2774	8257	10621
宁夏	35662	4557	18683	12423
新疆	80347	13766	31458	35124

4-77 各地区按资质等级划分的专业承包建筑业企业财务费用

单位：万元

地区	合计	一级	二级	三级及以下
全国总计	**1171737**	**554200**	**344230**	**273308**
北京	38675	28926	6196	3553
天津	46494	21459	9673	15362
河北	20574	3144	9747	7684
山西	14488	3596	4403	6489
内蒙古	6539	3939	271	2329
辽宁	84238	34909	23029	26300
吉林	10723	838	4402	5483
黑龙江	6264	1159	608	4498
上海	37503	19623	9477	8403
江苏	142758	69734	38069	34955
浙江	191659	122092	32782	36785
安徽	26810	10841	8623	7347
福建	25117	10699	6665	7753
江西	9885	3269	4855	1761
山东	65527	21457	19103	24966
河南	115409	18963	82203	14244
湖北	34990	18794	9908	6288
湖南	9735	2060	2106	5569
广东	134929	96293	18043	20593
广西	4890	935	1610	2345
海南	789	720	90	-21
重庆	32761	19306	8677	4778
四川	53686	23585	19242	10860
贵州	7969	5092	1093	1784
云南	22803	4878	12303	5622
西藏	71		67	4
陕西	9062	4196	2543	2324
甘肃	5591	1803	1784	2004
青海	-2570	111	377	-3058
宁夏	7674	1288	3203	3184
新疆	6693	493	3080	3121

4-78 各地区按资质等级划分的专业承包建筑业企业应收工程款

单位：万元

地 区	合计	一级	二级	三级及以下
全国总计	**37958046**	**17935509**	**10002381**	**10020157**
北 京	2357691	1536409	422668	398614
天 津	1608868	716804	370372	521692
河 北	721043	320621	180386	220037
山 西	930353	204590	369045	356719
内蒙古	213203	62751	87336	63116
辽 宁	2775012	951907	614124	1208982
吉 林	645899	178257	206522	261120
黑龙江	469663	98199	227003	144461
上 海	1997384	976800	356991	663594
江 苏	5947246	2967167	1327783	1652297
浙 江	3332451	2182629	548716	601106
安 徽	898180	280808	313804	303569
福 建	898225	344012	289078	265135
江 西	450614	210185	136170	104258
山 东	2027580	650296	710687	666597
河 南	1262181	402666	478904	380611
湖 北	1249103	683211	326477	239416
湖 南	511401	154744	193351	163306
广 东	5122997	3208238	1243436	671322
广 西	150516	31566	51773	67178
海 南	22843	13393	7574	1876
重 庆	868213	396602	266523	205088
四 川	1307839	575467	457790	274583
贵 州	229280	113822	53589	61870
云 南	620667	240149	209524	170994
西 藏	7287		3255	4033
陕 西	426160	260191	112247	53721
甘 肃	268946	72710	104240	91996
青 海	72067	7788	29768	34511
宁 夏	159782	27003	91458	41321
新 疆	405355	66528	211789	127038

4-79 各地区劳务分包建筑业企业生产经营情况

单位：万元

地 区	建筑业总产值	营业收入	主营业务税金及附加	利润总额	应付职工薪酬
全国总计	**21349898**	**21390940**	**753126**	**406212**	**11711746**
北 京	412389	409484	10972	4668	166945
天 津	1310033	1332004	52178	20759	522801
河 北	186186	186491	9563	7837	99270
山 西	122127	124599	1828	796	34254
内蒙古	55688	34958	1341	5241	11405
辽 宁	200217	190827	6854	5905	60600
吉 林	45370	43434	1514	-1533	11878
黑龙江	37791	53931	908	1097	17131
上 海	1246100	1243475	29118	5999	183800
江 苏	2389848	2274621	76762	78292	1432426
浙 江	4595126	4669485	156612	24045	2977586
安 徽	941141	985228	42591	39855	436547
福 建	3506204	3554995	116306	16921	3113838
江 西	15786	18409	650	1014	12002
山 东	325537	322463	11496	17593	62955
河 南	1042520	1030606	35100	49673	448847
湖 北	684536	624706	24614	33084	365151
湖 南	748735	668685	31038	27743	241580
广 东	633275	699459	23956	8749	297567
广 西	517638	593410	18819	619	77434
海 南					
重 庆	1247404	1211688	46978	17799	662019
四 川	675023	644510	37995	16217	357565
贵 州	25662	25728	801	130	20635
云 南	67238	71253	1754	7743	4763
西 藏	5483	9030	432	1800	1056
陕 西	57063	56172	2896	10532	19768
甘 肃	41302	41639	2294	339	5665
青 海	8940	6859	164	74	4609
宁 夏	13291	15664	142	311	11589
新 疆	192249	247130	7449	2910	50062

4-80 各地区劳务分包建筑业企业个数和人员情况

地　区	企业个数(个)	从事主营业务活动的从业人员平均人数(人)	从业人员期末人数(人)		
				#工程技术人员	#现场施工工人
全国总计	**7240**	**2958679**	**3173894**	**212038**	**2583695**
北　京	130	30132	35850	5698	32193
天　津	400	112857	122952	4165	107044
河　北	171	40622	39139	3926	33439
山　西	96	19146	20716	1295	18153
内蒙古	74	5238	4518	824	2931
辽　宁	262	19233	21763	1480	16248
吉　林	47	6130	9696	264	6750
黑龙江	84	7973	3415	560	1927
上　海	323	104975	112544	6077	100248
江　苏	1134	312612	343487	36210	284326
浙　江	508	659726	659897	42017	631100
安　徽	344	148836	160723	12493	123849
福　建	452	710588	738017	19512	568934
江　西	26	2466	3423	398	2549
山　东	230	20110	28939	2861	20293
河　南	1100	151705	185034	20297	140861
湖　北	368	95013	105539	14541	84912
湖　南	384	83554	88995	11985	52084
广　东	174	77998	84335	5468	74429
广　西	58	38223	46668	720	34452
海　南					
重　庆	277	164620	194931	8542	127581
四　川	355	119856	136143	10431	100935
贵　州	20	2122	1447	125	728
云　南	58	2648	2298	411	1319
西　藏	5	368	239	55	158
陕　西	19	6731	6913	335	4325
甘　肃	29	4480	1749	219	1149
青　海	19	903	1006	189	581
宁　夏	21	2731	3740	132	3780
新　疆	72	7083	9778	808	6417

五、各行业建筑业企业

5-1 各行业建筑业企业签订合同情况

单位：万元

行业	合同总额	上年结转合同额	本年新签合同额
总计	**2894232581**	**1144658873**	**1749573708**
房屋建筑业	1826852884	703381504	1123471380
土木工程建筑业	817483979	368495432	448988547
铁路、道路、隧道和桥梁工程建筑	538384198	255745797	282638401
水利和内河港口工程建筑	130244703	60854204	69390499
海洋工程建筑	454955	246874	208081
工矿工程建筑	71956264	27135916	44820347
架线和管道工程建筑	45204733	14199023	31005710
其他土木工程建筑	31239126	10313618	20925509
建筑安装业	136566595	43880127	92686468
建筑装饰和其他建筑业	113329124	28901810	84427314

5-2 各行业建筑业企业承包工程完成情况

单位：万元

行业	直接从建设单位承揽工程完成的产值	自行完成施工产值	分包出去工程的产值	从建设单位以外承揽工程完成的产值
总计	**1587629041**	**1546326846**	**41302195**	**57333787**
房屋建筑业	1021390947	1002028253	19362694	25458248
土木工程建筑业	397790546	381358674	16431872	19206610
铁路、道路、隧道和桥梁工程建筑	250773501	243453250	7320251	12197201
水利和内河港口工程建筑	59650516	54874154	4776362	2385443
海洋工程建筑	291718	200344	91375	8647
工矿工程建筑	37675687	35091681	2584006	2132109
架线和管道工程建筑	30225795	28809070	1416725	1306097
其他土木工程建筑	19173328	18930175	243153	1177113
建筑安装业	88235785	84079654	4156132	7206533
建筑装饰和其他建筑业	80211763	78860266	1351498	5462397

5-3　各行业建筑业总产值和竣工产值

单位：万元

行　　业	建筑业总产值	#装饰装修产值	#在外省完成的产值
总　　计	**1603660633**	**96097866**	**507100132**
房屋建筑业	1027486500	38986524	301466712
土木工程建筑业	400565284	2956571	158208525
铁路、道路、隧道和桥梁工程建筑	255650451	1764596	109740566
水利和内河港口工程建筑	57259597	211241	20049772
海洋工程建筑	208990		22014
工矿工程建筑	37223791	353734	16568476
架线和管道工程建筑	30115166	236250	6921365
其他土木工程建筑	20107289	390750	4906331
建筑安装业	91286187	2196195	24064152
建筑装饰和其他建筑业	84322663	51958576	23360744

5-3　续表

单位：万元

行　　业	按构成分组			竣工产值
	建筑工程产值	安装工程产值	其他产值	
总　　计	**1421493613**	**133826662**	**48340358**	**936761704**
房屋建筑业	962928284	41609051	22949165	650524822
土木工程建筑业	354377926	32357241	13830116	184371243
铁路、道路、隧道和桥梁工程建筑	245512406	3247394	6890651	111581468
水利和内河港口工程建筑	54010281	1386351	1862964	23141340
海洋工程建筑	197151	9118	2721	151574
工矿工程建筑	23974186	10800082	2449522	18419830
架线和管道工程建筑	12746192	15991238	1377736	17831078
其他土木工程建筑	17937710	923058	1246521	13245955
建筑安装业	35878597	50933014	4474576	52121058
建筑装饰和其他建筑业	68308806	8927356	7086500	49744581

5-4 各行业建筑业企业房屋建筑面积

行业	房屋建筑施工面积(万平方米)	#本年新开工	#实行投标承包面积	#本年新开工	房屋建筑竣工面积(万平方米)	房屋建筑面积竣工率(%)
总计	**1132003**	**516799**	**902120**	**422672**	**401521**	**35.5**
房屋建筑业	1072507	488587	860438	402618	379817	35.4
土木工程建筑业	41509	18648	29728	13553	14010	33.8
铁路、道路、隧道和桥梁工程建筑	19469	9025	14577	6764	6846	35.2
水利和内河港口工程建筑	3337	1708	2756	1467	1149	34.4
海洋工程建筑	5	3			4	89.6
工矿工程建筑	8249	2943	7328	2528	2309	28.0
架线和管道工程建筑	887	464	615	344	449	50.6
其他土木工程建筑	9562	4505	4452	2449	3253	34.0
建筑安装业	14270	7085	9764	4765	6271	43.9
建筑装饰和其他建筑业	3717	2479	2189	1738	1423	38.3

5-5 各行业建筑业企业施工机械设备情况

行业	年末自有施工机械设备总台数(台)	年末自有施工机械设备总功率(千瓦)	年末自有施工机械设备净值(万元)	技术装备率(元/人)	动力装备率(千瓦/人)
总计	**11467280**	**254239766**	**60941736**	**13458**	**5.6**
房屋建筑业	7649128	140256972	25752786	7853	4.3
土木工程建筑业	2301658	89800285	30804348	39250	11.4
铁路、道路、隧道和桥梁工程建筑	1015329	50117457	21937054	48199	11.0
水利和内河港口工程建筑	452368	16898134	5014024	45104	15.2
海洋工程建筑	175	50059	30256	128420	21.2
工矿工程建筑	361868	10690316	2110085	23653	12.0
架线和管道工程建筑	346706	6995671	902406	12675	9.8
其他土木工程建筑	125212	5048648	810523	14003	8.7
建筑安装业	883192	13479519	2236562	9337	5.6
建筑装饰和其他建筑业	633302	10702990	2148039	9559	4.8

5-6 按主要用途分的各行业建筑业企业房屋建筑竣工面积

单位：万平方米

行　　业	合计	住宅房屋	商业及服务用房屋	商厦房屋(批发和零售用房)	宾馆用房屋(住宿用房)	餐饮用房屋(餐饮用房)
总　　计	**401521**	**267736**	**25925**	**11465**	**3653**	**1191**
房屋建筑业	379817	255350	24723	11018	3487	1132
土木工程建筑业	14010	8202	858	306	118	36
铁路、道路、隧道和桥梁工程建筑	6846	3849	523	212	70	20
水利和内河港口工程建筑	1149	810	51	25	10	1
海洋工程建筑	4		3			
工矿工程建筑	2309	1200	79	23	16	2
架线和管道工程建筑	449	203	24	13	3	1
其他土木工程建筑	3253	2140	176	33	18	12
建筑安装业	6271	3458	283	128	41	19
建筑装饰和其他建筑业	1423	726	61	13	7	4

5-6　续表 1

单位：万平方米

行　　业	商务会展用房屋	其他商业及服务用房屋(居民服务业用房)	办公用房屋	科研、教育和医疗用房屋	科学研究用房屋	教育用房屋
总　　计	**1442**	**8174**	**23328**	**16532**	**1696**	**11045**
房屋建筑业	1370	7716	21973	15913	1635	10621
土木工程建筑业	41	358	909	434	45	297
铁路、道路、隧道和桥梁工程建筑	16	206	519	282	27	199
水利和内河港口工程建筑	2	14	82	24	2	18
海洋工程建筑		3				
工矿工程建筑		37	81	43	12	14
架线和管道工程建筑	5	3	30	10		9
其他土木工程建筑	17	95	197	75	3	56
建筑安装业	23	72	328	152	14	99
建筑装饰和其他建筑业	9	28	117	33	1	29

5-6 续表 2

单位：万平方米

行　业	医疗用房屋（卫生医疗用房）	文化、体育和娱乐用房屋	厂房及建筑物	#厂房	仓　库	其他未列明的房屋建筑物
总　计	**3791**	**3570**	**53476**	**36485**	**2643**	**8311**
房屋建筑业	3658	3380	48471	33399	2521	7486
土木工程建筑业	92	124	2811	1827	64	607
铁路、道路、隧道和桥梁工程建筑	56	57	1260	854	40	316
水利和内河港口工程建筑	3		144	87	2	36
海洋工程建筑			1	1		
工矿工程建筑	16	23	848	602	7	28
架线和管道工程建筑		1	155	88	5	21
其他土木工程建筑	16	42	405	195	10	207
建筑安装业	39	49	1799	1034	47	154
建筑装饰和其他建筑业	3	17	394	226	10	64

5-7 按主要用途分的各行业建筑业企业房屋建筑竣工价值

单位：万元

行　业	合计	住宅房屋	商业及服务用房屋	商厦房屋（批发和零售用房）	宾馆用房屋（住宿用房）	餐饮用房屋（餐饮用房）
总　计	**584675729**	**383131787**	**42742586**	**18558020**	**6213272**	**1888239**
房屋建筑业	553823596	365377151	41050821	17934093	6003334	1819604
土木工程建筑业	21262232	12232375	1305762	459424	161880	48993
铁路、道路、隧道和桥梁工程建筑	9883124	5607984	782802	309357	91205	23622
水利和内河港口工程建筑	1661608	1175279	99222	42205	18651	1372
海洋工程建筑	3120		2305			
工矿工程建筑	4066166	2012084	141872	37833	25012	3420
架线和管道工程建筑	707254	302804	33868	19254	3184	1384
其他土木工程建筑	4940960	3134225	245693	50774	23828	19194
建筑安装业	7976113	4706574	323688	150911	39428	15945
建筑装饰和其他建筑业	1613789	815687	62315	13593	8631	3697

5-7 续表 1

单位：万元

行业	商务会展用房屋	其他商业及服务用房屋(居民服务业用房)	办公用房屋	科研、教育和医疗用房屋	科学研究用房屋	教育用房屋
总计	**2625297**	**13457757**	**38472605**	**27149576**	**3259246**	**16941185**
房屋建筑业	2550043	12743748	36071829	26290046	3172105	16325915
土木工程建筑业	50339	585127	1705668	653721	66072	471064
铁路、道路、隧道和桥梁工程建筑	21063	337555	965539	448155	42910	334953
水利和内河港口工程建筑	5801	31194	116522	33643	3325	22302
海洋工程建筑		2305				
工矿工程建筑	60	75546	148710	59057	15241	23931
架线和管道工程建筑	4076	5969	50066	17418	132	17173
其他土木工程建筑	19339	132558	424830	95449	4465	72705
建筑安装业	18581	98822	523514	178494	20303	122087
建筑装饰和其他建筑业	6335	30060	171595	27315	765	22119

5-7 续表 2

行业	医疗用房屋(卫生医疗用房)	文化、体育和娱乐用房屋	厂房及建筑物	#厂房	仓库	其他未列明的房屋建筑物
总计	**6949145**	**6907074**	**69319318**	**48474817**	**3371187**	**13581597**
房屋建筑业	6792026	6535976	62784258	44246842	3246671	12466844
土木工程建筑业	116585	279738	4151382	2869182	81516	852069
铁路、道路、隧道和桥梁工程建筑	70292	124848	1567244	1109786	48592	337961
水利和内河港口工程建筑	8016	638	189287	115322	2241	44776
海洋工程建筑			815	815		
工矿工程建筑	19886	81595	1557310	1154316	12966	52573
架线和管道工程建筑	112	429	255033	170682	5831	41806
其他土木工程建筑	18279	72229	581694	318262	11886	374953
建筑安装业	36103	74128	1937613	1137239	34464	197639
建筑装饰和其他建筑业	4431	17232	446065	221555	8537	65044

5-8 各行业建筑业企业主要生产效益指标

行　　业	建筑业企业个数（个）	计算劳动生产率的平均人数（人）	按总产值计算的劳动生产率（元/人）	人均竣工产值（元/人）	人均施工面积（平方米/人）	人均竣工面积（平方米/人）
总　　计	**78919**	**50265393**	**319039**	**186363**	**225.2**	**79.9**
房屋建筑业	33532	35360834	290572	183968	303.3	107.4
土木工程建筑业	16132	9790001	409158	188326	42.4	14.3
铁路、道路、隧道和桥梁工程建筑	8066	5922553	431656	188401	32.9	11.6
水利和内河港口工程建筑	2075	1305529	438593	177256	25.6	8.8
海洋工程建筑	13	2345	891215	646370	21.3	19.1
工矿工程建筑	1031	1037449	358801	177549	79.5	22.3
架线和管道工程建筑	2491	760637	395920	234423	11.7	5.9
其他土木工程建筑	2456	761488	264053	173948	125.6	42.7
建筑安装业	12441	2576760	354267	202274	55.4	24.3
建筑装饰和其他建筑业	16814	2537798	332267	196015	14.6	5.6

5-9 各行业建筑业企业营业额

单位：万元

行　　业	企业营业额	在境外完成的营业额	企业总产值	#建筑业总产值
总　　计	**2080681665**	**34799886**	**2045881779**	**1603660633**
房屋建筑业	1436572347	12408358	1424163989	1027486500
土木工程建筑业	453359593	19722214	433637379	400565284
铁路、道路、隧道和桥梁工程建筑	273804339	5871407	267932931	255650451
水利和内河港口工程建筑	75435619	7699244	67736375	57259597
海洋工程建筑	209991		209991	208990
工矿工程建筑	48248728	4558990	43689738	37223791
架线和管道工程建筑	33392459	928896	32463563	30115166
其他土木工程建筑	22268458	663678	21604780	20107289
建筑安装业	99990932	2205443	97785490	91286187
建筑装饰和其他建筑业	90758793	463871	90294922	84322663

5-10 各行业建筑业企业资产构成

单位：万元

行业	资产合计	#流动资产合计	#存货	#非流动资产合计	#固定资产合计
总计	**1300944471**	**1017385789**	**231272275**	**283558682**	**130470398**
房屋建筑业	653488332	521683167	120975885	131805165	61423881
土木工程建筑业	477574785	359554315	82132498	118020471	51015167
铁路、道路、隧道和桥梁工程建筑	300045624	228144216	50797998	71901408	27180054
水利和内河港口工程建筑	76317842	50846062	11262957	25471779	12554558
海洋工程建筑	677821	493029	67281	184792	57781
工矿工程建筑	43586309	33815716	7549692	9770592	5172392
架线和管道工程建筑	37512895	30503414	8817959	7009481	3972895
其他土木工程建筑	19434296	15751877	3636613	3682419	2077487
建筑安装业	95025385	75887951	17360037	19137434	10042579
建筑装饰和其他建筑业	74855970	60260356	10803855	14595613	7988772

5-11 各行业建筑业企业固定资产情况

行业	固定资产合计	固定资产原价	固定资产折旧	#本年折旧	在建工程
总计	**130470398**	**168947192**	**66487311**	**11749787**	**14531896**
房屋建筑业	61423881	72683023	24898705	4630909	8173063
土木工程建筑业	51015167	73297786	32727961	5565690	4125198
铁路、道路、隧道和桥梁工程建筑	27180054	41483320	18919630	3348949	2194052
水利和内河港口工程建筑	12554558	14656226	6059282	1025460	1011324
海洋工程建筑	57781	83108	44573	4002	7190
工矿工程建筑	5172392	7778240	3464539	568781	378037
架线和管道工程建筑	3972895	6583297	3211897	424590	304390
其他土木工程建筑	2077487	2713594	1028040	193908	230205
建筑安装业	10042579	12883413	5128503	874322	1375144
建筑装饰和其他建筑业	7988772	10082970	3732142	678866	858492

5-12 各行业建筑业企业负债及所有者权益

单位：万元

行业	负债合计	#流动负债	#应付账款	所有者权益	#实收资本
总计	**879588627**	**796758627**	**253659234**	**421249678**	**240837729**
房屋建筑业	431174113	392717731	116216317	222258209	126043202
土木工程建筑业	341817127	305225782	106353368	135739762	75046173
铁路、道路、隧道和桥梁工程建筑	215585182	193853653	68390700	84452862	45187307
水利和内河港口工程建筑	53906827	44099752	14431832	22408571	12983204
海洋工程建筑	501128	466084	179954	176693	86219
工矿工程建筑	32937370	30483800	12521552	10648938	6425609
架线和管道工程建筑	27081258	25298653	7834632	10424782	6045049
其他土木工程建筑	11805362	11023840	2994697	7627916	4318785
建筑安装业	61673103	57590527	18041288	33336655	21135186
建筑装饰和其他建筑业	44924285	41224587	13048262	29915052	18613169

5-13 各行业建筑业企业实收资本

单位：万元

行业	合计	国家资本	集体资本	法人资本	个人资本	港澳台资本	外商资本
总计	**240837729**	**37602118**	**11835070**	**80372581**	**109531004**	**827958**	**668997**
房屋建筑业	126043202	12686394	6989057	40749793	65163633	180937	273389
土木工程建筑业	75046173	21690330	2819733	27464792	22902531	85174	83613
铁路、道路、隧道和桥梁工程建筑	45187307	13461364	1162465	15612387	14885781	41796	23514
水利和内河港口工程建筑	12983204	4219832	308711	5857795	2581266	4897	10703
海洋工程建筑	86219	500		57621	28097		
工矿工程建筑	6425609	2329984	133259	2717614	1214995	11986	17771
架线和管道工程建筑	6045049	1226732	1073165	1973891	1736981	13956	20325
其他土木工程建筑	4318785	451918	142133	1245485	2455410	12539	11300
建筑安装业	21135186	2386444	1464392	6266476	10679668	164770	173437
建筑装饰和其他建筑业	18613169	838952	561888	5891520	10785173	397078	138559

5-14 各行业建筑业企业收入情况

行业	主营业务收入	#主营业务成本	#主营业务税金及附加	其他业务收入	#其他业务成本	#其他业务利润
总计	**1510980511**	**1327719556**	**49886626**	**13680464**	**25242044**	**2099305**
房屋建筑业	914923174	810184765	31866152	6467246	14077002	949503
土木工程建筑业	420033358	369011394	12772925	4795672	7215412	709973
铁路、道路、隧道和桥梁工程建筑	261558676	231169839	8224126	1803652	3673423	388961
水利和内河港口工程建筑	62132209	54411141	1909970	461022	733374	74123
海洋工程建筑	304796	246106	9354	5106	4251	1498
工矿工程建筑	42778727	38278881	1100910	1182558	1146031	101789
架线和管道工程建筑	32910353	27691156	889404	638798	890172	114822
其他土木工程建筑	20348597	17214272	639160	704538	768161	28780
建筑安装业	93437841	79616391	2662437	1777415	2206764	283361
建筑装饰和其他建筑业	82586139	68907005	2585112	640132	1742866	156468

5-15 各行业建筑业企业费用情况

单位：万元

行业	管理费用	#税金	销售费用	财务费用	#利息收入	#利息支出
总计	**47508936**	**2331966**	**6009406**	**10345789**	**2892477**	**10846917**
房屋建筑业	21328462	1278778	3041673	5880054	1350712	5839531
土木工程建筑业	16338782	689570	1263020	3492641	1328832	4062929
铁路、道路、隧道和桥梁工程建筑	8936253	412984	604473	2297219	940922	2694530
水利和内河港口工程建筑	2237120	79983	183485	638602	245733	783957
海洋工程建筑	10153	310	355	2626	334	918
工矿工程建筑	1795952	65080	118161	297473	100763	277037
架线和管道工程建筑	2514699	82899	191738	98362	27149	154479
其他土木工程建筑	844606	48315	164810	158360	13932	152007
建筑安装业	5641284	194566	774334	455328	134592	477828
建筑装饰和其他建筑业	4200409	169052	930380	517767	78342	466629

5-16 各行业建筑业企业利润及税金情况

单位：万元

行业	利润总额	#应交所得税	税金总额	主营业务税金及附加	管理费用中的税金
总计	**60792546**	**13115981**	**52218592**	**49886626**	**2331966**
房屋建筑业	35871596	8129135	33144930	31866152	1278778
土木工程建筑业	16571049	3167532	13462495	12772925	689570
铁路、道路、隧道和桥梁工程建筑	9668977	1788912	8637110	8224126	412984
水利和内河港口工程建筑	3053198	529460	1989953	1909970	79983
海洋工程建筑	33368	8094	9664	9354	310
工矿工程建筑	1376198	313133	1165990	1100910	65080
架线和管道工程建筑	1366100	295149	972303	889404	82899
其他土木工程建筑	1073209	232783	687475	639160	48315
建筑安装业	4088787	872180	2857003	2662437	194566
建筑装饰和其他建筑业	4261115	947134	2754164	2585112	169052

5-17 各行业总承包和专业承包企业应收工程款及企业亏损情况

行业	应收工程款（万元）	企业个数（个）	#亏损企业个数	亏损企业的比重（%）
总计	**263172081**	**78919**	**9503**	**12**
房屋建筑业	138191670	33532	3118	9.3
土木工程建筑业	87786034	16132	1894	11.7
铁路、道路、隧道和桥梁工程建筑	55411198	8066	893	11.1
水利和内河港口工程建筑	11414867	2075	227	10.9
海洋工程建筑	183414	13	2	15.4
工矿工程建筑	10486266	1031	146	14.2
架线和管道工程建筑	6324509	2491	308	12.4
其他土木工程建筑	3965782	2456	318	12.9
建筑安装业	18828771	12441	1894	15.2
建筑装饰和其他建筑业	18365606	16814	2597	15.4

5-18 各行业总承包和专业承包企业主要经济效益指标

行 业	产值利润率(%)	产值利税率(%)	资本利润率(%)	资本利税率(%)	人均利润(元/人)	人均利税(元/人)	资产负债率(%)
总 计	**3.8**	**7.0**	**25.2**	**46.9**	**12094**	**22483**	**67.6**
房屋建筑业	3.5	6.7	28.5	54.8	10144	19518	66.0
土木工程建筑业	4.1	7.5	22.1	40.0	16927	30678	71.6
铁路、道路、隧道和桥梁工程建筑	3.8	7.2	21.4	40.5	16326	30909	71.9
水利和内河港口工程建筑	5.3	8.8	23.5	38.8	23387	38629	70.6
海洋工程建筑	16.0	20.6	38.7	49.9	142293	183507	73.9
工矿工程建筑	3.7	6.8	21.4	39.6	13265	24504	75.6
架线和管道工程建筑	4.5	7.8	22.6	38.7	17960	30743	72.2
其他土木工程建筑	5.3	8.8	24.8	40.8	14094	23122	60.7
建筑安装业	4.5	7.6	19.3	32.9	15868	26956	64.9
建筑装饰和其他建筑业	5.1	8.3	22.9	37.7	16791	27643	60.0